گام‌های امپریالیسم
به سوی فاشیسم و جنگ

جک بارنز

I0378988

نشر طلایه پُرسو

سرشناسه	: بارنز، جک، ۱۹۴۰ - Barnes, Jack
عنوان و نام پدیدآور	: گام‌های امپریالیسم به سوی فاشیسم و جنگ /نوشته جک بارنز؛ ترجمه‌ی شهره ایزدی.
مشخصات نشر	: تهران: نشر طلایه پرسو، ۱۳۷۷.
مشخصات ظاهری	: ۱۸۷ ص.
شابک	: 9789649045818: چاپ دوم: ۲۰۰۰۰ ریال ؛ ۶۵۰۰ریال 9649045813
یادداشت	: این کتاب ترجمه مقاله‌ای از مجله نیو اینترنشنال New Internationa (شماره ۱۰) می‌باشد.
یادداشت	: عنوان به انگلیسی: .Imperialism's March toward and Fascism War
یادداشت	: چاپ دوم: ۱۳۸۶ (فیپا).
موضوع	: امپریالیسم.
موضوع	: سرمایه‌داری.
موضوع	: سیاست جهانی -- قرن ۲۰م.
موضوع	: سوسیالیسم -- ایالات متحده.
شناسه افزوده	: ایزدی، شهره، مترجم
رده بندی کنگره	: ۱۳۷۷ ۲گ۲ب /۳۵۹ JC
رده بندی دیویی	: ۳۲۵/۳۲
شماره کتابشناسی ملی	: ۹۶۸۳-۷۷م

این اثر ترجمه‌ای است از:

Imperialism's March
toward Fascism and War
by
Jack Barnes

گام‌های امپریالیسم به سوی فاشیسم و جنگ

نویسنده: جک بارنز

مترجم: شهره ایزدی

ناشر: نشر طلایه پُرسو

تیراژ: ۱۰۰۰

نوبت چاپ: دوم / ۱۳۸۸

چاپ اول: ۱۳۷۷

حروف‌چینی: طلایه پُرسو

آماده‌سازی چاپ: شرکت قلم

چاپ و صحافی: خاشع

© حق چاپ محفوظ و متعلق است به ناشر و انتشارات پاث فایندر

آدرس ناشر: تهران، صندوق پستی ۱۱۹۷-۱۳۱۸۵

E-mail: ntalaye_p@yahoo.com

ISBN 978-964-90458-1-8   ۹۷۸-۹۶۴-۹۰۴۵۸-۱-۸ شابک

۲۰۰۰ تومان

پیشگفتار ناشر

تغییرات مهمی که در عرض چند سال گذشته در جهان رخ داده، از دیدگاه‌های مختلفی مطالعه شده است. نویسنده، در این کتاب، تکامل اقتصاد جهانی را از زمان جنگ جهانی دوم تاکنون تجزیه و تحلیل کرده است و نقطه‌ی عطف آن را سقوط بازار جهانی سهام در اکتبر سال ۱۹۸۷ می‌داند و، بر این مبنا، چشم‌انداز کلان تغییر و تحولات جهانی در سال‌های آینده را ترسیم می‌کند. این کتاب تاکنون به چندین زبان، از جمله به زبان‌های فرانسوی، اسپانیایی و سوئدی، ترجمه شده است.

چاپ اول این کتاب هنگامی منتشر شد که بحران اقتصادی جهان و گام‌های امپریالیسم به سوی جنگ و فاشیسم برای برخی از خوانندگان بزرگ‌نمایی می‌نمود. اما، اکنون با تهاجمات نظامی ایالات متحده و پیدایش بحران جهانی، محتوای این کتاب و تحلیل درج شده در آن برای خواننده ملموس خواهد نمود و نتایج برگرفته، نه یک پیش‌گویی، بلکه استنتاج علمی دیده خواهد شد.

در این تجدید چاپ با افزودن فهرست اعلام تلاش شده تا محققان از آن بهتر بهره‌مند شوند.

یادداشت‌های نویسنده در آخر کتاب آورده شده است.

فهرست

۱
نگاهی دقیق به شرایط عینی موجود ۷
استخدام در صنایع، گشایش می‌یابد ۱۱
واکنش جوانان علیه پلیدی‌های سرمایه‌داری ۱۴
لزوم درک تحولات و واکنش مناسب به آن ۱۸
نگاهی به سال ۱۸۴۷ .... ۲۰
رادیکالیزاسیون و قطب‌بندی سیاسی در میان نسل جوان ۲۴
نگاهی دقیق به شرایط عینی موجود ۲۸

۲
انقباض پولی و کاهش نیروی انسانی ۳۳
تولید اضافی در نظام سرمایه‌داری ۳۷
انفجار ارزش‌های کاغذیِ بدون پشتوانه ۴۳
افت بازار سهام در سال ۱۹۹۴ .... ۴۶
سیاست‌های ناشی از اقتصاد ۵۳

۳
تغییر تاریخی در مسیر حرکت سرمایه‌ی جهانی ۵۷
سبقت ایالات متحده از رقبای امپریالیستش ۶۳
حمایت از تولیدات داخلی و "مذاکرات تجاری" ۷۶
عمیق‌تر شدن شکافِ ناشی از رشد مرکب و ناموزون ۷۹

۴

نگاهی به صف‌بندی طبقاتی و نیروهای احیای سرمایه‌داری ۸۹
در چین، اروپای شرقی و شوروی سابق

بحران حاکم بر شوروی سابق و اروپای شرقی ۹۲

۵

فاشیسم و جنگ ۱۰۳

مستهجن کردن سیاست ۱۰۸

فاشیسم، بناپارتیسم و جنگ امپریالیستی ۱۱۴

تهاجم و جنگ در دنیای نیمه مستعمره ۱۲۲

۶

تهاجم کارفرمایان و مقاومت طبقه‌ی کارگر ۱۲۷

وسیع‌تر شدن مبارزه‌ی دفاعی کارگران در ایالات متحده ۱۳۳

پیوند انواع مبارزات ۱۴۰

۷

نتایج سیاسی ۱۴۷

حرکت‌های سوسیالیستی جوانان در ایالات متحده ۱۴۹

تجدید حیات چرخش به سمت صنعت ۱۴۹

بحران رهبری طبقه‌ی کارگر ۱۵۴

چشم‌انداز مقابله با حرکت امپریالیسم به سوی فاشیسم و جنگ ۱۶۱

فهرست اعلام ۱۷۱

یادداشت‌ها ۱۷۹

۱

نگاهی دقیق به شرایط عینی موجود

طی هفت سال گذشته، برخی از بزرگترین تغییرات سیاسی نیم قرن اخیر رخ داده است. نمودار توسعه‌ی درازمدت سرمایه‌داری شیب نزولی جدیدی پیدا کرده است که سقوط بازار جهانی سهام در اکتبر ۱۹۸۷ علامت هشدار دهنده‌ی آن بود. چند سال پس از آن، دستگاه استالینیستی در سرتاسر اروپای شرقی و اتحاد جماهیر شوروی، یکی پس از دیگری، فروپاشیدند. متعاقب آن، جنگ برپا شده علیه عراق، که واشنگتن تلاش کرد آن را یک پیروزی باشکوه نظامی جلوه دهد، درگیری‌های درونی نظم جهانی امپریالیسم را تشدید کرد. سرمایه‌داری در آستانه‌ی دهه‌ی ۱۹۹۰، برای اولین بار از زمان ماقبل جنگ جهانی دوم، دچار یک بحران اقتصادی جهانی شده است.

کارگران کمونیست باید مهم‌ترین عواقب سیاسی این دگرگونی قابل اشتعال نظام سرمایه‌داری را درک کنند؛ و آگاه باشند که فشردگی و قابلیت انفجار این

نوشته‌ی حاضر، متن گزارشی است که در اوت ۱۹۹۴ درکنگره‌ی سراسری حزب کارگران سوسیالیست ایالات متحده آمریکا بحث و تصویب شد و برمبنای سخنرانی‌های جک بارنز، دبیر سراسری این حزب، در سه کنفرانس تعلیماتی برگزار شده در میامی (فوریه ۱۹۹۴)، نیویورک (مارس ۱۹۹۴) و شیکاگو (آوریل ۱۹۹۴) تدوین شده است.

دگرگونی دائماً در حال افزایش است و نتایج عملی ناشی از آن را دریابند. فعالیت‌های خود را برمبنای آن جهت دهند و بدانند که این موضوع تنها به دهه‌ی ۱۹۹۰ محدود نمی‌شود؛ بلکه، تا زمانی معتبر خواهد بود که تکلیف اساسی‌ترین مسایل اقتصادی، اجتماعی و سیاسی که بشر با آن روبروست مشخص شود و سرنوشت آن از طریق یک نبرد تاریخیِ طبقاتی میان جنبش انقلابی طبقه‌ی کارگر و نیروهایی که در پی ابقاء یا تحمیل حاکمیت سرمایه‌داری در کشورهای سرتاسر جهان هستند تعیین خواهد شد.

در طی سال‌های آینده، چگونگی واکنش طبقه‌ی کارگر به عواقب سیاسی این فعل و انفعال شتاب گرفته‌ی سرمایه‌داری جهانی نتایجی بسیار حیاتی خواهد داشت و تعیین خواهد کرد که آیا می‌توان جلوی گام‌های امپریالیسم به سوی فاشیسم و جنگ را گرفت یا خیر! این نیز به نوبه‌ی خود به چگونگی ساخته شدن یک رهبری کمونیست از میان صفوف آگاه‌ترین و فداکارترین مبارزین طبقه‌ی کارگر، در سراسر جهان، بستگی خواهد داشت. همچنین، بستگی خواهد داشت به تلاش بلافصل نیروهای نسبتاً کوچکی که چشم‌اندازشان ساخت احزاب توده‌ای و انقلابی طبقه‌ی کارگر است. تا بتوانند به عنوان گردان های یک جنبش بین‌المللی کمونیست عمل کنند و کارگران و متحدین آن‌ها را در کسب قدرت از حاکمان سرمایه‌دار، برقراری حکومت کارگران و دهقانان و گشودن راه سوسیالیسم یاری دهند. در غیر اینصورت، سرمایه‌داری بشریت را به ورطه‌ی نابودی خواهد کشاند.

چگونه می‌توان قدم‌هایی هرچند آرام و با طمأنینه در جهت این هدف برداشت؟ در آغاز نگاهی بیندازیم به رونقی که در پی بحران ۹۱-۱۹۹۰ در گردش ادواری اقتصاد ایالات متحده پدیدار شده است. علت اینکه بحث را از این نقطه شروع می‌کنیم چیست؟ از اواخر سال ۱۹۹۳ فرصت‌های شغلی ایجاد شده و استخدام‌های جدید در صنایع، امکاناتی را برای تقویت جنبش

کمونیستی ایجاد کرده است که سال‌ها از آن محروم بوده‌ایم. این اولین دور استخدام‌های سراسری در کارخانجات، معادن و صنایع حمل و نقل پس از اعلام رسمی بهبود اقتصادی در آوریل ۱۹۹۱ است و اهمیت ویژه‌ای دارد. رونق اقتصادی ایالات متحده در دو سال نخستش "بهبود اقتصادی، بدون ایجاد اشتغال جدید" نام گرفته بود. در آغاز دوره‌ی بهبود، عملاً دستمزدها به مدت دو سال سیر نزولی طی کرده بودند. (فراموش نشود که منظور از بهبود در نظام‌های سرمایه‌داری، **بهبود نرخ سود و گردش نقدینگی است**).

طی این دو سال، شرکت‌های تجاری بزرگ از طریق کاهش تعداد دفعات نوبت‌کاری، افزایش سرعت کار، اخراج، کاهش و یا ثابت نگه‌داشتن دستمزدها، تجدید سازماندهی کارخانجات، فروش بخش‌هایی که سودآور نبودند و کامپیوتری کردن روش‌های اداری، مالی و تجاری، موفقیت خود را رقم زدند.

کارفرمایان آزمایش‌هایی انجام دادند تا معلوم شود که نیروی کار، چند ساعت اضافه‌کاری را بدون بروز مقاومت جدی پذیراست. رسانه‌های گروهی و روزنامه‌های بزرگ تجاری درباره‌ی "پا به سن گذاشتن کارگران"، بخصوص شاغلین صنایع خودروسازی، فولاد، معادن و سایر صنایع سنگین، قال و مقال راه انداختند. ناقدین می‌گفتند که احتمالاً تنها جایی که می‌توان کارگرِ جوان یافت، مراکز تولیدی کم‌اهمیت نظیر مکدونالد و والمارت است. گرچه تصویری که ترسیم می‌کردند کاریکاتوری بیش نبود، اما براساس آمار استخدامی صنایع در اواخر دهه‌ی ۱۹۸۰ و اوایل دهه‌ی ۱۹۹۰ شکل گرفته بود.

در دهه‌ی ۱۹۸۰ سرمایه‌داران موفق شدند که بر پیکر طبقه‌ی کارگر و جنبش کارگری ضربه وارد کنند و بدین ترتیب فشارهای زیادی بر جنبش کمونیستی وارد شد. در سال‌های ۹۱-۱۹۹۰ رکود اقتصادی و کسادی بازار کار باعث تشدید این فشارها شد. گرچه حملات کارفرمایان به شرایط کار و

سطح زندگی کارگران ادامه داشت، اما اتحادیه‌های کارگری همچنان در حال عقب نشینی بودند. زیرا، گرچه برخی اعتصابات مهم کارگری در جریان بود و اعضای مبارز اتحادیه‌ها در برابر حملات مقاومت می‌کردند، اما خط مشی سازشکارانه‌ی رهبری اتحادیه‌ها، کارگران را مجبور به عقب‌نشینی می‌کرد. در پایان دهه‌ی ۱۹۸۰ حکومت کارگران و دهقانان نیکاراگوئه، به دلیل خم شدن رهبری جبهه‌ی آزادی‌بخش ساندنیست در برابر فشارهای سیاسی طبقه‌ی سرمایه‌دار داخلی و امپریالیسم، شکست خورد. شکست انقلاب گرانادا در سال ۱۹۸۳ توسط استالینیست‌ها و عقب گرد انقلاب نیکاراگوئه باعث شدند که کوبا به عنوان تنها انقلاب سوسیالیستی زنده در سرتاسر جهان باقی بماند. انقلابی که می‌توان به رهبری کمونیست آن چشم دوخت، از آن تعلیم گرفت و به آن اعتماد کرد.

در آن مقطع از زمان، نیروهای جوان کمتری جذب جنبش کمونیستی می‌شدند و لذا میانگین سن اعضای حزب کارگران سوسیالیست در حال افزایش بود. نفوذ جنبش ما در سطح ملی رو به تنزل بود به نحوی که تعدادی از شعب حزب تعطیل شد تا اعضای آن‌ها برای تقویت شعبِ سایر نواحی اعزام شوند. جوانانی که با مشاهده‌ی پلیدی‌های نظام سرمایه‌داری از آن زده می‌شدند، به سادگی نمی‌توانستند به یک بینش سیاسی صحیح دست یابند؛ خود و سایرین را سازماندهی کنند و علیه این پلیدی‌ها بجنگند. برای آن‌ها مشکل بود که تشخیص دهند مبارزه‌شان با مبارزه برای تشکیل یک نظام اجتماعی دیگر، یعنی سوسیالیسم، گره خورده است. مشکل‌تر این بود که دریابند چگونه می‌توان با یک نیروی اجتماعی دیگر، یعنی با طبقه‌ی کارگر و جنبش کارگری که از قدرت دگرگون سازی این نظام برخوردار است، پیوند خورد. مشکل‌تر از همه‌ی این‌ها، رسیدن به این نتیجه بود: چگونه می‌توان به یک جنبش وسیع‌تر و برخوردار از یک سنت مبارزاتی، یعنی با جنبش

کمونیستی، پیوند خورد. جنبشی که خود را برای حضور در سرتاسر کشور متشکل کند و درس‌های مبارزه‌ی ستم‌دیدگان و استثمارشدگان تاریخ نوین را بکار بندد.

اما، در طی سال گذشته علائمی از یک تغییر را مشاهده کرده‌ایم و دست‌یابی به یک ارزیابی صحیح از این تغییر و ایجاد انطباق مناسب و لازم با آن، مقوله‌ای است که کل جنبش کمونیستی را به مبارزه می‌طلبد.

استخدام در صنایع، گشایش می‌یابد

اولین نکته‌ی حائز اهمیت این است که گشایشی در زمینه‌ی استخدام در صنایع پدیدار شده است. از جمله در آن بخش‌هایی از صنعت که حزب کارگران سوسیالیست شاخه‌ی حزبی داشته است، نظیر اتحادیه‌ی کارگران معادن ـ مشاغل مرتبط با آماده‌سازی معادن ذغال سنگ ـ راه‌آهن، صنایع اتومبیل‌سازی، فولاد، صنایع ادوات برقی و غیره.

اکنون، نسل جدیدی از کارگران جذب بازار کار می‌شوند که اغلب برای نخستین بار به استخدام صنایع درمی‌آیند و یا به صفوف اتحادیه‌های کارگری می‌پیوندند. ما کارگران کمونیست موفق شده‌ایم در میان صفوف شاغلین جدید باشیم. دوشادوش آنان در محل کار و اتحادیه‌ها حضور یابیم و به‌عنوان بخشی از شهروندان جهان و ایالات متحده، که تحت تأثیر سیاست‌های مشابهی قرار می‌گیریم، تجربیات مشترکی کسب کنیم. ما مسئولیم که خود را متشکل کنیم و از این فرصت ایجاد شده برای کسب تجربه‌ی مشترک بهره گیریم.

هم اکنون در ایالات متحده یک توسعه‌ی مقطعی و واقعی اقتصاد سرمایه‌داری در حال شکل‌گیری است (همچنین در استرالیا، زلاندنو، کانادا، انگلستان و شماری دیگر از کشورهای اروپایی). این موضوع هیچ مغایرتی با

این واقعیت ندارد که جهان سرمایه‌داری وارد یک بحران شده است. ترقی و تنزل در ادوار تجاری اقتصاد سرمایه‌داری همچنان ادامه خواهد داشت. ما نباید از کاربرد واژه‌هایی که سرمایه‌داران برای تشریح اوضاع بکار می‌برند، واهمه داشته باشیم؛ *این یک توسعه‌ی اقتصادی است*. حاکمین ایالات متحده، هم تولید را توسعه و هم میزان سود خود را افزایش می‌دهند. آن‌ها، با سوء استفاده‌ی هر چه بیشتر از ضعف قراردادهای منعقده با اتحادیه‌ها، مقررات استخدام را نادیده گرفته و کارگران جوان را با دستمزد پائین‌تری بکار می‌گیرند، علی‌الخصوص، آن‌ها تا جائی که ممکن است سعی دارند سهم بیشتری از بازار جهانی را از رقبای سرمایه‌دارشان پس بگیرند و دامنه‌ی آن را گسترش دهند و برای پس زدن سرمایه‌داران رقیب در سراسر جهان، بیش از پیش، به زور متوسل می‌شوند.

آنچه برای ما اهمیت دارد این است که در طی ۱۰ یا ۱۵ سال گذشته، میانگین سن کارگران کارخانجات خودروسازی یا فولاد افزایش یافته است. این یک واقعیت است. البته این موضوع نیز حقیقت دارد که بسیاری از جوانان هنوز هم در وال مارت، مک دونالد و آژانس‌های مشاغل موقت به استخدام درمی‌آیند. ما به این واقعیت چشم دوخته‌ایم: در شش ماهی که استخدام افزایش یافته است (از سپتامبر ۱۹۹۳ تا مارس ۱۹۹۴)، جمعاً ۱۰۰٬۰۰۰ کارگر در مشاغل صنعتی ایالات متحده استخدام شده‌اند و ظاهراً این امر همچنان ادامه دارد.

البته ما مجبور نیستیم تنها به آمارها اتکاء کنیم. کارگران حاضر در این گردهم‌آیی گزارش دادند که در کارخانجات خودروسازی که خود یا دوستانشان شاغل هستند در ماه‌های اخیر نوبت‌کاری سوم نیز اضافه شده است. آن‌ها گزارش می‌دهند که استخدام کارگران جدید در صنعت آماده‌سازی معادن همچنان ادامه دارد. در صنایع بزرگ نورد آهن، که سال‌ها متقاضی

نمی‌پذیرفتند، اکنون گشایشی برای استخدام ایجاد شده است. عکس‌العمل ما نسبت به این تغییرات، آهسته‌تر از میل باطنی ما بوده است. همینطور، درک نقش آن در تجدید حیات شاخه‌های حزبی ما در اتحادیه‌های کارگری. اما، واقعیت‌ها از چشم حزب ما، که بافت آن را اساساً کارگران صنعتی تشکیل می‌دهند، مخفی نمانده است.

درست همزمان با این استخدام‌ها، بنگاه‌های تجاری بزرگ به "کاهش نیروی انسانی" خود ادامه دادند و اعلام کردند که در سال جاری بطور متوسط روزانه ۳۱۰۰ نفر را اخراج کرده‌اند. در حدود یکسال گذشته اکثر اخراجی‌ها اساساً از میان مدیران رده‌ی متوسط، کارکنان حقوق‌بگیر اداری و متخصصین بوده‌اند. البته در خط تولید کارخانجات نیز تعداد مشاغل در طی ۲۸ ماه اول دوره‌ی بهبود، سیر نزولی داشته است و کارگران برخی از صنایع در نواحی خاصی از ایالات متحده، همچنان اخراج شده‌اند. در شرایط بحران‌زده‌ی امروزی درصد بیکاری نسبت به دوران بعد از جنگ جهانی دوم، که دوران رونق اقتصادی بود، بالاتر است. بخصوص اگر شمار کسانی را به آمار اضافه کنیم که مجبورند بصورت موقت و یا پاره‌وقت کار کنند و یا از جستجو برای کار خسته شده‌اند و در پی کاریابی نیستند و لذا از نظر دولت بیکار محسوب نمی‌شوند.

ولی از اواخر سال گذشته در کارخانه‌ها، معادن و صنایع نوردآهن تعداد استخدام کارگران بیش از تعداد اخراج‌ها بوده است؛ و همچنانکه به اواسط سال ۱۹۹۴ نزدیک‌تر می‌شویم رشد میزان اشتغال سیر صعودی دارد. در حال حاضر این موضوع برای طبقه کارگر و اتحادیه‌ها اهمیت بسیار دارد. همچنین برای پیشگامان کمونیست طبقه‌ی ما، که بسیار اندک‌اند، حائز اهمیت فراوان است.

سیاست‌هایی نظیر کاهش نیروی انسانی، کاهش هزینه‌ها و حذف

سرمایه‌گذاری برای افزایش ظرفیت، که صاحبان صنایع دنبال می‌کنند، بسیار جدی و حیاتی هستند. ولی هرگز نباید فراموش کنیم که سرمایه‌داران به چه دلیل کارکنان را اخراج کرده، بخشی از صنعت را تماماً منحل می‌کنند و قیمت‌ها را تا سرحد ورشکستگی پائین می‌آورند. آن‌ها برای تصاحب سهم بیشتری از بازار از چنگ رقبای سرمایه‌دارشان اینگونه عمل می‌کنند تا بتوانند کارگر جدید استخدام کنند، کالای فراوان تولید کنند و سود هنگفتی به جیب بزنند. کاهش نیروی انسانی، این هدف را دنبال می‌کند. آنان که به این اهداف برسند صعود کرده و کارگر استخدام می‌کنند و مابقی از این جدال حذف خواهند شد. برای کارگران کمونیست اهمیت ندارد که میانگین استخدام ماهیانه چقدر است. بلکه مهم آن است که در صف اول متقاضیان استخدام قرار گیرند و راهی برای ورود به صنایع بیابند.

واکنش جوانان علیه پلیدی‌های سرمایه‌داری

دومین نکته‌ی جدیدی که طی سال گذشته توجه ما را به خود جلب کرد، افزایش تعداد کارگران جوان و دانشجویانی است که در مقابل فجایع اجتماعی و سیاسی ناشی از بی‌نظمی جهان سرمایه‌داری واکنش نشان می‌دهند. اقداماتی که گروهی از جوانان در اوایل سال ۱۹۹۴ در چندین شهر ایالات متحده بعمل آوردند تا یک تشکل سراسری جوانان سوسیالیست را سازمان دهند، خود یکی از ثمرات این تلاطمات و درحقیقت مهمترین ثمره‌ی آن است.

حدود یکصد نفر جوان از سراسر کشور به شیکاگو آمده‌اند تا در مورد تشکیل کمیته‌ی سازماندهی برای تأسیس سازمان جوانان سوسیالیست تبادل‌نظر کنند. این گردهم‌آیی مرتبط است با کنفرانس آموزش سوسیالیستی که بیش از ۳۰۰ نفر درآن شرکت کرده‌اند. حدود دو ماه قبل، چهار سوسیالیست جوان ـ دو نفر از نیویورک و دو نفر از مینیاپولیس ـ کمیته‌ای

تأسیس کردند تا برپایی این گردهم‌آیی وسیع در شیکاگو را پایه‌ریزی کنند. ماحصل این کنفرانس عبارت است از: تشکیل حدود ۲۰ گروه سوسیالیست جوان در شهرهای مختلف و چندین دانشگاه سراسر کشور. این جوانان در فعالیت‌های سیاسی مختلف شرکت خواهند کرد و به مطالعه‌ی متون کمونیستی خواهند پرداخت. آن‌ها سعی دارند با آغوش باز به سوی سایر جوانان مبارز حوزه‌ی فعالیت خود و دیگر مناطق شتافته و در جهت برپایی کنفرانس مؤسس یک سازمان جوانان سوسیالیست گام بردارند.(۱)

این پدیده انعکاسی است از این واقعیت که امروزه جوانان گرایش بیشتری به مسائل سیاسی پیدا کرده و حاضرند دست به مبارزه بزنند. آنان از نتایج پلید نظام سرمایه‌داری، که در اطراف خود و سراسر جهان مشاهده می‌کنند، متنفرند. آنان از نژادپرستی، رفتار وحشیانه‌ی پلیس، حملات به حقوق زنان، تخریب محیط زیست، بیکاری، جنگ، و تهدیدهای جنگی متنفرند. آن‌ها متقاعد شده‌اند که: جهت حرکت نظام موجود به سمت وخامت بیشتر اوضاع است، نه بهبود آن. بعضی از آن‌ها شیفته‌ی سوسیالیسم شده‌اند و مایلند به مبارزین همفکرشان بپیوندند. این جوانان مبارز قصد دارند با کارگران و جوانان کوبا، که برای ابقای پایه‌های سوسیالیسم انقلابی در آن کشور مبارزه می‌کنند، همدوش شوند. آن‌ها می‌خواهند به آن بخش از جنبش جهانی که با جوانان مبارز آفریقای جنوبی همگام است بپیوندند. آن‌ها می‌خواهند در هرجایی که در مقابل ظلم و استثمار مقاومت می‌شود به صفوف مبارزه بپیوندند. مهمتر از همه اینکه آنان چشم بصیرت دارند؛ به نیروهای قدرتمند و عظیمی که بنا بر شواهد موجود در این کشور و سایر نقاط جهان در جهت سیاسی مشابهی حرکت می‌کنند توجه کرده و از آن الهام می‌گیرند.

ما شواهدی از این نارضایتی را در سایر نقاط جهان نیز مشاهده می‌کنیم. مثلاً در مارس ۱۹۹۴ کارگران جوان و دانشجویان فرانسوی ضربه دیگری به

سیاست‌های ضدکارگری حکومت آن کشور وارد آوردند. به گزارش هفته نامه‌ی میلیتانت، آن‌ها چندین هفته با بسیج سراسری صدها هزارنفری ـ همراه با پشتیبانی میلیون‌ها تن از مردم زحمتکش و حمایت سه کنفدراسیون اصلی اتحادیه‌های کارگری ـ از دولت خواستند که برنامه‌ی تضییقاتی خود را پس بگیرد. برنامه‌ای که به منظور کاهش حداقل دستمزد کارگرانی که سنشان زیر ۲۵ سال است تدوین شده بود. آن‌ها از طریق این مبارزات، رژیم نخست وزیر *ادوارد بالادور* را مجبور به عقب نشینی کردند. درست چندماه قبل از آن، در اکتبر ۱۹۹۳، کارگران *ایرفرانس* هر دو فرودگاه *شارل دوگل و اورلی* پاریس را بستند. آن‌ها دولت را مجبور کردند تا از موضع ضدکارگری طرح خصوصی‌سازی ایرفرانس عقب‌نشینی کند و مانع از آن شدند که دولت هزاران نفر را با قدرت تمام اخراج کند و امتیازات دیگری نیز به چنگ آورد. **بالادور** قصد داشت از پیروزی در *ایــــرفرانس* به‌عنوان سکوی پرتابی برای حمله به مشاغل، دستمزدها، شرایط کار و جنبش اتحادیه‌های کارگری استفاده کند.

این مقاومت‌ها موجب تضعیف بنیه‌ی حاکمان سرمایه‌دار فرانسه شده است که هدف استراتژیک تقویت **فرانک** را دنبال می‌کردند تا از سهم و سود خود در بازار جهانی در مقابل آلمان، انگلیس، ایالات متحده و سایر رقبای سرمایه‌دارشان دفاع کنند. نتیجتاً، اعمال فشار کابینه‌های مختلف و رؤسای جمهور "سوسیالیست" و محافظه‌کار، که بیش از ده سال عرصه را بر طبقه‌ی کارگر تنگ کرده بود، کمی تقلیل یافته است. درخواست‌های زاهدمآبانه‌ی صاحبان صنایع تحت لوای "کمی بیشتر فداکاری کنید" مدتی کارساز شد و اعتماد به نفس آنان را تا جایی بالا برد که باعث بروز اشتباهاتشان شد و اکنون مجبورند از روی ترس امتیاز بدهند و حداقل در این مقطع از زمان از مواضع اعلام شده‌ی خود عقب نشینی کنند. البته چنین کاری سایر کارگران را به مقاومت تشویق می‌کند و درنتیجه منافع حکومت را کاهش می‌دهد و حتی

ثباتش را خدشه‌دار می‌کند. جوانان کره‌ی جنوبی نیز خبرساز بوده‌اند. در این لحظه که ما در این جا گرد آمده‌ایم، دانشجویان و کارگران جوان کره‌ای علیه واشنگتن که قصد استقرار موشک‌های **پـــاتریوت** در کره جنوبی را دارد در سئول دست به تظاهرات زده‌اند. هیأت حاکمه‌ی ایالات متحده با این مشکل مواجه است که نمی‌تواند کسی را در کره‌ی جنوبی بیابد که حاضر شود مسئولیت به راه انداختن جنگ علیه جمهوری خلق کره را بپذیرد. زیرا چنین جنگی می‌تواند موجب آن شود که حکومت **پـــیونگ یـانگ** در دفاع از خود توده‌های مردم را بسیج کند و جنگ تدافعی علیه شهرهای کره جنوبی راه بیاندازد.

تعداد روزافزونی از کارگران و جوانان کره‌ای نسبت به خواسته‌ی مزورانه‌ی واشنگتن از حکومت کره‌ی شمالی مبنی بر توقف ساخت موشک‌های میان‌برد، بسیار مظنون شده‌اند. آن‌ها آگاهند که ایالات متحده ده‌ها سال است که نیروهای مسلح خود را در ابعادی گسترده و به شکل مرگ‌آوری در پایگاه‌های زمینی، دریایی و هوایی ـ به اضافه موشک‌های آماده‌ی شلیک ـ در شبه جزیره کره و سایر نقاط این منطقه حفظ کرده است. این امپریالیسم ایالات متحده بود که پیونگ یانگ و چند شهر دیگر کره را در جنگ کره کاملاً با خاک یکسان کرد؛ و واشنگتن تنها قدرت موجود در جهان است که سلاح اتمی را علیه مردم هیروشیما و ناکازاکی در ژاپن بکار گرفت. همچنین، اکثریت مردم کره آگاهند که دولت ژاپن **پـــــلوتونیوم** انبار کرده و گرچه رسماً ایجاد زرادخانه‌ی هسته‌ای را تکذیب کرده است، اما این هدف را دنبال می‌کند تا موشک‌های خود را به سوی سایر نقاط جهان و از جمله به سمت شبه جزیره‌ی کره، که به آن چشم طمع دوخته است، نشانه گیری کند.

سرمایه‌داران کره‌ی جنوبی نیز نگرانند که مبادا روزی واشنگتن به جنگی دامن بزند که باعث تخریب کارخانه‌ها و ماشین‌آلات آن‌ها شود. شبح حمله‌ی

نظامی واشنگتن ـ که نیم قرن پیش باعث تقسیم کشور متحد و یکپارچه‌ی کره گردید ـ به کره‌ی شمالی، بسیاری از جوانان را از نظر اخلاقی و سیاسی بیش از پیش از آمریکا متنفر کرده است. کره، آخرین کشور باقی مانده از میان کشورهایی است که در پایان جنگ جهانی دوم بیرحمانه توسط قدرت‌های پیروز تقسیم گردید تا منافع امپریالیسم ایالات متحده و بوروکراسی استالینیست حاکم بر مسکو حفظ گردد. میلیون‌ها جوان کره‌ای، صرف‌نظر از اینکه تمایلاتشان نسبت به کمونیسم و یا احساسشان نسبت به رژیم پیونگ یانگ چگونه است، آرزو دارند که یکبار و برای همیشه سلطه‌ی امپریالیسم ایالات متحده را ریشه‌کن کنند و اتحاد و حاکمیت ملی را در تمامی کره برقرار سازند.

لزوم درک تحولات و واکنش مناسب به آن

هنگامی‌که کارگران انقلابی برای مدتی طولانی و تحت شرایط نسبتاً سختی کار سیاسی انجام داده باشند، غالباً تشخیص اینکه اوضاع در حال تغییر و تحول است برایشان مشکل می‌شود. این موضوع حداقل به دو دلیل واقعیت دارد.

دلیل اول ممکن است خنده‌آور به نظر برسد، ولی نادیده گرفتن آن جهالت است. این ترس وجود دارد که چنانچه اوضاع را غلط ارزیابی کنیم و اغراق‌آمیز جلوه دهیم در جایگاهی قرار بگیریم که به ناامیدی‌مان ختم شود. در نتیجه به مشکلاتمان اضافه خواهد شد.

در طی چند سال گذشته، فعالیت سیاسی به کندی پیش رفته و در نتیجه جذب و ادغام قشر جدیدی از کارگران جوان و دانشجویان به صفوف جنبش کارگران کمونیست دشوار شده است. بنابراین، صحیح آن است که انقلابیون با مسائل مسئولانه برخورد کنند و به یک پدیده‌ی مقطعی و گذرا عمومیت نبخشند. ما به خودمان می‌گوییم: از هر گشایش سیاسی استفاده کنید، به

تظاهرات و سایر اعتراضاتی که پیش می‌آید بپیوندید، در هر نوع مقاومتی که در محل کار شکل می‌گیرد شرکت کنید؛ در دانشگاه حضور یابید و با هرکس که می‌توانید تماس حاصل کنید، ادبیات سوسیالیستی را در ابعاد وسیع و تا جایی که امکان دارد تبلیغ و توزیع کنید و راه‌حل‌های سوسیالیستی را ارائه دهید (این ادبیات با استفاده از روش‌های علمی توضیح می‌دهند که بلایای اجتماعی موجود از یکدیگر مجزا نیستند، بلکه زایده‌ی نظام سرمایه‌داری هستند و از بطن این نظام سرچشمه می‌گیرند). البته فرض را بر این قرار ندهید که هرگشایشی که پیش می‌آید نشانه‌ی تغییر گسترده‌ای در صحنه‌ی سیاست است، به تجزیه و تحلیل جدید نیاز دارد و تمام کارها و اولویت‌هایمان را باید با آن تطبیق دهیم. در غیراین‌صورت بجای رسیدن به درک واقعی از کارهای قابل انجام، فهم همه‌جانبه‌ی مسایل سیاسی، برخوردی ریشه‌ای و بادوام با مسائل و ایجاد ساختاری منضبط و کارگری، از این شاخه به آن شاخه خواهیم پرید. در نتیجه، دست‌آوردهایمان را برباد خواهیم داد و کارهایمان دچار بی‌سروسامانی خواهد شد.

چنین برخورد محتاطانه‌ای، از یک خصیصه‌ی مفید نشأت می‌گیرد. خصیصه‌ای مفید و محافظه‌کارانه که در اعماق وجود کارگران کمونیستِ باتجربه ریشه دوانیده است.

برای این سؤال که چرا هنگامی که تغییر مهمی در سیاست رخ می‌دهد تشخیص آن مشکل است، دلیل دومی نیز وجود دارد. مشکل ما وقتی دوچندان می‌شود که این تغییرات جنبه کوتاه مدت داشته باشد ـ آنطور که امروزه اتفاق می‌افتد ـ حال آنکه گرایش‌های دراز مدت هنوز در مجموع پابرجا هستند. در صحنه‌ی مبارزات طبقاتی تغییرات ناگهانی و انفجارآمیز سیاسی می‌تواند پدیدار شود و خواهد شد؛ ولی در حال حاضر چنین پدیده‌ای در شرف وقوع نیست و هیچ رهبر قابلی ادعای پیش‌گویی زمان وقوع چنین تحولی را ندارد.

بنابراین، از خود سؤال می‌کنیم: در چه مقطعی به این نتیجه خواهیم رسید که تغییرات کافی، حتی در یک زمینه‌ی محدود، ایجاد شده و لازم است تعدیلی در فعالیت‌هایمان ایجاد کنیم؟

این سؤالی است که امروزه نیاز به بحث و تبادل‌نظر درباره‌ی آن داریم. ما نیازمند ارزیابی دو پدیده‌ای هستیم که شرح دادیم: یکی گسترش دامنه‌ی استخدام‌های جدید و دیگری پیدایش فضای سیاسی در میان جوانان. سپس همه‌ی ما، از کسی که جدیداً به جنبش کمونیستی پیوسته تا شخصی که دارای چند دهه تجربه‌ی سیاسی است، باید تصمیم بگیریم که در موقعیت جدید باید چه نوع کاری را انجام داد. ما وظیفه داریم از خود سؤال کنیم که آیا برای آنچه در حال وقوع است مبنایی عینی در زمینه‌های اقتصادی و سیاسی می‌توان یافت؟ آیا دلیل محکمی می‌توان یافت که نشان دهد این تغییرات به اندازه‌ی کافی اساسی هستند و آنقدر تداوم خواهند یافت که کارگران کمونیست و جوانان برخوردار از تفکرات انقلابی آمادگی آن را پیدا کنند تا در صورت لزوم صفوف خود را دوباره سازماندهی کنند و از این موقعیت برای جبران فرصت‌های از دست رفته بهره جویند؟

نگاهی به سال ۱۸۴۷

از بدو پیدایش جنبش کمونیستی در ۱۵۰ سال پیش تاکنون هیچیک از رهبران آن معتقد نبوده‌اند که می‌توان بدون جذب اقشاری از مبارزین جوان سازمانی کمونیستی برپا کرد ــ جوانانی که از میان طبقات مختلف برخاسته‌اند و لذا تجارب اولیه‌شان بسیار متفاوت و گوناگون است. باید یادآور شویم که سند بنیادین اولین سازمان بین‌المللی کارگران انقلابی [بین‌الملل اوّل] در کنگره‌ای که در ماه‌های نوامبر و دسامبر سال ۱۸۴۷ در لندن برگزار شد توسط دو جوان که هنوز سال‌های ۲۰ عمر خود را می‌گذراندند طرح‌ریزی شد.

سند مذکور که به نام بیانیه‌ی کمونیست مشهور است، توسط کارل مارکس، که آن زمان ۲۹ سال داشت، و فردریک انگلس، که ۲۷ ساله بود، نوشته شده است. باید افزود که این سند به دست کسانی نوشته شد که در آن مقطع از زمان تجربه‌ی نسبتاً کمی از جنبش کارگری داشتند. مارکس و انگلس به عنوان دو دانشجوی طرفدار جنبش دموکرات‌های انقلابی، که جزئی از جنبش وسیع و رادیکال جوانان آلمانی در آن زمان بود، وارد سیاست شدند.

مارکس و انگلس از همان آغاز در پیشبرد کارهای خود افرادی بالیاقت، متعهد، پرتحرک، سخت‌کوش و منضبط بودند. آن‌ها تمامی زندگانی خود را وقف مبارزه در راه اعتقادات خود کردند و هرگز برای منافع و رفاه شخصی خود در مقابل اعتقاداتشان الویت قایل نشدند؛ و در تمامی اینگونه موارد رفتارشان همانند میلیون‌ها جوان دیگری بود که برای چندین دهه در سراسر جهان می‌زیستند.

مارکس و انگلس بعدها برای رفع هرگونه ابهام، مسائل مهمی را درمورد سیر تکامل سیاسی خود بیان کردند. در طی اواسط و اواخر دهه‌ی ۱۸۴۰ این دو جوان شورشی نه‌تنها در آلمان بلکه در پاریس، لندن، بروکسل و دیگر ممالک با گروه‌هایی از کارگران که تفکر انقلابی داشتند در تماس قرار گرفتند. مارکس و انگلس شرح دادند که چنانچه نتوانسته بودند با چنین گروه‌های سازمان یافته و باتجربه‌ی کارگران انقلابی تماس برقرار کنند و یا برعکس، اینگونه سازمان‌ها آنان را نمی‌یافتند، امکان آغاز جنبش کمونیستی در نیمه‌ی دوم قرن نوزدهم وجود نمی‌داشت و یا حداقل این دو جوان انقلابی بخشی از آن نمی‌بودند و در نتیجه جنبش ضعیف‌تری شکل می‌گرفت.

کارگرانی که مارکس و انگلس را جلب کردند از سال‌ها قبل مشغول سازمان دادن مبارزات علیه سرمایه‌داری و اثرات نامطلوب آن بر زندگی طبقه‌ی خود بودند. آن‌ها اغلب در صحنه‌ی کارزار صدمه دیده و مدتی هم در

زندان بسر برده بودند. آن‌ها از چگونگی عملکرد پلیس و مأمورین مخفی و اغتشاش‌گر آن آگاه بودند (قسمتی از دنیای واقعی که هر انقلابیی باید با آن مواجه شود و یاد بگیرد که چگونه با آن برخورد کند). در دوران پس از انقلاب فرانسه، بخش مهمی از عقاید و روش‌های سازماندهی کارگران با روش‌های توطئه‌آمیز و تفکرات ناکجاآباد و چپ‌گرای قشر میانی درهم آمیخته و صفوف اول مبارزین پیشتاز را نیز به خود جلب کرده بود. اینگونه تفکرات، کارگران را در مبارزه علیه مأمورین مخفی و اغتشاش‌گر پلیس ضربه‌پذیر کرده بود.

ولی این کارگران انقلابی پیشگامان واقعی جنبش طبقه‌ی کارگر بودند که در آن زمان در حال خیزش بود. در دهه‌ی ۱۸۳۰ آن‌ها متحمل شکست‌هایی شده و در اواخر دهه‌ی ۱۸۴۰ دوران سختی را پشت سر گذاشته بودند. از یک طرف این کارگران مبارز نیاز داشتند که مبارزین جوان را به صفوف خود جلب و تشکیلات کارگری خود را بازسازی کنند و از طرف دیگر برای مارکس و انگلسِ جوان نیز ضرورت داشت که برای ایفای نقش مهمی در تاریخ و عرصه‌ی سیاست، به این سازمان‌های کارگری انقلابی بپیوندند و بخشی از طلیعه‌داران جنبش یک طبقه‌ی پیشرو شوند.

انگلس در اواخر عمر خود چگونگی تأثیر عمیق اولین برخوردش با سه تن از رهبران کارگران را شرح می‌دهد که بعدها در سال ۱۸۴۷ منجر به جلب او و مارکس به "انجمن کمونیست" شد. او می‌نویسد: "آن‌ها اوّلین کارگران صنعتی انقلابی بودند که با آن‌ها روبرو می‌شدم و اگر چه در آن زمان دیدگاه‌های ما بطور واضح از یکدیگر فاصله داشت، چرا که من هنوز مانند یک فیلسوف تنگ‌نظر متکبر بودم و بینش آنان نیز ناشی از نوعی تفکرات مساوات‌طلبانه و خام بود، ولی هرگز تأثیر عمیقی را که این سه مرد واقعی بر من گذاشتند فراموش نخواهم کرد؛ منی که تازه در شرف مرد شدن بودم".(۲)

انجمن کمونیست اولین سازمان کارگری انقلابی در عصر جدید بود. این

سازمان، جنبش طبقه کارگر را به عقایدی مدون و علمی مسلح کرد که تا زمانیکه جامعه‌ی طبقاتی وجود دارد از بین نخواهد رفت؛ برغم اینکه چه تعدادی از کمونیست‌ها نسل بعد از نسل در مبارزه برای تحقق این عقاید کشته شوند. برنامه و استراتژی اولیه‌ای که در بیانیه کمونیست آورده شد همواره به کمک درس‌هایی که کارگران و متحدین ما در مبارزه‌ی طبقاتی می‌آموزند و تجربه می‌کنند در حال غنی‌تر شدن است. هیچ دولت سرمایه‌داری و هیچ جنبش ارتجاعی سازمان یافته به دست استثمارگران، به هر میزان که در یک برهه از زمان قدرتمند باشد، هرگز موفق به گسستن تداوم این برنامه نخواهد شد. زیرا این برنامه برپایه مسیر واقعی حرکت تاریخی طبقه‌ی کارگر استوار شده است.

برخی از شما که اخیراً بیانیه‌ی کمونیست را مطالعه کرده‌اید بدون شک از میزان انضباط، احاطه‌ی علمی و سخت کوشی محضی که در نوشتن آن بکار رفته است به شدت تحت تأثیر قرار گرفته‌اید. همه‌ی ما از درک عمیق نویسندگان آن از تاریخ و عمق آگاهی آنان از وضعیت طبقه‌ی کارگر و سایر طبقات استثمار شده‌ی ماقبل آن، تحت تأثیر قرار گرفتیم. در عین حال طراوتِ زبان و صراحت کلام و تلاش عمیق آن سند برای جلب کلیه‌ی مبارزینی که علیه هرگونه استبداد و ستم می‌جنگند نیز قابل توجه است. بیانیه نه‌تنها از لحنی "رو در رو" در مقابل استثمارگران و ستمگران برخوردار است بلکه به‌ویژه درمقابل کسانی که از درون صفوف جنبش کارگری وجود طبقات صاحب امتیاز را موجه جلوه می‌دهند نیز همان برخورد را دارد.

مارکس و انگلس هنگامی که با کادرهای باتجربه‌ی کارگران مرتبط شدند و به صفوف آن‌ها پیوستند، تقریباً ۲۵ سال داشتند. رهبران کارگری سال‌ها با این دو جوان انقلابی همکاری کردند و مکتوبات سیاسی آن‌ها در زمینه‌ی موضوعاتی نظیر تجارت آزاد و حمایت از تولیدات داخلی و همچنین

جدل‌های آنان علیه سوسیالیست‌های خرده‌بورژوا نظیر **پرودهون** و سایرین را مطالعه کردند و از این طریق آموزش دیدند.(۳) بر اساس چنین تجربه‌ی مشترک چندین ساله‌ای بود که مارکس و انگلس اواخر سال ۱۸۴۷ در کنگره‌ی انجمن کمونیست مسئولیت تدوین پیش‌نویس برنامه برای یک سازمان بین‌المللی متشکل از کارگران سراسر اروپا را پذیرفتند. اینگونه فرایند جلب شدن آن‌ها به جنبش کارگری بود که زمینه را برای تدوین بیانیه انجمن بین‌المللی کمونیست و جنبشی که حول محور آن در آستانه تشکل بود فراهم آورد. آنچه زمینه را برای تولد تاریخی بیانیه کمونیست و پیدایش جنبشی بر حول محور آن فراهم آورد، ادغام دو عامل تعیین کننده بود: یکی انرژی و توانمندی انقلابیون جوانی که از زاویه‌ای جدید و با دیدی روشن به بزرگترین مسایل سیاسی و سازمانی طرح شده برای طبقه‌ی کارگر می‌نگریستند و دیگری تجربه‌ی کادرهای کارگری که رهبران جنبش انقلابی کارگری بودند؛ جنبشی که پیش از آن پا به عرصه‌ی وجود گذاشته بود.

رادیکالیزاسیون و قطب‌بندی سیاسی در میان نسل جوان

تاریخ قرن حاضر بیانگر آن است که قبل از عمومیت یافتن، سازمان گرفتن و تأثیر متقابل گذاشتنِ مبارزات وسیع کارگران، اقشاری از جوانان علیه بی‌رحم‌ترین و غیرانسانی‌ترین نتایج وضعیت اقتصادی و تضادهای اجتماعی سرمایه‌داری شورش خواهند کرد. گرچه آنان در شروع مبارزه سردرگم هستند و دیدگاهی التقاطی دارند، اما بعضی از این جوانان رادیکال درمی‌یابند که سرمایه‌داری ریشه‌ی تمام مسائل جامعه است و به تدریج به این فکر می‌افتند که خود را یک سوسیالیست بدانند. آن‌ها به صفوف سازمان‌های سوسیالیستی جذب می‌شوند و هرچه بیشتر تمایل نشان می‌دهند که به پیشنهادات کارگران کمونیست درباره‌ی چگونگی پیشبرد کارها گوش فرا دهند. حرکت‌هایی که به

انقلاب‌های ۱۹۰۵ و ۱۹۱۷ روسیه ختم شد، شروع رادیکالیزاسیون توده‌های کارگران در دهه‌ی ۱۹۳۰ در ایالات متحده، خیزش دوباره‌ی جنبش انقلابی کوبا در اواخر سال‌های ۱۹۴۰ و اوایل سال ۱۹۵۰، طغیان جوانان آفریقای جنوبی در سال‌های ۱۹۷۰، و بسیاری موارد دیگر بیانگر آن هستند که آغاز حرکت‌های سیاسی در میان جوانان نشانه‌ای است از اینکه نیروهای اجتماعی قدرتمندتری در اعماق جامعه در حال تغییر و تحول هستند.

هیچ مطلب شگفت‌آوری در این راستا وجود ندارد، بلکه این مقوله از پایه‌ی مادی وضعیت اجتماعی جوانان نشأت می‌گیرد. جوانان کمتر درگیر اشتغال، خانواده و مسئولیت‌های دیگر هستند. اغلب جوانان در یک دوره‌ی نسبتاً کوتاه برای واکنش نشان دادن علیه فجایع سرمایه‌داری، سبک‌بارتر از مسن‌ترها هستند. همواره آنچه در اطرافشان می‌گذرد بیش از پیش به نظرشان غیرقابل تحمل جلوه می‌کند. تمامی آینده‌ی نابسامان خود را همچون آینه‌ای در مقابلشان می‌بینند. آن‌ها نمی‌خواهند در چنین دنیایی زندگی کنند. آن‌ها ارزش‌های ریاکارانه بورژوایی را مردود می‌شمارند و بر عملکرد موعظه‌گران، سیاستمداران، "شخصیت‌ها" و پروفسورهای مدافع این ارزش‌ها خط بطلان می‌کشند.

جوانان بطور روزافزون نسبت به روابط خشن سرمایه‌داری به خشم می‌آیند. آن‌ها نمی‌خواهند شریک جرم نزول شأن انسان‌ها و تخریب طبیعت، که سال به سال دامنه‌ی آن گسترش می‌یابد، بشوند. چیزی در این جامعه بطور رقت‌انگیزی معیوب است و آن‌ها می‌خواهند بخشی از جستجوگران راه حل آن باشند. آن‌ها سعی دارند بفهمند: چه چیزی ریشه‌ی این نابسامانی‌های غیرقابل تحمل است؟ آن‌ها شروع به مطالعه‌ی کتب، مجلات، و روزنامه‌ها می‌کنند و امیدوارند که توضیحی بیابند. آن‌ها به دنبال یافتن جنبش‌های سیاسی و یا سازمان‌هایی هستند که به نظر می‌رسد برای مسایل موجود جوابی

دارند و رهنمودهای عملی ارائه می‌دهند.

طغیان جوانان، به علت فقدان یک رهبری انقلابی طبقه‌ی کارگر، حالتی خودبخودی و شکل بی‌برنامه‌ای پیدا می‌کند. برخی از آن‌ها می‌خواهند دست به اعتراض بزنند، به خیابان‌ها بریزند و تظاهرات به راه بیندازند. عده‌ای سنگ برمی‌دارند و آن را به طرف نهادهای نظام موجود، نظیر ساختمان‌های دولتی و یا پلیس، پرتاب می‌کنند. اینگونه حرکت‌های ناشی از عصبانیت و فاقد برنامه به آسانی می‌تواند زمینه‌ی مساعدی برای حرکت‌های بی‌ثمر ماورای چپ و ترور فردی ایجاد کند. اگر طبقه‌ی کارگر وارد عمل نشود و یا در هدایت نیروهای اجتماعی برای حل بحران‌ها از خود ناتوانی نشان دهد، در این صورت رادیکالیزاسیون و تفکرات ضدسرمایه‌داری جوانان، به بیراهه خواهد رفت و اقشاری از آنان را به طرف راست و به سمت نیروهای ارتجاعی، که از احزاب و نهادهای جامعه‌ی بورژوایی سرچشمه می‌گیرند، سوق خواهد داد. اینگونه اقشارِ متمایل به راستِ جوانان از "طبقه‌ی سیاستمداران" روی برمی‌گردانند، لحن بسیار اهانت‌آمیزی علیه سیاستمداران بکار می‌گیرند و به خیابان‌ها می‌ریزند تا سخن گویان "نفرت‌انگیز" و "دو دوزه باز" زمامداران را تحت فشار قرار دهند.

در حقیقت آنچه امروزه در میان جوانان دانشگاه‌ها شکل می‌گیرد، در وهله‌ی اول پیدایش قطب بندی‌های سیاسی است. در مقابل هر جوانی که اکنون به جنبش کمونیستی جلب می‌شود، یک تا دو نفر نیز به گروه‌های ارتجاعی مختلف از جمله گروه‌های ماوراء راست گرایش می‌یابند. این پدیده در میان دانشجویانی که از نظر طبقاتی ریشه‌های مختلفی دارند، از جمله اقشار در حال رشد طبقه‌ی متوسط سیاه‌پوست و سایر ملیت‌های ستمدیده و اقلیت‌های ملی در ایالات متحده و سایر کشورهای امپریالیستی، در شرف وقوع است. هنگامی که بحران‌های اجتماعی عمیق‌تر می‌شود در ابتدا

گروه‌های افراطی دست راستی سریع‌تر از سازمان‌های کمونیستی و یا روندهایی که ماهیت دامن زدن به مبارزه‌ی طبقاتی را دارند رشد می‌کنند. زیرا، گرایش‌های راست مستقیماً از درون نظام سیاست‌گذاری بورژوایی و سازمان‌های سیاسیِ موجود سرچشمه می‌گیرند.

جوانان رادیکال به پدیده‌ای واکنش نشان می‌دهند که فراتر از زشتی‌های ظاهری سرمایه‌داری است. آن‌ها در راه درک نقاط ضعف نظام سرمایه‌داری قدم می‌گذارند و بتدریج درمی‌یابند که حاکمان سرمایه‌داری گرچه خیلی ژست می‌گیرند، اما، ***آنچنان هم که در ظاهر می‌نماید و وانمود می‌کنند قدر قدرت نیستند*** و آینده‌ی باثباتی نیز ندارند. اگر بتوان نیرویی اجتماعی و برخوردار از قدرت کافی را در مقابل آن‌ها بسیج کرد آنگاه می‌توان در مقابله با فجایع حاصل از حکومت آنان کاری بنیادی انجام داد. جوانان در پی یافتن یکچنین نیروهای اجتماعی هستند و اگر آن‌ها را در جنبش طبقه‌ی کارگر نیابند برخی از آنان به سمت نیروهای سایر طبقات و عوام‌فریبان افراطی آن‌ها جلب خواهند شد. در این خصوص نیز آنچه در میان جوانان رخ می‌دهد، پیش پرده‌ای از تحولات اجتماعی آینده است: یعنی پیدایش قطب‌بندی در میان جمعیت روستایی، زنان و اقشار طبقه‌ی متوسط.(۴)

به همین سبب برای کمونیست‌ها مهم است که تک تک جوانان معترض را تا جایی که مقدور است دریابند و قبل از اینکه در عقاید اینگونه جوانان تردیدی حاصل شود و آنان بطرف راست کشیده شوند، یا به سادگی در طول زمان با سرمایه‌داری کنار آیند و در زندگی کسل کننده‌ی جامعه‌ی بورژوایی غرق شوند، آنان را از نظر سیاسی به طبقه‌ی خود جلب کنند. در حال حاضر گرچه تعداد آن‌هایی که ما می‌توانیم به طرف جنبش انقلابی جلب کنیم چندان زیاد نیست، ولی در سراسر ایالات متحده یافت می‌شوند. یک سازمان جوانان سوسیالیست سراسری مورد نیاز است تا از طریق آن جوانان مبارز یکدیگر را

بشناسند، مسائل سیاسی را با یکدیگر بحث کنند، چگونگی همکاری و هدایت یکدیگر را یاد بگیرند، بطور دموکراتیک تصمیم بگیرند و سپس آنچه را که بطور دستجمعی تصمیم گرفته‌اند در عمل پیاده کنند.

نگاهی دقیق به شرایط عینی موجود

حال برمی‌گردیم به سؤالی که قبلاً مطرح کرده بودیم: آیا برداشت ما در خصوص آنچه در میان جوانان بطور روزافزونی شروع به تغییر کرده صحیح است؟ ما باید این سؤال را خیلی جدی بگیریم. بخصوص اینکه سوسیالیست‌ها و سایر کسانی که دارای تمایلات انقلابی هستند خیلی مایلند که جواب این سؤال مثبت باشد. بنابراین ما باید از خود سؤال کنیم: آیا تحولات عینی و تغییر جهت‌های سیاسی به گونه‌ای در جهان رخ داده است که بتواند امروزه مبنای توضیح قانع کننده‌ای برای روی آوردن تعدادی هر چند اندک ولی رو به رشدی از جوانان به سمت عقاید سوسیالیستی باشد؟

ما می‌توانیم یکی از توضیحات نسبتاً ساده‌ای که پتانسیل تشریح اینگونه تغییرات را دارد، کنار بگذاریم: در حال حاضر هیچ جنبش اعتراض‌آمیز و اجتماعی در حال رشدی وجود ندارد، یا حتی مبارزه‌ی وسیعی در میان اتحادیه‌های کارگری یافت نمی‌شود که بتوان روی آن به عنوان گشایش تازه‌ای برای پذیرش عقاید ضدسرمایه‌داری حساب کرد. بنابراین، باید کندوکاو عمیق‌تری انجام داد. ولی این جست و جو ما را با یک مسأله‌ی جدید روبرو می‌کند. با توجه به اینکه از زمان سقوط بازار جهانی سهام در اکتبر سال ۱۹۸۷ تاکنون، سرعت تحولات افزایش یافته است؛ در این مقطع از تحولات سیاسی جهان دریافته‌ایم که ما سوسیالیست‌ها بدون حضور لایه‌ای از جوانان در میان صفوف جنبشمان به هیچ وجه نمی‌توانیم تحلیل دقیقی از اوضاع موجود ارائه دهیم. ممکن است این جمله اغراق‌آمیز به نظر برسد، ولی من

متقاعد شده‌ام که صحیح است. البته برای اغلب مردم قابل درک است که چنانچه روند جلب جوانان به صفوف یک سازمان سوسیالیستی متوقف شود، آن سازمان نخواهد توانست فعالیت‌های خود را در سطح مطلوبی ادامه دهد. ولی من موضوع دیگری را مطرح می‌کنم: امروزه بدون آغاز حرکت به سمت ایجاد یک سازمان جوانان، ما حتی نمی‌توانیم در مورد مسایل جهان بطور واضح و روشن بیندیشیم.

چرا اینچنین است؟ زیرا علاوه بر لزوم برخورداری از تجربه و تداوم حیات، که بدون آن هر سازمان کمونیستی از مسیر سیاسی صحیح خارج خواهد شد، همچنین در مقاطعی از تاریخ، وقایع با آنچنان وسعت و سرعتی رخ می‌دهد که حتی بهترین مبارزین را دچار سردرگمی می‌کند؛ مگر اینکه قادر باشند طرز فکری را که با آن بزرگ شده‌اند کنار بگذارند و از دیدگاه نسل جدیدی به جهان بنگرند که تازه به زندگی سیاسی چشم گشوده است. تحولاتی که در ابتدای سخنانم یادآور شدم بیانگر آن است که در چنین لحظاتی از تاریخ بسر می‌بریم:سقوط بازار جهانی سهام در اکتبر سال ۱۹۸۷، فروپاشی دستگاه استالینیسم که با شتاب روزافزون حرکت نیروهای مدافع احیاء سرمایه‌داری و عمیق‌تر شدن قطب‌بندی‌های اجتماعی و طبقاتی همراه است، جنگ خلیج فارس و شروع اولین بحران جهانی بعد از دهه‌ی ۱۹۳۰.

این پدیده‌ها از دیدگاه انسان‌های متفکری که سنشان حدود ۳۰ سال یا بیشتر است، چرخش سیاسیِ عظیمی محسوب می‌شود. لذا، آنان که از نسل‌های قدیمی‌تری هستند باید مجدداً نحوه نگریستن خود به جهان را ارزیابی کنند. حال آنکه از دیدگاه جوانانی که تازه وارد عرصه سیاست می‌شوند این تنها اوضاع سیاسی جهانی است که می‌شناسند و در چارچوب آن عمل می‌کنند. این تنها اوضاعی است که آن‌ها شناخته‌اند. امروزه نقطه‌ی شروع حرکت کارگران جوان در کارخانه‌ها و معادن نیز نسبت به کارگران مسن‌تر

بسیار متفاوت است. ضربه‌هایی که در طول پانزده سال گذشته طبقه کارگر و اتحادیه‌ها از کارفرمایان خورده‌اند، بخشی از تجربه‌ای است که امروزه کارگران باید تجزیه و تحلیل کنند تا بتوانند درس‌های آن را در صحنه‌ی سیاسی و در میان صفوف جنبش طبقه‌ی کارگر بکار گیرند. فعالین جنبش کارگری در این دوره شاهد عقب‌نشینی‌ها، شکست‌ها، بن‌بست‌های دلسرد کننده و همچنین پیروزی‌های جزیی بوده‌اند که بر زندگی تعداد روزافزونی از کارگران صنایع مختلف و اتحادیه‌های کارگری تأثیر گذاشته است. تقریباً محال است که برخی از نتایج احتیاط برانگیز این تجارب وارد زندگی داخلی جنبش ما نشده باشد.

● البته این روند بر کارگرانی که در دو سه سال اخیر در یک جا شاغل بوده‌اند، تأثیر چندانی نداشته است. آن‌ها بر این اساس عمل نمی‌کنند که در طی پانزده سال گذشته چه بر سر جنبش کارگری آمده است. کارگران، امروزه در مقابله با تهاجمات جدید کارفرمایان بر مبنای آن تجربیات عمل نمی‌کنند و مسئولیت‌ها و فرصت‌های جدید را در آن راستا ارزیابی نمی‌نمایند. البته، این خود به تنهایی رابطه‌ی نیروهای طبقاتی را تغییر نمی‌دهد، بلکه امکانات جدیدی را برای مقاومت در مقابل تعرض‌های تمام‌نشدنی سرمایه‌داران علیه طبقه‌ی کارگر و اتحادیه‌ها فراهم می‌آورد و برای آنان که شرایط و امکانات جدید را به عنوان نقطه شروع برمی‌گزینند فضای جدیدی می‌آفرینند.

ما قادریم به چنین نتیجه‌گیری‌هایی دست پیدا کنیم. زیرا موفق شده‌ایم در ایالات متحده لایه‌ی کوچکی از مبارزان جوان را در سال‌های گذشته به صفوف خود جلب کنیم. این نه تنها قضاوت‌های اوّلیه ما را تأیید می‌کند، بلکه به ما اجازه می‌دهد تا در ارزیابی فرصت‌هایی که در پیش داریم دقیق‌تر باشیم.

پس، چه چیزی در جهان امروز وجود دارد که ما را بر آن می‌دارد تا باور

کنیم شمار روزافزونی از جوانان علیه نظم موجود به عصیان خود **ادامه خواهند داد** و به صفوف جنبش سوسیالیستی خواهند پیوست؟

در پاسخ به این سؤال، باید یک قدم به عقب برگردیم و تحلیل خود را نه از نیروی کار، بلکه از سرمایه ـ که همواره نقطه‌ی شروع مارکسیست‌هاست ـ آغاز کنیم. اگر چگونگی حرکت و مشکلات سرمایه را درک کنیم، سپس قادر خواهیم بود که گشایش‌های پیشِ روی نیروی کار را دریابیم و از آن‌ها بهره‌مند شویم.

باید بخاطر داشته باشیم که تنها ما در جنبش کمونیستی نیستیم که **به پیدایش یک** دگرگونی بزرگ سیاست‌های جهانی در سال‌های اخیر پی برده‌ایم. بلکه، عده‌ای از مفسرین و سیاستمداران بورژوا نیز چنین برداشتی دارند، به نحوی که امروزه صحبت از "بی‌نظمی نوین جهانی"، امری رایج شده است.

اما همه، به جز ما، نقطه‌ی عطف را سال‌های ۹۰-۱۹۸۹، یعنی فرو ریختن دیوار برلین و فروپاشی رژیم‌های استالینیست در سراسر بلوک شوروی، می‌دانند. ما تنها نیروی سیاسی هستیم که تحلیل خود را با بررسی سرمایه و سقوط بازار جهانی سهام در سال ۱۹۸۷ شروع می‌کنیم. این سقوط چه علائمی از شروع مرحله‌ی جدید گرایش نزولی سرمایه‌داری جهانی،افزایش تنش‌های طبقاتی و قطب‌بندی سیاسی ناشی از این بحران را نشان داد؟ این تنها چارچوبی است که برمبنای آن می‌توان به سیاست جهانی و مبارزه‌ی طبقاتی کنونی پی‌برد و بطور مؤثر در آن دخالت کرد. همچنین باید دریابیم که چه عواملی در پشت عقیده‌ی "شکست سوسیالیسم" نهفته است و چگونه می‌توان از غلتیدن این "سوسیالیسم" به سمت یک سرمایه‌داری تثبیت شده جلوگیری کرد؟

۲

انقباض پولی[1] و کاهش نیروی انسانی

قبلاً این واقعیت را بحث کرده‌ایم که ادوار تجاری آمریکا سه سال متوالی سیر صعودی داشته که به تازگی ببار نشسته و انبوهی از مشاغل جدید را ایجاد کرده است. پیدایش یک چنین بهبود سطحی و کند، در شرایط بحران اقتصادی، امری عادی بوده و خواهد بود. اما، برای نسلی که بعد از جنگ جهانی دوم پا به عرصه‌ی زندگی گذاشته است، اوضاع کنونی بی‌سابقه بوده و خارج از حدود تجربه‌ی قبلی هر یک از ما است.

سرمایه‌داران ایالات متحده و سایر قدرت‌های امپریالیست، اکنون برخلاف سال‌های ۱۹۵۰ و ۱۹۷۰ سرمایه را در جهت افزایش کلان ظرفیت صنایع بکار نمی‌برند. همان‌گونه که در قطعنامه ۱۹۸۸ حزب کارگران سوسیالیست تحت عنوان "آنچه سقوط ۱۹۸۷ بازار جهانی سهام پیشگویی کرد!"(۵) آمده است، تقریباً، به مدت دو دهه، سرمایه‌داران با یک بحران شتاب گیرنده‌ی نزول نرخ سود مواجه شده‌اند. سرمایه‌داران بجای اینکه ظرفیت تولیدی کارخانجات

1- Deflation

موجود را افزایش دهند، سعی می‌کنند از طریق اخراج کارگران تحت عناوین "کاهش نیروی انسانی"، "ارزیابی مجدد نیازها" و "سازماندهی جدید"، هزینه‌های تولید را کاهش دهند. زیرا مطمئن نیستند که اگر در زمینه‌ی توسعه‌ی کارخانجات و خرید ماشین‌آلات جدید سرمایه‌گذاری کنند، سود حاصل، توان رقابت با سایر سرمایه‌گذاری‌ها را داشته باشد.

چون دامنه‌ی بازار فروش محدود است، لذا سرمایه‌داران سعی دارند تا از طریق کاهش قیمت کالاها، رقبایشان را شکست دهند. بنابراین رقابت میان آنان در ایالات متحده و سراسر جهان سرمایه‌داری افزایش یافته است. درنتیجه، گرایش کلی به سمت انقباض پولی و تنزل قیمت کالاها خواهد بود. سرمایه‌داران همچنین نگرانند که مبادا پدیده‌ی سقوط شدید قیمت‌ها، مشابه بحران عظیم اقتصادی دهه‌ی ۱۹۳۰ تکرار شود. یکی از منابع درآمدهای کلان که از طریق صدور مجوز برای استفاده از نام و نشان بوده است [نظیر اجاره بهای ثبت نام کوکاکولا بر روی برچسب تبلیغاتی شیشه‌های نوشابه] در حال افول و محو شدن است. زیرا کالاهای تولیدی آنان نیز، برغم شهرت فراوان، ناگزیرند که در کنار کالاهای گمنام، از نظر قیمت، به رقابت برخیزند.

این خلاف چیزی است که در کشورهای امپریالیستی، نسل مسن‌ترِ ما در طول حیاتِ آگاه خود شاهد بوده است. در طی سال‌های گذشته، شرکت‌های چندملیتی و غول‌پیکر امپریالیستی از طریق اجرای طرح‌های توسعه، افزایش ظرفیت تولید، احداث کارخانه و کاربرد ماشین آلات جدید، در بازار جهانی با یکدیگر به رقابت برمی‌خاستند. آن بخش‌هایی از سرمایه که ***بهترین زمینه را برای رشد خود آماده می‌کردند***، بزرگترین پاداش را به جیب می‌زدند. این روشی بود که برای مدت ۲۵ سال پس از جنگ جهانی دوم بکار گرفته می‌شد. تا اینکه از اواخر سال‌های ۱۹۶۰ تا نیمه‌ی اول ۱۹۷۰ نیروی محرکه‌ی آن به تدریج تضعیف شد و در دهه‌ی ۱۹۸۰ بکلی از میان رفت. ولی، در همین مدت

واقعیت نوظهور دیگری تا حدود زیادی مخفی نگهداشته شد و آن ایجاد سیستم متورم اوراق قرضه بود. نتیجه‌ی حاصله چیزی نبوده است جز آنچه "افت بزرگ اهرم‌ها"[۱] نامیده می‌شود.

در طی دوران رشد سرمایه‌داری، کارخانجات بزرگ ایالات متحده و سایر کشورهای امپریالیستی از تسلط و نفوذ خود در بازارها سود جستند و نام کالاهای مارکدار خاصی را معروف کردند. آن‌ها رقبای خود را از طریق تبلیغات تجاری و شناساندن نام کالاهای خود از میدان به در می‌کردند، نه از طریق کاهش قیمت‌ها. شما، در تمام زمینه‌های نیاز روزمره‌ی خود، نام کالای معروفی را می‌شناختید و به غلط یا درست متقاعد شده بودید که نوع بهتری را انتخاب کرده‌اید. بسیاری از ما در ایام شکوفایی اقتصادیِ شرکت‌هایی نظیر "شیر خشک بوردن السی"، "سیگار مارلبرو"، "پوشک پروکتروگمبل"، "برشتوک کلاگ" و غیره بزرگ شدیم. غالباً نام سازنده با خود محصول عجین می‌شد. در بخش بزرگی از کشور، تمام نوشابه‌های گازدار، بدون توجه به مزه و یا سازنده‌ی آن، "کولا" ***خوانده می‌شد***. انواع دستمال کاغذی، "کلینکس" و انواع چسب نواری، "***اسکاچ***" نامیده می‌شود. اینها تنها اسم‌هایی بودند که ما در دوران کودکی و نوجوانی، برای این محصولات، می‌شناختیم.

چرا فقط دستمال کاغذی کلینکس را، حتی اگر گران‌تر بود، می‌خریدیم و نوع دیگری را نمی‌خریدیم؟ زیرا نامی را که موقعیت انحصاری آن در بازار تثبیت شده است به رسمیت شناخته‌ایم. سازندگان دستمال کاغذی کلینکس حق کاربرد علامت تجاری خود را اجاره می‌دادند و هنگامی که در سطح جهان اجاره بها جمع‌آوری می‌گردید، مبلغ گزافی می‌شد.

ولی تمام این‌ها در شرف خاتمه یافتن است. امروزه برای بدست آوردن

1- Great Deleveraging

سهمی در بازار، رقابت بر سر کاهش قیمت‌ها نقش مهمی ایفا می‌کند. وقتی قیمت سیگار مارلبرو افزایش می‌یابد، کشیدن سیگار را ترک نمی‌کنید، بلکه به سیگار ارزان‌تری روی می‌آورید. اگر شرکت کلاگ قیمت برشتوک خود را بالا ببرد، از خوردن برشتوک در صبحانه صرف‌نظر نمی‌کنید، بلکه نوع مشابه یا ژنریک آن را با نام دیگری خواهید خرید.

رقابت بر سر تصرف بازارهای جدید و بزرگی که امپریالیست‌ها در خارج از مرزهای خود باز می‌کنند، حتی از این هم شدیدتر است. در کشور چین ممکن است طبقه‌ی متوسط در حال رشد، دوست داشته باشد که کوکاکولا یا اسپرایت بنوشد. ولی چینی‌ها خود نیز می‌توانند نوشابه گازدار تولید کنند و آن هم نه فقط برای ذائقه‌ی طبقه‌ی متوسط، بلکه برای تمامی اقشار مردم. عموم شهروندان چینی، که هر از گاهی توان خرید یک نوشابه‌ی غیرالکلی را پیدا می‌کنند، خیلی خوشحال خواهند بود که بتوانند نوشابه‌ای خریداری کنند که قیمت آن یک سوم قیمت کوکاکولا باشد. دهقانانی که به شهر می‌آیند گول اسامی شرکت‌های مشهور را نخواهند خورد.

البته، کوکاکولا برای راه یافتن به بازار چین، تلاش خواهد کرد. در صفحه‌ی روی جلد گزارش عملکرد سه ماهه‌ی سوم سال گذشته‌ی کوکاکولا [۱۹۹۳] به سهامداران، عکس تمام رنگیِ زنانِ جوانِ دوچرخه سوار در پکن چاپ شده است که هر کدام یک نوشابه‌ی اسپرایت در دست دارند. کوکاکولا به سهامداران خود می‌گوید: "چین یکی از بازارهای نوظهور شرکتمان است که از رشد بسیار سریعی برخوردار می‌باشد". این گزارش اعلام می‌دارد که "شرکت کوکاکولا در ۹ ماهه‌ی اول ۱۹۹۳ فروش خود را نزدیک به ۲۵ میلیون جعبه افزایش داده و این معادل ایجاد بازاری به حجم مصرف سالیانه‌ی کشور ایرلند است".

ولی باید بیاد داشت که رؤیای شرکت کوکاکولا، ربطی به تشنگی یک

میلیارد انسان ندارد. بلکه با رشد نسبتاً باثبات طبقه‌ی متوسط چین مرتبط است که از جدال طبقاتی دور افتاده است و درآمد خود را صرف خرید کالاهایی می‌کند که اسامی آن‌ها را شرکت‌های غول‌آسای امپریالیست تبلیغ کرده‌اند.

تولید اضافی در نظام سرمایه‌داری

اگر شما اخبار بازرگانی را خوانده و یا شنیده باشید، عبارت زیر را نیز به خاطر خواهید آورد: "شرکت **سی‌یرس** در سه ماهه‌ی گذشته ۱/۳ میلیون دلار از کالاهای خود را 'حراج کرده است'". شرکت های فیلیپ موریس، بوردن، ان-سی-آر و دیگران نیز همین گونه عمل می‌کنند. این یک اصطلاح ساده‌ی حسابداری و نتیجه‌ی تولید اضافی در نظام سرمایه‌داری است. این پدیده به مفهوم فروش محصولات با نرخ زیر قیمت تمام شده و به معنی کاهش ارزش کالاها، همراه با تخریب سرمایه، در سطح وسیع است. زیرا، مالکین سعی دارند، در شرایط کنونی، موجودی انبارهای خود را به هر قیمتی که شده به سرمایه تبدیل کنند.

به رغم اینکه خزانه‌داری کل ایالات متحده در ماه‌های فوریه و مارس نرخ سود را تا حدودی افزایش داد، اما با اینحال نرخ سود در مقطع کنونی پایین است. در کشورهای سرمایه‌داری اروپا و ژاپن نیز نرخ سود در حال نزول است. با تمام این احوال، حتی اگر نرخ واقعی سود به صفر و یا زیر صفر هم برسد (با احتساب تورم، در قرن حاضر این پدیده تاکنون چندین بار اتفاق افتاده است)، سرمایه‌داران برای تأسیس کارخانه و خرید ماشین آلات جدید وام نخواهند گرفت، مگر اینکه مطمئن باشند سرمایه‌گذاری آن‌ها، در یک زمینه‌ی خاص، سود بالاتری نسبت به روش‌های قابل حصول دیگر ببار خواهد آورد.

چرا سرمایه‌داران برای تأسیس یک کارخانه‌ی جدید وام بگیرند ـ هرچند که با بهره‌ی کم و یا حتی بدون سود باشد ـ در حالیکه نهایتاً نه تنها باید وام را پس بدهند، بلکه ممکن است اصل سرمایه را نیز از دست بدهند؟ جواب سؤال این است که آنان وام نگرفته و نخواهند گرفت. اصولاً شرکت‌ها در شرایط کنونی وام نمی‌گیرند. در طی قرن حاضر فقط دو بار میزان وام‌های بازرگانی و صنعتی در ایالات متحده برای سه سال متوالی کاهش یافته است: بار اول در سال‌های ۱۹۳۴ تا ۱۹۳۷ و بار دوم در سال‌های ۱۹۹۱ تا ۱۹۹۳. این واقعیت خود به تنهایی ارزش تعمق دارد.

بنگاه بزرگ **مـــریل لیـــنچ**، که یک شرکت تأمین وثیقه و یک بانک سرمایه‌گذاری است، در پایان سال ۱۹۹۳ گزارشی تحت عنوان "افتادگان، وارثین زمین‌اند" منتشر کرد. این گزارش تصویری از اقتصاد سرمایه‌داری جهانی را ارائه می‌دهد که از دیدگاه طبقاتی آنان بسیار ترسناک است. طبق این گزارش، در کشورهای صنعتی بزرگ، نرخ سود سیر نزولی دارد و زمینه‌های سرمایه‌گذاریِ سودآور، از طریق توسعه‌ی مراکز تولیدی، مدام در حال کاهش است. این گزارش می‌افزاید که موانع موجود در راه رشد سرمایه در حال افزایش هستند (البته این کلمات عیناً در گزارش بکار گرفته نشده است). گزارش مذکور توصیه می‌کند که تحت این شرایط، برای کسب سود بیشتر، باید روشی را در پیش گرفت که طبقه‌ی کارفرمایان آن را "افزایش بارآوری" می‌نامند و آن عبارتست از کاهش تعداد کارگران و تحت فشار قراردادن آنان برای افزایش تولید همراه با کاهش دستمزد و کاهش سایر هزینه‌های تولید، بطور همزمان.

گزارش بنگاه **مـریل لیـنچ** می‌افزاید: "دوره‌ی تجاری بعد از جنگ جهانی دوم شبیه یک بازی مونوپولی[1] در ابعادی بسیار وسیع بود. از یک طرف تقاضا

1- Monopoly Game

بالا می‌رفت و از طرف دیگر سرمایه‌گذاری از طریق وام‌گیری افزایش می‌یافت". (بسیاری از ما، مطمئناً، با بازی مونوپولی آشنایی داریم که در آن برنده‌ی بازی کسی است که بتواند بیشترین پول نقد را بدست آورد و بلافاصله آن را به هتل و سایر املاک استیجاری سودآور تبدیل کند).

گزارش مذکور می‌افزاید: "نیروی محرکه در حال تغییر جهت است و در دهه‌ی ۱۹۹۰ به روشنی شکل دیگری به خود گرفته است. در حالی که اوضاع اقتصادی سومین سال بهبود خود را طی می‌کند، اما هنوز نیروهای مؤثر در کاهش قیمت‌ها شناسایی نشده‌اند ... ما فکر می‌کنیم که قوانین بازی مونوپولی تغییر کرده است. کسب بی‌رویه‌ی سرمایه و رشد بی در و پیکر نیروهای تولیدی، اکنون به شکل سرگیجه‌آوری موجب کاهش نرخ بازگشت سرمایه شده است. خرده‌فروشان خطر رقابت را پیوسته و در همه جا احساس می‌کنند و این در حالی است که فروش از خرید عقب افتاده است. خطوط هواپیمایی با جنگ شدید قیمت‌ها روبرو هستند و بانکداران با این مشکل مواجه شده‌اند که نمی‌توانند وام‌گیران مناسبی پیدا کنند".

این گزارش نتیجه گیری می‌کند که "در دنیای فعلی، الگوی مصرف در حال تغییر است. سود شرکت‌ها بسیار آهسته رشد می‌کند. نرخ برگشت سرمایه‌گذاری در حال نزول است و فشار برای تقلیل نیروی انسانی و در عین حال افزایش تولید و بکارگیری بهتر دارایی، رو به افزایش است. ... در دهه‌ی ۱۹۹۰، کوچکتر شدن بهتر است؛ جهت حرکت معکوس شده است. افتادگان و ضعفا وارث زمین شده‌اند".

از نحوهٔ غلط کاربرد واژه‌ی مقدس‌مابانه‌ی "افتاده" که بگذریم، که صفت مناسبی برای سرمایه مالی نیست ـ خواه در دوره رشد اقتصادی و خواه در دوره‌ی نزول آن ـ مابقیِ این تصویر اساساً دقیق، نه تنها در مورد ایالات متحده بلکه برای تمامی دنیای امپریالیسم صدق می‌کند.

اما، در شرایطی که سرمایه‌داران سعی دارند از قِبَل تعداد کمتری کارگر، سود بیشتری به جیب بزنند، تنها دست‌آوردی که کاهش نیروی کار به ارمغان می‌آورد، ایجاد فشار بیشتر بر نرخ سود است. همچنین باعث می‌شود که وضعیت وام‌های پرداخت نشده و انواع ثروت‌هایی که صرفاً بر روی کاغذ و بصورت غیرمنطقی افزایش یافته‌اند به خطر بیفتد. کاهش نیروی انسانی، رشد ارزش افزوده را محدودتر می‌کند و نسبت آنچه را که مارکس سرمایه ثابت می‌نامید افزایش می‌دهد. (سرمایه ثابت شامل است بر کلیه‌ی هزینه‌های تولید منهای دستمزد کارگران).افزایش نسبت سرمایه‌ی ثابت، نرخ سود را بیش از پیش در تنگنا قرار می‌دهد. این موضوع نه تنها از جنبه‌ی تئوریک بسیار اهمیت دارد، بلکه در مقطع کنونی از جنبه‌ی عملی نیز عواقب مهمی به همراه خواهد داشت.

● تنها روشی که سرمایه‌داران را قادر می‌سازد تا ارزش افزوده را در ابعاد مورد نظرشان بدست آورند، استخدام کارگر و افزایش نیروی کار به منظور افزایش تولید است. طولانی‌تر کردن ساعات کار روزانه و افزایش سرعت خط تولید، نظر آن‌ها را تأمین نخواهد کرد. بلکه، لازمه‌ی وسعت بخشیدن به تولید عبارت است از: استخدام نیروی بیشتر، افزایش سرمایه‌گذاری در زمینه‌ی احداث کارخانه‌ها، خرید ماشین‌آلات تولیدی جدید، خرید لوازم یدکی مربوطه و مواد اوّلیه مورد نیاز. تصادفاً این همان چیزی است که ما در حال حاضر در ایالات متحده و نیز تا حدودی در سایر کشورها شاهد آن هستیم.

هنگامی که، در مقطعی از زمان، اوضاع اقتصادی در هر مقیاسی بهتر می‌شود، طبقه‌ی کارگر و اتحادیه‌ها برای مبارزه در جهت کسب حقوق بیشتر و ایجاد محیط کار مناسب‌تر در موقعیت بهتری قرار می‌گیرند و آسان‌تر می‌توانند امتیازاتی را که کارفرمایان در دوران سخت‌تر حذف کرده‌اند، باز پس

بگیرند. هم اکنون علائمی دال بر افزایش مقاومت کارگری در ایالات متحده وجود دارد که بعداً به شرح آن خواهیم پرداخت.

گرچه حرکت ادواری تجاری در مقطع کنونی سیر صعودی دارد، اما، این موضوع تغییر چندانی در تصویر کلی‌تری که شرح می‌دهیم ایجاد نمی‌کند. کاهش هزینه‌ها افزایش خود به خودیِ سرمایه را، که تنها طریق رشد سرمایه‌داری برای یک دوره‌ی طولانی و بدون بحران است، به همراه نمی‌آورد؛ آنگونه که از اواخر دهه‌ی ۱۹۴۰ برای مدت ۲۵ سال شاهد آن بودیم. هنگامی که سرمایه‌داری به آن طریق رشد می‌کند، طبقه‌ی کارگر و جنبش کارگری می‌تواند به آرامی ولی با اطمینان، هم امتیازهای اقتصادی و اجتماعی و هم حقوق دموکراتیک بیشتری از طبقه‌ی کارفرما بگیرد.

ولی امروزه چنین شرایطی برای طبقه‌ی کارگر مهیا نیست. ما آن دوران را پشت سر گذاشته‌ایم.

تنها تعدادی انگشت‌شمار از معروف‌ترین شرکت‌هایی که در سرمایه‌داری صنعتی ایالات متحده می‌شناسید، در حال افزایش ظرفیت تولید هستند. اغلب آنها، بجای افزایش تولید، سعی دارند که هزینه‌ها را کاهش دهند تا رقابت خود را برای فروش تشدید کنند. آن دسته که بتوانند چنین کاری را به بهترین نحو انجام دهند، قادر خواهند بود در مقابل فشارهای وارده در جهت کاهش نرخ سود عکس‌العمل نشان دهند و در کوتاه مدت سود بیشتری به جیب بزنند. برای مثال، شرکت کاترپیلار توانست برای مدت کوتاهی ماشین‌آلات ساختمانی را با هزینه‌ی کمتری تولید کند و موفق شد روی دست کوماتسو و سایر شرکت‌های رقیب بلند شود تا آنان را از میدان بدر کند و سهم بیشتری از بازار جهانی را به چنگ آورد (کارگر ـ بلشویک‌ها، مانند سایر کارگران متفکر، دردمندانه آگاهند که چگونه رؤسای کاترپیلار با ضربه زدن به شرایط کار و حقوق اتحادیه‌ای، این موفقیت را کسب کرده‌اند. موفقیت اولیه رؤسای

کاترپیلار، اشتهای آن‌ها را برای حمله‌ی شدیدتری بر اعضای اتحادیه کارگران خودروسازی تحریک کرده است).

در حال حاضر، کارگران صنعتی و تولید کنندگان ارزش افزوده نیستند که بیشترین ضربه را از کاهش نیروی انسانی و کاهش هزینه می‌خورند. زیرا کارفرمایان کاربرد روش‌های مکانیزه و کامپیوتری را عمدتاً در بخش‌های غیرمولد گسترش می‌دهند (طبق نظر مارکس، کسانی که برای کارفرما ارزش افزوده تولید نمی‌کنند غیرمولد خوانده می‌شوند). سرمایه‌داران از طریق استفاده از روش‌های کامپیوتری در بخش‌های بازرگانی خرد و کلان، امور بانکی و بیمه، عمدتاً کارکنان این بخش‌ها را اخراج می‌کنند تا بدین ترتیب هزینه‌ی تولید محصولات خود را پایین بیاورند. کارکنان سطوح پایین مدیریت پرسنلی، کارشناسان فنی، بازرگانی و سایر کارمندان، کسانی هستند که بیش از همه در ابعاد بی‌سابقه‌ای با خطر بی‌کاری مواجه‌اند. اگر شما چند سالی را در قسمتی از کشور زندگی کنید که اکثریت جمعیت آن برای مدتی در حدود ربع قرن عمدتاً در استخدام شرکت آی بی ام بوده‌اند، متوجه می‌شوید که هر هفته در روزنامه‌ها اخبار اخراج کارمندان درج می‌شود و خبر می‌دهد که چگونه اقشاری از کارگران که تصور می‌کردند از طریق کارمند شدن برای همیشه به طبقه‌ی متوسط راه یافته‌اند، ضربه می‌خورند. اخراج‌های دستجمعی در شهرهای کوچک، اثرات ویران کننده‌ای بر ساکنین آن‌ها وارد آورده است.

گرچه کاهش نیروی انسانی، هزینه‌ها را برای تک تک سرمایه‌داران بطور انفرادی پائین می‌آورد، اما نرخ سود را الزاماً بالا نمی‌برد. بسیاری از بنگاه‌های تجاری طی دوره‌ی رکود اقتصادی سال‌های ۱۹۳۰ سال به سال کارآمدتر شدند، ولی نرخ سود آن‌ها همچنان کاهش می‌یافت. تنها راهی که می‌توانستند مسیر این حرکت را تغییر دهند، افزایش اساسی ظرفیت تولید و بالا بردن سطح فروش بود. تدارک برای دومین قتل عام جهانی امپریالیستی، بسیج عظیم

اقتصادی در طول جنگ، و بازسازی وسیع صنایع در کشورهای اروپایی (رقیب) و ژاپن، در پی ویرانی‌های وسیع ایجاد شده در دوران جنگ بود که سرمایه‌داری آمریکا را از دوران سقوط عمیق اقتصادی سال‌های ۱۹۳۷ و ۱۹۳۸ رهانید و زمینه را برای توسعه‌ی بعد از جنگ جهانی دوم و پشت سر گذاشتن رکود اقتصادی فراهم آورد.

انفجار ارزش‌های کاغذیِ بدون پشتوانه

بنگاه‌های تجاری بزرگ در ایالات متحده و سایر کشورهای امپریالیستی در حال حاضر نیازی به گردش حجم بزرگی از پول در زمینه‌های اقتصادی ندارند. با توجه به اینکه شرکت‌های تولیدی و تجاری دامنه‌ی کار خود را توسعه نمی‌دهند و بانک‌ها وام چندانی پرداخت نمی‌کنند، آنان برای کسب درآمد، راه‌های سودآورتری را جستجو می‌کنند. در حال حاضر، هنگامی‌که مؤسسات تولیدی و تجاری، اوراق سهام خود را برای فروش منتشر می‌کنند، با درآمد آن، کارخانه‌های جدید احداث نمی‌کنند، بلکه، بدهی‌های خود را می‌پردازند. گرچه سرمایه‌داران قادر نیستند تحلیلی علمی ارائه دهند ولی واقفند که امروزه شرکت‌هایی می‌توانند سرپا بایستند که دخل و خرجشان با هم بخواند و مقروض نباشند؛ و این خلاف روند حاکم در چندین دهه‌ی گذشته بوده است.

در حال حاضر برخلاف ۱۵ـ۲۰ سال گذشته، تورم مهمترین عاملی نیست که ثبات اقتصادی سرمایه‌داری را تهدید می‌کند، بلکه امکان انقباض فزاینده، خطر جدی‌تری است. قیمت بسیاری از کالاها عملاً در حال کاهش است و میانگین نرخ تورم، که سالیانه در جهان امپریالیستی در حدود ۳ درصد و یا کمتر است، نسبت به دهه‌های ۱۹۵۰ و ۱۹۶۰ به پائین‌ترین میزان خود رسیده است.

قیمت برخی اجناس، که وال استریت آنها را "کالا" می‌نامد، نظیر نفت، محصولات کشاورزی، فلزات پایه و سایر مواد اولیه‌ی مورد مصرف صنایع، در سطح بسیار پائینی بوده و از دهه‌ی ۱۹۸۰ به نصف تنزل یافته است. به رغم افزایش مقطعی در ماه‌های اول ۱۹۹۴، قیمت‌ها هنوز در چنان حد پائینی بسر می‌برند که در تاریخ خود بی‌سابقه است.

قیمت املاک تجاری نیز در اواخر دهه‌ی ۱۹۸۰ و اوایل ۱۹۹۰ به نصف تقلیل یافت. سرمایه‌دارانی که نتوانستند سود رضایت‌بخشی از طریق سرمایه‌گذاری در زمینه‌ی توسعه‌ی صنایع به دست آورند، سرمایه اضافی خود را در زمینه‌های مختلف از جمله در ساخت آسمان‌خراش‌ها، مراکز خرید، مجتمع‌های تجاری و سایر بخش‌های تجاری بکار بردند. لکن در آغاز دهه‌ی ۱۹۹۰ آمار ساختمان‌های خالی در نواحی مرکزی شهرهای بزرگ بطور سرسام‌آوری بالا رفت. صاحبان املاک تجاری، دریافت اجاره‌بها را از آن دسته از مستأجران تجاری که تحت فشار بودند متوقف کردند و بدین‌وسیله اوضاع کنونی را با درآمد کمتری گذراندند تا در شرایط بهتری ضررهای وارده را جبران کنند. منظور از مالکان، صاحبخانه‌های من و شما نیستند. اگر ما اجاره‌بها را پرداخت نکنیم، آنان بلافاصله جل و پلاس ما را بیرون خواهند ریخت. اما مستأجرین تجاری با این مسائل مواجه نیستند. قیمت املاک تنها در ایالات متحده سقوط نکرده است، بلکه انگلستان و ژاپن نیز همین وضع را دارند.

سقوط اقتصادی عامل اصلی روند انقباض موجود است. هنگامی که بحران اقتصادی بر جهان حاکم است، گشایش مقطعی در ادوار تجاری، خود را بدین شرح نمایان می‌سازد: افزایش مشاغل پاره‌وقت، استخدام‌های موقت، بیکاری در ابعاد گسترده (حتی هنگامی‌که استخدام‌های جدید انجام می‌گیرد) و فشار روزافزون برای کاهش قیمت‌ها.

انقباض به گونه‌ی خاصی بر طبقه‌ی ما اثر می‌گذارد. دستمزد واقعی و درآمد خانواده‌های ما از آغاز دهه‌ی ۱۹۷۰ رو به نقصان گذاشته است؛ به نحوی که به رغم کاهش نرخ تورم از سال ۱۹۸۲ به بعد، درآمدی که به منزل می‌بریم جوابگوی افزایش قیمت‌ها نیست. این در حالی است که در سال‌های اخیر اغلب کارفرمایان دستمزدها را به سادگی ثابت نگهداشته و یا آشکارا کاهش داده‌اند. آن‌ها دیگر نمی‌توانند مانند گذشته دستمزدهای ما را از طریق افزایش نرخ تورم، غارت کنند. بنابراین، امروزه با افزایش نرخ تورم روبرو نیستیم.

پس چه پدیده‌ای در حال وقوع است؟ در حال حاضر بانک‌ها علاقه‌ی چندانی به پول من و شما ندارند. آیا اخیراً جهت باز کردن حساب بانکی اقدام کرده‌اید؟ بهره‌ای که بابت باز کردن حساب جاریِ بهره‌دار به شما پیشنهاد کرده‌اند چقدر بوده است؟ ۱/۵ درصد یا چیزی در همین حد؟ چه میزان سود برای حساب پس‌انداز می‌پردازند؟ دو، یا دو و نیم درصد؟ که از نرخ تورم کمتر است! آن‌ها نه‌تنها پول ما را نمی‌خواهند، بلکه اخیراً حتی شروع به بستن تعداد بیشتری از شعب خود در مناطق مسکونی کرده‌اند.

این روزها بانک‌ها دیگر علاقه‌ای به بانکداری ندارند. البته منظور کارهایی است که بطور معمول توسط بانک‌ها انجام می‌گیرد، یعنی جذب پس‌اندازها و دادن وام. امروزه تعداد بانک‌ها در ایالات متحده نسبت به اواسط دهه‌ی ۱۹۸۰ حدوداً ۲۵۰۰ شعبه کاهش یافته است. روند موجود به سمت کاهش تعداد بانک‌ها و بقای بانک‌های بزرگ در حرکت است. بانک‌ها از طریق دریافت وام ارزان [نرخ سود پایین] از دولت و خرید سهام از همان دولت با نرخ بهره‌ی بالاتر، ثروتمندتر می‌شوند. (حالا بگویید چه کسانی از قِبَلِ نظام تأمین اجتماعی همچون شاهزاده‌ها زندگی می‌کنند؟). بانک‌ها، همچنین وارد بازار بین‌المللی و در حال توسعه‌ی خرید و فروش ارز نیز می‌شوند.

این کارهایی است که بانکداران خوش برخورد محله‌ی شما مشغول انجام آن هستند؛ و این وضعیت تا زمانی ادامه خواهد داشت که دلار از یک پشتوانه‌ی قوی برخوردار است، تورم و نرخ بهره‌های دراز مدت در حد پایینی قرار دارد و انفجار سیاسی عظیمی در هیچ نقطه‌ای از جهان رخ نداده و این سفره‌ی رنگین را بهم نریخته است.

اُفت بازار سهام در سال ۱۹۹۴

بانک‌ها گرچه در سال‌های اخیر پول زیادی از طریق وام دادن بدست نیاورده‌اند، ولی بصورت پنهان، از راه دیگری آنرا کسب کرده‌اند: جابجا شدن حجم انبوهی از اوراق بهادار. قیمت سهام در ایالات متحده در دهه‌ی ۱۹۹۰ به صورت انفجارآمیزی افزایش یافت، تا اینکه در فوریه سال جاری [۱۹۹۴] بازار سهام دچار افت جدیدی شد. در اغلب کشورهای سرمایه‌داری پیشرفته‌ی دیگر نیز بازار سهام در سال ۱۹۹۳ افزایش حجم قابل توجهی داشت. تنها مورد استثنایی و قابل توجه، سقوط سه ساله بازار سهام در ژاپن بود که در سال جاری برای اولین بار تا حدودی سیر صعودی داشته است. فردریک انگلس ضمیمه‌ای بر قسمت معاملات بورس در جلد سوم کتاب سرمایه‌ی مارکس نوشته است که در آن توضیح می‌دهد: در عصر سرمایه‌داری و سلطه‌ی سرمایه‌های کلان، در تحلیل نهایی، سرمایه‌گذاریِ توام با ریسک و حق مالکیت، ابزاری هستند که طبقه‌ی حاکمه برای کسب سود بکار می‌گیرد.(۶)

روزانه در سرتاسر جهان انبوهی از سهام، اوراق بهادار و اوراق قرضه‌ی دولتی و خصوصی در **وال اســـتریت** و سایر بازارهای خرید و فروش کاغذ معامله می‌شود. همچنین، در سال‌های اخیر، فروش برخی مشتقات سهام و اوراق قرضه تحت عنوان "محصولات مالی" رواج پیدا کرده که اصطلاحاً

"مشتقات"[1] خوانده می‌شود. ناگهان بخش عظیمی از سرمایه به سرعت در فروشگاه‌های زنجیره‌ای **جوجه سوخاری بوستون** سرمایه‌گذاری می‌شود. سپس سرمایه‌ها در تولید نوشابه‌ی **اسناپل** و یا ادویه‌جات **سِلستِیال** سرمایه‌گذاری می‌گردد. بالاترین "رشد سهام" در سال گذشته مربوط به قمارخانه‌ها بوده است؛ از جمله سهام قمارخانه‌های لنج‌مانند بر روی رودخانه‌ها، هتلهای بزرگ در شهر لاس و گاس (که به تقلید میمون‌وار از ابولهول مصر ساخته شده‌اند) و فروش انبوه بلیط‌های بخت‌آزمایی در قرارگاه‌های سرخپوستان به منظور خالی کردن جیب شهروندان. سرمایه‌داران اخیراً حتی شروع کرده‌اند به خرید و فروش اوراق پیش فروش که به فعالیت‌های تجاری آینده مربوط می‌شود. دقت شود که در اینجا خرید و فروش سهام و اوراق بهادار منظور نیست، بلکه منظور اوراقی است که ممکن است در آینده قیمتشان بالا برود. سرمایه‌داران فقط به امید اینکه قیمت این اوراق در آینده بالا خواهد رفت، حجم عظیمی پول قرض کرده و این اوراق را خریداری می‌کنند.

بنابراین، در بازار سهام، حباب عظیمی به‌طرز سرسام‌آوری رشد می‌کند. این موجب می‌شود که نوعی تورم پنهان ایجاد شود که منشأ آن حجم انبوهی از پول است که سرمایه‌داران و طبقات متوسطِ مرفه برای خرید اوراق سهام، سرمایه‌گذاری کرده‌اند و برای دست‌یابی به این هدف از قرض کردن به عنوان یک اهرم استفاده می‌کنند. از طرف دیگر، تورم‌زدایی به یک عامل تهدیدکننده تبدیل شده که ممکن است از طریق انقباض، باعث سقوط سیستم شود. این تضاد انفجارآمیز در حال شکل‌گیری است.

در طول تاریخِ پیدایش نظامِ گردشِ کالایی، دهقانان به یک بینش اجتماعی دست یافته‌اند که به آنان کمک می‌کند تا وجود این حباب‌ها را

1- Derivatives

دریابند و خطرات ناشی از ترکیدن آن را احساس کنند. آن‌ها آنچه را که در پس‌انداز مختصر خود دارند خرج می‌کنند و آن را به طلا، جواهر، سنگ قیمتی، فلزات قیمتی و هر چیزی که بتوانند روزی آن را بفروشند تبدیل و ذخیره می‌کنند. چنین طرز فکری ممکن است به زودی در مخیّله‌ی سرمایه‌داران کشورهای امپریالیستی و به خصوص در میان آن دسته که نسبتاً کوچک‌تر و ضربه‌پذیرتر هستند رسوخ کند، بنحوی که از خود بپرسند: "آیا بهتر نیست که سریعاً پول خود را از بازار سهام و اوراق بهادار خارج و آن را به اشیاء تبدیل کنم؟" خطر نهفته در این تفکر چیست؟ اینکه بجای دست به دست شدن پول‌های قرضی، ناگهان دارندگان سهام به سمت فروش اوراق بهادار و خرید کالاهای گوناگون هجوم برند به نحوی که قیمت کالاها آنقدر افزایش یابد که منجر به سقوط نظام تولید و تجارت گردد.

البته، این مشکل آن‌هاست و نه ما. اما در اینجا نکته‌ی حائز اهمیتی وجود دارد که ما کارگران نباید آن را فراموش کنیم: اینکه واقعیت دیگری که در درون این حباب غوطه‌ور است، تمامی قول و قرارهایی است که در مورد "تضمین مقرری بازنشستگی" و "تأمین خدمات درمانی" به کارگران داده می‌شود. چرا که میلیاردها دلار از سرمایه‌های تأمین‌کننده این "مزایای شغلی" نیز به بازار سهام ریخته شده است. آینده‌ی ما در درون حباب معلق است! هرگز فکر نکنید که شما از مقرری بازنشستگی و خدمات درمانی برخوردارید. آنچه شما دارید **وعده‌ی** سرمایه‌داران درباره‌ی پرداخت مقرری بازنشستگی و **وعده‌ی** آنان درباره‌ی خدمات تأمین اجتماعی است. به شما **قولی** داده شده که مبنا و اساس آن را "ارزش" کاغذهای موجود در یک "شرکت امن" تشکیل می‌دهد و شما هرگز نباید به "امنیت" این شرکت‌ها اطمینان کنید.

● ما در مورد اینکه این حباب چقدر بزرگ خواهد شد و زمان ترکیدن آن کی

فرا خواهد رسید، هیچ‌گونه پیشگویی نخواهیم کرد. ولی، این تضادِ رشد یابنده و فاجعه‌ی در شرف وقوع، واقعیتی است که در این مرحله از افت و خیز دراز مدتِ نظام رو به زوال سرمایه‌داری آشکار شده است و سقوط بازار جهانی سهام در سال ۱۹۸۷ علامت هشدار دهنده‌ی آن بود.

در اوایل ۱۹۹۴ بازار جهانی سهام دچار ریزش دیگری شده است (اگرچه به هیچ وجه به تندی سقوط ۱۹۸۷ نبود). برمبنای میانگین ارزش سهام *داجــونز* قیمت سهام در بازار سهام وال استریت تقریباً ۴۰۰ واحد نسبت به بالاترین سطح خود در اواخر ژانویه کاهش یافته (تقریباً به میزان ۱۰ درصد) که البته متعاقباً قدری بالا رفته است. این پدیده حتی در مورد سهام ۳۰ بنگاه تجاری که وضعشان بسیار عالی ارزیابی می‌شود نیز صدق می‌کند. فهرست قیمت سهامِ ۶۰۰۰ شرکت، بیش از ۱۵ درصد نسبت به بالاترین حد خود، سقوط کرده است.

طی دو سال، بنظر می‌رسید که ثروتمندان ایالات متحده بر مرکب مراد سوار شده و اوج گرفته‌اند. اقدامات آن‌ها در زمینه‌ی کاهش نیروی انسانی و هزینه‌ها، رقبایشان را در سایر کشورهای امپریالیستی کنار زده است. آن‌ها سرعت خط تولید را بالا بردند، بر میزان ساعات کار هفتگی افزودند، دستمزد کارگران و مزایای شغلی آنان را کاهش دادند و شرایط محیط کار را بدتر کردند. نرخ سود، در مقایسه با ۱۵ سال گذشته، کاهش یافت. بازارهای بورس سهام و اوراق بهادار هر دو ناگهان ترقی کردند و به نظر می‌رسید که هرگز افول نخواهند کرد. گفته می‌شود که در وال استریت "با پول دیگران" و از جمله با مقدار زیادی از پول صندوق بازنشستگی کارگران، میلیاردها دلار به جیب زده‌اند.

بنظر می‌رسید که همه‌ی راه‌ها به موفقیت ختم می‌شود و مانعی تا صعود به عرش اعلاء یافت نمی‌شد. سرمایه‌داران می‌توانستند به میزان ده برابر

موجودی‌شان پول قرض کنند و سهام و اوراق بهادار بخرند. زیرا، بازار سهام همواره در حال صعود بود و بنابراین قادر بودند که قرض‌هایشان را بپردازند. چنانچه در صدد خرید اوراق قرضه‌ی دولتی بودند، می‌توانستند پنجاه یا صد برابر موجودی‌شان قرض کنند. زیرا، این اوراق بهادار، هم "مطمئن" بودند و هم قیمتشان همواره بالا می‌رفت. داد و ستد کنندگان حرفه‌ای و خوره‌های وال استریت، دنیای واقعی را فراموش کردند. حتی در خاتمه‌ی یک روز پرسود مسرورانه به یکدیگر نوید می‌دادند: "پنج و پنج در نود و پنج!" یعنی در سال ۱۹۹۵ نرخ سود سپرده‌های درازمدت ۵ درصد کاهش خواهد یافت و میانگین ارزش سهام *داجونز* به بیش از ۵۰۰۰ واحد خواهد رسید. این‌ها همه، نتایج تاریخی کاهش سطح سرمایه‌گذاری در زمینه‌ی افزایش ظرفیت کارخانجات، عدم خرید ماشین‌آلات و عدم استخدام نیروی کار جدید بود!(۷)

در اواسط فوریه [۱۹۹۴] پس از آنکه خزانه‌داری فدرال ایالات متحده بهره‌ی سپرده‌های کوتاه مدت را حدود چند دهم درصد افزایش داد، بازار سهام وال استریت و دیگر بازارهای خرید و فروش اوراق بهادار را وحشت فرا گرفت. سهامداران بزرگ شروع کردند به فروش اوراق سهام و تلاش کردند که برای اوراق سهام خود مشتری پیدا کنند و لذا قیمت‌ها ریزش کرد. زمان آن فرا رسیده بود که آنان جریمه‌ی امرار معاش برمبنایی دروغین را بپردازند. بالاخره کسی پیدا شد و گفت: "راستی، این ماه قیمت سهام بالا نرفت که هیچ، پایین هم آمد. بنابراین، ده یا صد برابر پولی که برای خریدشان کنار گذاشته بودی را به من بدهکار هستی، چون بقیه‌اش پولی بود که من برای خرید آن‌ها به تو قرض دادم." این اتفاقی بود که در مورد تعداد رو به افزونی از داد و ستدکنندگان وال استریت رخ داد.

تاریخ سرمایه‌داری مملو از مقاطعی است که وحشت بر همه جا سایه می‌افکند. امروزه ما می‌توانیم عناصری هرچند کوچک ولی تند و تیز از رعد و

برقی را ببینیم که در آینده همه جا را فرا خواهد گرفت. مارکس و انگلس پایه‌های عینی پیدایش چنین وحشتی را شرح داده‌اند. انگلس در یادداشتی بر جلد دوم کتاب سرمایه‌ی مارکس نوشته است: از دیدگاه سرمایه‌داری "فرآیند تولید، فقط بصورت یک واسطه‌ی غیرقابل اجتناب و در عین حال منحوس است که در مسیر پول درآوردن مطرح می‌شود. به همین دلیل تمام ملت‌هائی که شیوه‌ی سرمایه‌داری بر آنها حاکم است، هرازگاهی دچار رعشه‌های جلف و سبکسرانه می‌شوند، زیرا سعی می‌کنند بدون پرداختن به امر تولید، پولدار شوند".(۸)

خط و مشی انتخاب شده چنین است: افزایش روزافزون خرید و فروش مشتقات سهام و استخدام و اشتغال هر چه اندک‌تر کارگران. زهی خیال باطل! تلاش آنان برای حفظ تعادل خود از طریق این رعشه‌های سبکسرانه، "معجزه"ی مالی را به عکسش تبدیل خواهد کرد.

از ابتدای امر، حرص و طمع از یک طرف و ترس و وحشت از طرف دیگر، چرخ‌های حرکت بازار اوراق بهادار بوده‌اند. در پنج سال گذشته، حرص و طمع، نیروی محرک سرمایه‌داران و مایه‌ی نجات آنان از فراز و نشیب‌های میانی بوده است. آنها به خود می‌گویند: "فقط اعتماد به نفس داشته باش، آنچه احتیاج داری قرض کن، وقتی بازار کساد است سهام بخر و صبر کن تا قیمت‌ها بالا برود".

● برای درک روانشناسیِ اجتماعیِ عملکردِ سرمایه‌داری، ما نباید آنچه را که بعضی اوقات "تئوری ابلهِ اعظم" خوانده می‌شود از نظر دور بداریم. یک فرد منطقی می‌تواند سؤال کند: "چگونه ممکن است شیئی را با این قیمت گران فروخت؟ واضح است که به این قیمت نمی‌ارزد. چرا کسی باید چنین قیمتی را بپردازد؟" جواب ساده است: آنها این قیمت را پرداخت می‌کنند، زیرا مطمئن

هستند که افراد دیگری پیدا می‌شوند که قیمتی *حتی بیشتر* از آن را نیز می‌پردازند. سرمایه‌داری از ابتدای پیدایشش به همین روش عمل می‌کرده است. در قرن هفدهم، در هلند، دوره‌ای که به «جنون گُل لاله» معروف شده بود، یک پیاز گل لاله به قیمتی معادل چندین هزار دلار خرید و فروش می‌شد!

وقتی که در سه قرن پیش ابلهانی پیدا می‌شدند که چنین پولی را بابت یک پیاز گل لاله پرداخت کنند، زیرا مطمئن بودند آدم ابله‌تری پیدا می‌شود که روز بعد یا هفته‌ی بعد هزار دلار بیشتر بابت همان پیاز گل بپردازد، طبیعی است که دامنه‌ی چنین پدیده‌ای، امروزه، یعنی دوره‌ی تسلط سرمایه مالی و عصر ارتباطات با سرعت نور، گسترش یافته است. امروزه، روزانه تریلیون‌ها دلار صرف تجارت جهانی سهام، اوراق بهادار، کالا و ارز رایج می‌شود. علاوه بر این، برای چنین خریدهایی می‌توانید پول قرض کنید و چندین برابر سود بدست آورید و یا بکلی سرمایه‌ی خود را از دست بدهید. چرا باید از سهام شرکت **جوجه سوخاری بوستون** دست برداشت، در حالی که قیمت سهام آن تا مرز ۴۵ دلار بالا رفته است و می‌دانید که هفته آینده ۵۵ دلار فروخته می‌شود. این یک شوخی نیست؛ عمل خبطی نیست. این اساس عملکرد روان‌شناسی اجتماعی حاکم بر بازار سهام و سایر اوراق بهادار است که بدون آن نظام سرمایه‌داری نمی‌تواند به کار خود ادامه دهد.

ولی وقتی که اعتماد صاحبان اوراق بهادار سلب شود و آدم ابله‌تری پیدا نشود، وحشت همه جا را فرا می‌گیرد. زیرا معلوم می‌شود که خود شما ابله‌ترین آدم هستید. تمامی آنچه زمانی بسیار هماهنگ و موزون به نظر می‌رسید، باد هوا می‌شود. در میان کسانی که اوراق بهادار را نگهداری و خرید و فروش می‌کنند و بخشی از ارزش افزوده‌ی تولید شده را به عنوان اجاره‌بها از چنگ ما درمی‌آورند، حرص و طمع جای خود را به ترس و وحشت می‌دهد. پولی که در ماه قبل، هفته‌ی قبل، حتی یک ساعت قبل، بابت خرید سهام پرداخت شد

"معقول" می‌نمود. زیرا سرمایه‌داران باور داشتند که این کاغذ پاره‌ها ارزشمند هستند. در تحول کوتاه مدتِ سرمایه‌داری، باورها، ترس‌ها و امیدهای طبقه‌ی حاکمه به عوامل عینی و مؤثر تبدیل می‌شوند.

آنچه در آغاز سال ۱۹۹۴ در بازارهای جهانی بورس شاهد بوده‌ایم، پیش پرده‌ی کوچکی از نوع ترس و وحشتی است که در آینده آشکار خواهد شد. این نمودار دیگری از ضعف‌های نظام سرمایه‌داری است که در اعماق وجود نظام جهانی امپریالیسم رسوخ کرده است (همانند سایر خباثت‌های این نظام که نسل جوان نسبت به آن عکس‌العمل نشان می‌دهد).

سیاست‌های ناشی از اقتصاد

باید همیشه به‌خاطر داشته باشیم که انفجارهای عظیم سیاسی همچنان منشأ بروز فجایع اقتصادی و اجتماعی در دنیای سرمایه‌داری خواهد بود و این امر تنها به سقوط بازار بورس، بحران‌های بانکی، کمبودهای ناگهانی کالاها و غیره، محدود نمی‌شود.

به علاوه، همانطور که لنین و تروتسکی به ما یاد داده‌اند، سیاست، اقتصاد فشرده شده است؛ و پدیده‌های اقتصادی خارج از چارچوب مبارزات طبقاتی، جنگ‌ها و انقلاب‌ها عمل نمی‌کنند. تغییرات عمده‌ای در نمودارِ رشد و توسعه‌ی سرمایه‌داری، خارج از زمینه‌ی عملکرد اقتصاد و یا بهتر بگوییم، خارج از چارچوب عملیات قانونمند حرکت ادوار تجاری سرمایه‌داری، رخ داده است.(۹) نه ما و نه هیچکس دیگری در این خصوص برنامه‌ی زمان‌بندیِ پیش‌بینی شده‌ای ندارد. هیچ‌کس نمی‌تواند از پیش تعیین کند که چه ترکیبی از تحولات اقتصادی و سیاسی سبب ظهور چنین فاجعه‌ای می‌شود؛ گرچه، تجارب تاریخی این باور را در ما ایجاد کرده که جنگ و تدارک جنگی، عاملی تعیین کننده در این رابطه است.

ما هیچ مطلبی را در قطعنامه‌ی ۱۹۸۸ حزب کارگران سوسیالیست "آنچه سقوط ۱۹۸۷ بازار جهانی سهام پیشگویی کرد" و جزوه‌ی ضمیمه‌ی آن تحت عنوان "برنامه‌ی عمل برای مقابله با بحران اقتصادی در شرف وقوع" را، که بسیار مورد استقبال واقع شد، لازم نیست تغییر دهیم. ضربه‌پذیری نظام سرمایه‌داری و احتمال بروز یک بحران جهانی، روز به روز در حال افزایش است. بحرانی که بیکاری جمع عظیمی از کارگران، نابودی کارگران کشاورزی، بی‌خانمانی، نابودی کسبه‌ی کوچک و فقر، در ابعادی که از دهه‌ی ۱۹۳۰ به بعد تجربه نشده است، به همراه خواهد داشت. بحرانی که **جهان سوم** را ـ یعنی کشورهایی که اکثریت زحمتکشان آن بیش از ۲۵ سال است شاهد وخیم‌تر شدن اوضاع اقتصادی و اجتماعی هستند ـ به نابودی خواهد کشاند. بدین ترتیب مرحله‌ی جدیدی از بحران‌های اجتماعی و سیاسی در کشورهای امپریالیست پدیدار خواهد شد.

امروزه میلیون‌ها کارگر و زحمتکش صراحتاً احتمال بروز چنین چشم‌انداز تیره و تاری را باور دارند. بی‌ثباتیِ حاکم بر روند تکاملی جهان سرمایه‌داری، هم‌اکنون، وضعیت آنان را متزلزل کرده است. این خود دلیل استقبال از ادبیات انقلابی، حتی قبل از پیدایش این فجایع اجتماعی و شروع جنگ‌های طبقاتی است.

لئون تروتسکی یکی از رهبران بلشویک در دهه‌ی ۱۹۲۰ نوشت: "ناروشنی و تردید در اینکه فردا در زندگی هر کارگر چه پیش خواهد آمد، مهم‌ترین عامل انقلابی در عصری است که ما در آن زندگی می‌کنیم". او می‌نویسد: "محیط سرگرم کننده و دلپذیری که بیش از ۲۵ سال قبل از جنگ جهانی اول بر زندگی صاحب‌منصبان رسمی اتحادیه‌های کارگری حاکم شده بود، بر روان قشر وسیعی از کارگرانی که از زندگی خوبی برخوردار بودند نیز اثر کرده بود".

تروتسکی توضیح می‌دهد که تمام این‌ها با پیدایش بحران‌های اجتماعی و اقتصادی نظام سرمایه‌داری، دچار دگرگونی شد. بحرانی که طبقات حاکمه‌ی آمریکای شمالی، اروپا و ژاپن، که با یکدیگر رقابت می‌کردند، نتوانسته بودند از طریق یک قتل عام جهانی راه حلی برای آن پیدا کنند. تروتسکی می‌نویسد: "عدم ثبات، ذهن خونسردترین کارگران را از تعادل خارج می‌کند. و این است نیروی محرکه‌ی انقلاب".(۱۰)

۳

تغییر تاریخی در مسیر حرکت سرمایه‌ی جهانی

لازم است نگاهی داشته باشیم به اینکه امروزه سرمایه به کدام سو در جریان است ـ مبدا آن کجاست و مقصد آن کدام است. این موضوع به ما کمک خواهد کرد تا اثرات خاص جریان سرمایه بر سیاست بین‌المللی و چشم‌انداز مبارزه‌ی طبقاتی را به شکل محسوس‌تری درک کنیم.

در بخش عمده‌ای از قرن حاضر، قسمت اعظم سرمایه‌های امپریالیستی در زمینه‌ی سرمایه‌گذاری برون مرزی بکار گرفته شده و به سوی سایر کشورهای پیشرفته‌ی سرمایه‌داری جریان داشته است. حتی کلان بودن سرمایه‌های صادره به کشورهای مستعمره و نیمه مستعمره برای به جیب زدن سودهای عظیم از راه استثمار زحمتکشان شهر و روستا نیز این حقیقت را نفی نمی‌کند. سرمایه‌های ایالات متحده بخصوص از زمان خاتمه‌ی جنگ جهانی دوم به بعد در ابعاد وسیعی به سوی کانادا، اروپا، آمریکای شمالی و ژاپن و سایر کشورهای آسیا و اقیانوس آرام، سرازیر شده است. سرمایه‌ی ژاپنی نیز به سوی ایالات متحده، اروپا و همچنین به سوی استرالیا و زلاندنو، جریان یافته است.(۱۱)

اما، از اوایل دهه‌ی ۱۹۹۰، تغییر بزرگی در این زمینه اتفاق افتاده و سرمایه‌گذاری ایالات متحده و سایر کشورهای امپریالیستی به سوی کشورهای صنعتی جهان سوم و همچنین کشورهای اروپای مرکزی و شرقی به جریان افتاده است. همانگونه که چندی پیش در گزارش تحقیقاتی ***مریل لینچ*** عنوان شده است، از دیدگاه سرمایه‌ی مالی "حرکت اصلی سرمایه ... به سمت دنیای در حال توسعه خواهد بود که از اوایل دهه‌ی ۱۹۹۰ منبع بازگشت سرمایه به میزان بالاتر از حد متوسط خواهد بود" (تفسیری که در نیمه‌ی اول جمله بیان شده یک واقعیت است؛ نیمه دوم جمله بیان یک آرزوست).(۱۲)

صادرات سرمایه‌ی ایالات متحده در نخستین سال‌های دهه‌ی ۱۹۹۰ برای اولین بار در تاریخ این کشور بیشتر از واردات سرمایه به آن بوده است. سرمایه‌ی ایالات متحده به سمت ماوراء بحار، به خصوص آمریکای لاتین و سایر کشورهای جهان سوم، به جریان افتاده و در جستجوی آنچنان نرخ بهره‌ایست که دسترسی طبقه‌ی استثمارگر به آن، در داخل مرزهای ایالات متحده، به مراتب دشوارتر شده است.

ایالات متحده، در تمام طول تاریخش، یک کشور وارد کننده‌ی سرمایه بوده است. در طول نیمه‌ی دوم قرن نوزدهم ، حاکمان ایالات متحده که چند خانوار بیشتر نبودند به منظور تأمین سرمایه‌ی لازم برای احداث کارخانجات و خطوط راه‌آهن، حجم عظیمی از سرمایه‌ی خارجی را وارد این کشور کردند. در دهه‌ی پایانی قرن گذشته و همزمان با سر برآوردن ایالات متحده به عنوان یک قدرت امپریالیستی، سرمایه‌داران ایالات متحده صادرات حجم روزافزونی از سرمایه به خارج را آغاز کردند تا با حریفان خود در به چنگ آوردن بازار و منابع کارگر ارزان و مواد اولیه به رقابت برخیزند. از این گذشته، امپریالیسم ایالات متحده، پس از پیروز شدن در جنگ جهانی دوم، بزرگ‌ترین صادر کننده سرمایه در جهان شده است.

اما در تمامی دوره‌ی مذکور حجم واردات سرمایه به ایالات متحده بیش از صادرات سرمایه از این کشور بوده است و این امر علل متعددی دارد: ابعاد وسیع اقتصاد این کشور، گستردگی عظیم بازار داخلی آن و سلطه‌ی وال استریت بر بازار جهانی سهام، اوراق سهام و تبادل ارز. در طی دهه‌ی ۱۹۸۰، سرمایه‌داران ژاپنی، آلمانی، انگلیسی، هلندی و سایر کشورها، میلیاردها دلار از اوراق قرضه‌ی خزانه‌داری ایالات متحده را خریدند. آنان همچنین به منظور راه یافتن به بازار ایالات متحده، در این کشور زمین خریدند، کارخانه جدید احداث کردند و یا کارخانه‌های موجود را خریداری کردند. میلیاردها دلار نیز از بابت بهره‌ی سرمایه‌گذاری‌هایی که به منظور "خدمت" به جهان سوم وام داده شده بود به ایالات متحده سرازیر شد. اکنون، در طی چند سال گذشته، سرعت ورود سرمایه به ایالات متحده کاهش یافته است. زیرا، از یک طرف ژاپن و اغلب کشورهای اروپایی در رکود اقتصادی فرو رفته‌اند و از طرف دیگر نرخ سود حاصل از سرمایه‌گذاری در ایالات متحده کاهش یافته است. در عین حال، سرمایه‌های ایالات متحده نیز در احجام روزافزونی به خارج از مرزهایش سرازیر شده‌اند.

سرمایه‌ای که امروزه از ایالات متحده و سایر کشورهای امپریالیستی به کشورهای نیمه مستعمره سرازیر می‌شود از نوع وام‌های کلان و انگل صفت دهه‌ی ۱۹۸۰ نیست؛ گرچه در هر صورت میزان بدهی جهان سوم که در سال ۱۹۸۷ حدود ۱/۲ تریلیون دلار بود تا سال ۱۹۹۳ به ۱/۵ تریلیون دلار افزایش یافت. حکومت‌های سرمایه‌داری آمریکای لاتین، آفریقا و آسیا، اصل وام و بهره‌ی آن را ـ که گویا پرداخت نوعی خونبها در مقابل استقراض است ـ با ثروتی می‌پردازند که از طریق استثمار خشونت‌آمیز کارگران و دهقانان بدست آمده است و بنابراین بار سنگینی است که بر این کشورها تحمیل شده است. اما، اعطای وام از جانب بانک‌های تجاری و نهادهای مالیِ بین‌المللی به

جهان سوم، کاهش یافته است. در دهه‌ی ۱۹۸۰ حدود ۸۰ درصد سرمایه‌های امپریالیستی به سوی کشورهای جهان سوم جریان داشت و امروزه مقدار آن به ۲۵ درصد کاهش یافته است.

در عوض، در طی سال گذشته، تقریباً ۷۵ درصد از سرمایه‌گذاری‌های امپریالیستی در جهان سوم، برای خرید سهام و اوراق بهادار، در کشورهایی بکار رفته است که "بازارهای نوظهور" نامیده می‌شوند. قسمت اعظم جریان سرمایه برای تأمین سرمایه‌ی مالی از طریق خرید سهام کارخانجات و کمپانی‌های بزرگ در کشورهای آسیا، آمریکای لاتین و خاورمیانه، صرف می‌شود (امروزه به استثنای آفریقای جنوبی، مقدار بسیار ناچیزی از سرمایه به سوی کشورهای صحرای آفریقا سرازیر می‌شود). سرمایه‌داران ایالات متحده نه تنها در این کشورها کارخانه احداث می‌کنند و به سایر امور تجاری می‌پردازند، بلکه همچنین سهام کمپانی‌های خصوصی و یا کمپانی‌هایی را که قبلاً دولتی بوده‌اند و اکنون "خصوصی سازی" می‌شوند خریداری می‌کنند. خصوصی سازی به معنی فروش کارخانجات از طریق مزایده است که در یک حراج انجام می‌گیرد و برنده کسی است که بالاترین قیمت را پیشنهاد کند. از نظر امپریالیست‌ها، خرید اینگونه سهام به منزله‌ی پلکانی است که با صعود از آن قادر خواهند بود که مستقیماً سکان را در دست بگیرند و چگونگی چرخش امور در اینگونه کارخانجات و سایر بنگاه‌های تجاری را کنترل کنند. اما، زمان لازم است تا فشارهای وارده بر سرمایه‌داران بومی کشورهای نیمه مستعمره آنان را مجبور سازد تا دست از مالکیت و کنترل مراکز تولیدی و تجاری کشور خود بشویند. لذا در حال حاضر، صرفاً حجم بزرگی از سرمایه‌های امپریالیستی صرف خرید توده‌ی عظیمی از سهام می‌شود.

● اما، قسمت اعظم این سرمایه ـ خواه به شکل خرید کارخانجاتی که جدیداً

به مالکیت امپریالیست‌ها درآمده‌اند و خواه به شکل خرید سهام از "بازارهای نوظهور" ـ تنها به تعداد انگشت شماری از کشورهای جهان سوم که صنعتی‌تر هستند سرازیر می‌شود: نظیر آرژانتین ، برزیل، مکزیک، کره، تایوان و چند کشور دیگر. در اینگونه کشورها نیز فقط به سوی آن زمینه‌هایی از تجارت سرازیر می‌شود که بسیار پر منفعت هستند: نظیر صنایع نفت، مخابرات، مجتمع‌های تجاری و بانک‌ها.

هدفی که امپریالیست‌ها دنبال می‌کنند بسیار ساده است. در چارچوب شرایط فعلی که نرخ سود سرمایه‌گذاری در کشورهای خودشان رو به نزول است، در صدد آنند که نیروی کار ارزان موجود در جهان سوم ـ و تا حدود کمتری کشورهای کارگری اروپای شرقی و شوروی سابق ـ را تا حد اعلای ممکن استثمار کنند و این کشورها را بیش از پیش به یک محل کسب ارزش افزوده تبدیل کنند. هدف آنان عبارت است از: ادامه‌ی صدور سرمایه به اینگونه کشورها و افزایش بهره‌ی حاصل به میزان هرچه بیشتر.

طبقات سرمایه‌دار در اینگونه کشورهای جهان سوم سعی می‌کنند از طریق عدم دریافت مالیات از امپریالیست‌ها و پرداخت سوبسید به آنان ثبات بیشتری برای خود دست و پا کنند و ثروت بیشتری به جیب بزنند.

ایالات متحده جریان سرمایه به آمریکای لاتین را به شدت کنترل می‌کند، گرچه رقبای ژاپنی و اروپایی‌اش نیز تا حدودی راه خود را به این وادی گشوده‌اند. استثمارگران بومی و خارجی سعی دارند که از شکست‌ها و عقب‌نشینی‌هایی که در طی سه دهه‌ی گذشته بر جنبش کارگری آمریکای لاتین تحمیل شده‌است بهره بگیرند و سود بیشتری به جیب بزنند. ورود سرمایه به این کشورها توام است با رشد خصوصی‌سازی، تهاجمات جدید علیه سطح دستمزدها و شرایط محیط کار، تشدید حملات علیه دهقانان فقیر و بی‌زمین، ضربه وارد آوردن به دستمزد اجتماعی که زندگی بسیاری از طبقه‌ی

متوسط و همچنین کارگران را تحت تأثیر قرار می‌دهد و تخریب منابع زیرزمینی، جنگل‌ها و آلوده ساختن هوا، آب دریا و رودخانه.

در ارتباط با سرمایه‌گذاری‌های جدید در آسیا و چین، سرمایه‌داران ژاپنی در طی سال‌های اخیر از رقبای آمریکایی خود پیشی جسته‌اند. قسمت عمده‌ی فعالیت‌های انجام یافته در این زمینه عبارت است از احداث واحدهای صنعتی در این کشورها تحت مالکیت سرمایه‌داران ژاپنی؛ و این موضوع بیانی است از این واقعیت که معجزه‌ی ژاپن به آخر خط رسیده است. متناسب با تشدید رقابت‌های تجاری ایالات متحده، سرمایه‌داران ژاپنی برای ایجاد پایگاه‌های صادراتی و استثمار نیروی کار ارزان موجود در سایر نقاط آسیا و اعمال کنترل بیشتر بر نیروی کار داخل کشور خود، تحت فشار روزافزونی قرار دارند. همین امروز که ما گرد آمده‌ایم و به بحث این موضوعات می‌پردازیم، این روند تهاجمی در حال شتاب گرفتن است.

صدور سرمایه به روسیه و اروپای شرقی برای سرمایه‌داران آلمان و سایر کشورهای سرمایه‌داری اروپا اهمیت خاصی دارد، حال آن که عمدتاً بنگاه‌های تجاری ایالات متحده بزرگ‌ترین صادرکننده‌ی سرمایه‌ی تولیدی و تجاری به این مناطق هستند. گرچه در زمینه‌های خاصی از تجارت با شوروی سابق و اروپای شرقی، ثروت هوس انگیزی نصیب عده‌ای از سرمایه‌داران شده است، اما در مجموع سودهای حاصل با خیال‌پردازی‌های اولیه امپریالیست‌ها همخوانی ندارد؛ زیرا این مناطق دچار مسائل سیاسی و اقتصادی خاصی هستند که قبلاً درباره‌ی آن‌ها بحث کرده‌ایم.(۱۳) در این زمینه سرمایه‌داران آلمانی بخصوص سرشان کلاه رفته است، چرا که در دوره‌ی زمامداری گورباچف مقادیر معتنابهی وام با بهره‌ی پایین، به عنوان دیه‌ی سیاسی[1] در اختیار مسکو قرار دادند. از طرف دیگر، حاکمان سرمایه‌دار

۱- نویسنده از political blood price استفاده کرده است و منظورش این است که دولت آلمان غربی، بابت بلعیدن آلمان شرقی به شوروی سابق دیه پرداخته است. م

آلمان هنوز از دوران نقاهت ناشی از "هضم" دولت کارگری آلمان شرقی، که در ۱۹۹۰ از طریق اتحاد دو آلمان آغاز شد، خارج نشده‌اند. البته، به تازگی حرکت کُند و عجولانه‌ای را به سمت بهبود وضعیت اقتصادی خود آغاز کرده‌اند تا بدینوسیله از حادترین کساد اقتصادی، که در دوران پس از جنگ جهانی دوم گریبانگیرشان شده است، نجات یابند.

گشایش بازارهای جدید و صدور سرمایه به اروپای مرکزی و شرقی و شوروی سابق، نه قادر است که پدیده‌ی نزول نرخ سود در مراکز امپریالیستی را معکوس کند و نه می‌تواند ثبات اقتصادی و اجتماعی را به آن کشورهای ضعیف و دولت‌های کارگری حاکم بر آن‌ها بازگرداند، دولت های کارگریی که به شکل فاحشی منحط شده‌اند.

گرچه سرمایه‌داران آلمانی همچنان سودای دیرینه‌ی سلطه بر اروپای مرکزی را در سر می‌پرورانند، اما رؤیای ثبات دویچ مارک و استیلای بلامنازع آن بر سرزمین‌های گسترده در میان دریای شمال تا کوه‌های اورال، تاکنون به طرق مؤثری نقش بر آب شده است.

سبقت ایالات متحده از رقبای امپریالیستش

آلمان بدون شک هنوز هم در اروپا نقشی کلیدی دارد. هیچ قدرت امپریالیستی اروپایی دیگری ـ خواه فرانسه یا انگلستان و مسلماً سایرین نیز به همین منوال ـ قادر نیست که از قدرت اقتصادی و تجاری آن پیشی بگیرد. حاکمان آلمان ضمن تلاش برای پر کردن خلاء موجود میان قدرت اقتصادی خود و محدودیت موجود در بکارگیری نیروهای نظامی در خارج از مرزها، با این واقعیت غیرقابل انکار روبرو می‌شوند: قدرت اقتصادی و نظامی امپریالیسم آمریکا همچنان در صحنه‌های سیاسی اروپا نقشی دائمی و کلیدی بر عهده دارد.

هیچ حکومت سرمایه‌داری اروپایی قادر نیست بدون دخالت و حمایت واشنگتن به یک قدرت نظامی مؤثر در ابعاد جهانی تبدیل شود و هیچ قدرتی که در صدد انجام عملیات نظامی در ابعاد جهانی باشد نخواهد توانست از واقعیتی بگریزد که نیروهای اعزامی بریتانیا در طی جنگ آن کشور با آرژانتین با آن مواجه شدند. این جنگ در اوایل دهه‌ی ۱۹۸۰ و بر سر کنترل جزایر مالویناس بروز کرد و در طی آن امپریالیسم بریتانیا دریافت که بدون دریافت حمایت لجستیکی و مراقبت‌های نیروی دریایی و سایر نیروهای نظامی ایالات متحده حتی نمی‌توانست با آرژانتین بجنگد، چه رسد به اینکه پیروز شود.

قدرت‌های سرمایه‌داری سراسر اروپا در زمینه‌های "کاهش نیروی انسانی"، کاهش هزینه‌ها و تحمیل شرایطی که کارفرمایان آن را "انعطاف‌پذیری نیروی کار" می‌نامند، در حدود ۳ یا ۴ سال از حاکمان ایالات متحده عقب‌تر هستند و فقط حکومت سلطنتی انگلستان تا حدودی از این امر مستثناست. حتی انگلستان نیز در زمینه‌ی افزایش ساعات کار روزانه از رقبای خود در ایالات متحده عقب است. سرمایه‌داران انگلیسی، همچنین در زمینه‌ی کاهش دستمزدها، عقد قراردادهایی که چندین سطح پرداخت دستمزد دارد، از دستمزد اجتماعی به شدت می‌زند، بی‌توجهی نسبت به قوانین کار و عدم رعایت دستورالعمل‌های بهداشتی و ایمنی، از رقبای آمریکایی خود عقب هستند. آنان در زمینه‌ی افزایش تعداد کارگران پاره‌وقت، استخدام کارگرانی که عضو اتحادیه‌های کارگری نیستند و لذا با دستمزد و مزایای شغلی پایین‌تری تن به کار می‌دهند، عقد قرارداد با شرکت‌هایی که به کارگرانشان اجازه‌ی عضویت در اتحادیه‌های کارگری را نمی‌دهند، کاهش تعداد روزهای مرخصی سالیانه و اعمال سایر سیاست‌های ضدکارگری نیز از رقبای آمریکایی خود عقب هستند.

همانگونه که شش سال پیش در سندی تحت عنوان ***سقوط بازار جهانی***

سهام در سال ۱۹۸۷ چه چیزی را پیش‌بینی کرد؟ اعلام کردیم، در زمینه‌های تجارت بین‌المللی، سرمایه‌گذاری، بانکداری، حسابداری، پرداخت‌ها و ذخیره‌سازی، جانشینی برای دلار وجود ندارد و در عین حال، عمیق‌تر شدن بحران سرمایه‌داری جهانی به مفهوم آن است که ثبات خود دلار نیز کم‌تر و کم‌تر می‌شود و ثروتمندان جهان نمی‌توانند به آن تکیه کنند و روی آن حساب باز کنند. هرگز دلار همان ارزشی را نخواهد داشت که قبلاً به عنوان ارز جهانی در دوران بعد از جنگ جهانی دوم دارا بود. این دوران با پیروزی واشنگتن در جنگ جهانی دوم آغاز شد و در ۱۹۷۱ هنگامی پایان یافت که نیکسون قابلیت تبدیل دلار به طلا را ملغی اعلام کرد. قدرقدرتی دلار در پی تضعیف امپریالیسم ایالات متحده در جنگ ویتنام، افزایش تورم در اثر این جنگ و رشد نسبی سرمایه‌داری ژاپن و آلمان، به عنوان دو قدرت تولیدی و تجاری، کاهش یافت و دلار از تب و تاب افتاد.

اما، امپریالیسم آمریکا از اواخر دهه‌ی ۱۹۸۰ در مقایسه با قدرت‌هایی که در جنگ جهانی دوم شکستشان داد، بسیار جلو افتاده است. موقعیت نسبی امپریالیسم آمریکا در مقایسه با رقبای اصلی‌اش در اروپا و آسیا برای یک‌بار دیگر مجدداً تقویت شده است. خریداری اوراق قرضه‌ی خزانه‌داری ایالات متحده توسط سرمایه‌داران امپریالیست ژاپنی و آلمانی در اواسط و اواخر دهه‌ی ۱۹۸۰ دال بر افزایش قدرت آنان نبود. بلکه، صرفاً گواهی بود بر ابعاد بسیار گسترده‌ی اقتصاد سرمایه‌داری ایالات متحده که سرمایه را از تمامی جهان می‌بلعید و همچنین بر نزول ارزش دلار در مقایسه با **مارک** و **ین** دلالت داشت. رقابت در میان تمامی قدرت‌های امپریالیستی در حال افزایش است، گرچه در میان ایالات متحده، آلمان و ژاپن بیش از دیگران شدت گرفته است. بازندگان جنگ جهانی دوم، همانند بازندگان اولین قتل عام جهانی که ربع قرن قبل از آن به وقوع پیوست، یک‌بار دیگر مجبور شده‌اند که با فشارهای عظیم

وارده از جانب کشور فاتح، دست و پنجه نرم کنند.

این کاملاً عکس تصویری است که اغلب سیاستمداران سرمایه‌داری، مفسرین مطبوعاتی و صاحب‌منصبان اتحادیه‌های کارگری در دهه‌های ۱۹۷۰، ۱۹۸۰ و حتی در ابتدای ۱۹۹۰ ترسیم کرده‌اند. کتاب‌های رمان، فیلم‌های سینمایی و داستان‌های مستند (از جمله سریال‌های خود محور روشنفکرانی که در تلویزیون اشتغال دارند) جملگی زنگ‌های هشدار دهنده را در خصوص اوج گیری قدرت اقتصادی ژاپن به صدا درآورده بودند. قرار بود که بزودی اوضاعی ایجاد شود که هیچ‌کس قادر نباشد اتومبیل، تلویزیون یا کامپیوتری را خریداری کند که ساخت ژاپن نباشد. به ما گفته می‌شد که سرمایه ژاپنی با سرعت خطرناکی مشغول خرید املاک و کارخانه‌های ایالات متحده است. ژاپنی‌ها مرکز تجاری راکفلر را که یک بنای برجسته‌ی ایالات متحده است خریده بودند! روزنامه نگاران آمریکایی سؤال می‌کردند که آیا در لس‌آنجلس زمینی باقی خواهد ماند که "مالک آن آمریکایی باشد" و می‌گفتند که ژاپنی‌ها حتی مشغول قبضه کردن استودیوهای سینمایی و فیلمبرداری هالیوود هستند! مبالغه‌گویی به جایی رسیده بود که اگر کسی آن را جدی می‌گرفت به این نتیجه می‌رسید که عنقریب ایالات متحده به یک شبه‌مستعمره‌ی ژاپن تبدیل خواهد شد.

گرچه مبالغه گویی درباره‌ی سرمایه‌داری آلمان با کنایه‌های نژادپرستانه و شوونیستی کمتری همراه بوده‌است، اما در هر حال خبر ظهور اشباح هان، قیصر و رایش سوم در لابلای کلام مفسرین سرمایه‌داری نهفته بوده است ـ به خصوص در نیویورک تایمز آمریکا. در انگلستان نیز اینگونه کلام ابتدا توسط گروه مارگارت تاچر (تاچریست‌ها) به کار گرفته می‌شد، اما اکنون به کلیه‌ی دوایر هیأت حاکمه‌ی بریتانیا سرایت کرده است. گرچه تبلیغات انجام شده علیه سرمایه‌داری آلمان به نقطه‌ای نرسید که آن کشور را به عنوان خریدار

تمامی کارخانجات و زمین‌های ایالات متحده معرفی کند، اما بدون هیچ پایه‌ای عنوان می‌گردید که دویچ مارک قادر است به شکل لجام گسیخته‌ای دامنه‌ی سلطه‌ی خود را بر تمامی اروپا، از غرب تا شرق، بسط دهد.

● در زمانی نه چندان دور، یعنی در انتخابات ریاست جمهوری ایالات متحده در سال ۱۹۹۲، کلینتون، و برخی از "مغزهای متفکر" برنامه‌های اقتصادی وی، هنوز هم به معجزات سرمایه‌داری آلمان و ژاپن در دوران پس از جنگ جهانی دوم اشاره می‌کردند؛ و آن‌ها را راه‌هایی برای کارفرمایان ایالات متحده به منظور حل معضلاتشان تلقی می‌کردند. و اینکه کارفرمایان ایالات متحده برای یافتن راه‌هایی به منظور حل معضلاتشان از آن‌ها همانند حروف الفبا استفاده می‌کنند. در دهه‌ی ۱۹۸۰ راه و روش خاصی به مذاق لیبرال‌های آمریکایی شیرین افتاد: در حالیکه فرهنگ سرمایه‌داری آلمان و ژاپن را الگو قرار می‌دهید با تدوین و کاربرد روش‌های حمایت از تولیدات داخلی از ورود کالاها و سرمایه‌های آن‌ها به بازار ایالات متحده جلوگیری کنید.

البته، در لوای اینگونه تلاش‌ها برای موجه جلوه دادن ناسیونالیسم ایالات متحده، بخشی از حقیقت نهفته است: نزول نسبی سلطه‌ی امپریالیسم ایالات متحده نسبت به دوران پس از جنگ جهانی دوم. این خود واقعیتی بسیار باشکوه است.

امپریالیسم ایالات متحده آخرین امپراتوری است که جهان به خود خواهد دید و نمی‌توان جانشینی برای آن متصور شد. موقعیت انحصاری سرمایه‌ی ایالات متحده در صنعت، که در پایان جنگ جهانی دوم تثبیت شده بود، در طی دهه‌های ۱۹۶۰ و ۱۹۷۰ در اثر پیشرفت‌های نسبی رقبای آلمانی و ژاپنی‌اش تضعیف گردید. حاکمان ایالات متحده در مقایسه با هر زمان دیگری نسبت به ۷۵ سال گذشته، یعنی از زمان دخالتشان در جنگ جهانی اول، در

استفاده از قدرت عظیم اقتصادی و نظامی‌شان برای تحمیل مقاصد خود بر مردمان جهان از توانایی کمتری برخوردارند. سقوط سریع ***نظم نوین جهانیِ*** موعود و تحول آن به سمت یک بی‌نظمی مرگ‌آسای جهانی، آخرین مهر تأیید بر این حقیقت است.

اما، در طی رقابت‌های تشدید یافته‌ی امپریالیستی در دهه‌ی گذشته، حاکمان سرمایه‌دار ایالات متحده از دیگران پیش افتاده‌اند. البته، آنچه در این رقابت‌ها عایدشان گردیده است آنان را بیش از پیش در مرکز تضادهای رو به افزایش نظام سرمایه‌داری جهانی قرار می‌دهد. طبقه‌ی سرمایه‌دار ایالات متحده، همانند سرمایه‌داران ژاپن، آلمان و دیگر کشورها، سرمایه‌اش را برمبنای یک افق دید درازمدت به کار نمی‌اندازد؛ بلکه با دیدی کوتاه مدت بر سر تصرف بازارها، کاهش دستمزد نیروی کار و افزایش سود تا میزان حداکثر ممکن، با یکدیگر به رقابت می‌پردازند.

● سرمایه‌داران ایالات متحده در تمامی شاخه‌های صنعت، یکی پس از دیگری، به رقبای ژاپنی و آلمانی خود ضرب شست نشان داده‌اند. شرکت‌های جنرال موتورز، کرایسلر و فورد که تا همین چند سال پیش گفته می‌شد که نسلشان همانند دایناسورها در حال برچیده شدن است، بخشی از بازار را از چنگ سرمایه‌ی ژاپن بیرون کشیده‌اند. تعدادی از کمپانی‌های ایالات متحده نظیر ***هیولت ـ پَکارد***، ***موتورولا***، ***کامپَک***، ***اینتل*** و اکنون حتی آی‌بی‌ام و دیگران، موقعیت مسلط خود در زمینه‌ی تولید کامپیوتر و قطعات کامپیوتری را حفظ کرده‌اند و یا دوباره آن را به چنگ آورده‌اند. کاترپیلار هنوز هم جلوتر از کوماتسو حرکت می‌کند و حرف آخر را در زمینه‌ی تولید و صدور ماشین‌های ساختمانی سنگین می‌زند و **جان دی یر** در زمینه‌ی تولید و فروش راکتور در سطح جهان رتبه‌ی اول را کسب کرده است. سرمایه‌ی ایالات متحده در زمینه‌ی تولید فولاد، دوباره به صحنه بازگشته است و از طریق به‌کارگیری

کوره‌های بزرگ ترکیبی ، هم تا حدودی از کارخانه‌های مینی ذوب آهن آمریکایی جلو افتاده است و هم از رقبای خارجی‌اش پیشی گرفته است. در دهه‌ی ۱۹۸۰ وال استریت برای بسیج سرمایه‌هایی که توأم با ریسک خوانده می‌شوند[1] جهت تأمین سرمایه‌ی لازم به منظور ارتقاء وضعیت تعدادی از شرکت‌های کوچک و تبدیل آن‌ها به شرکت‌هایی که در زمینه‌های مختلف تکنولوژی حرف آخر را بزنند، ابتکار عمل را به شکل تعیین کننده‌ای در دست گرفته است؛ از جمله در مورد شرکت‌های **مایکروسافت**، در زمینه‌ی تولید نرم‌افزارهای کامپیوتری، شرکت **مک‌کا ـ سلولار** در زمینه‌ی مخابرات بی‌سیمی و شرکت **فدرال اکسپرس** در زمینه‌ی حمل و تحویل کالا.

تاکنون سرمایه‌داران ایالات متحده در زمینه‌ی کاهش قیمت نیروی کار به مراتب بیش از رقبای آلمانی و ژاپنی خود موفق بوده‌اند. برای معکوس کردن روند چند دهه‌ی گذشته، کارفرمایان در ایالات متحده از اوایل دهه‌ی ۱۹۸۰ هزینه‌ی مربوط به هر واحد نیروی کار را کاهش داده‌اند، حال آنکه در طی همین مدت هزینه‌های مشابه در ژاپن و کشورهای اروپایی همچنان رو به افزایش بوده است. در زمانی کمتر از ده سال پیش، در سال ۱۹۸۵، نرخ دستمزدها برای هر ساعت کار در ایالات متحده بالاتر از اغلب کشورهای امپریالیستی رقیبش ـ از جمله ژاپن، آلمان، فرانسه، انگلستان، ایتالیا و یا کانادا ـ بود. امروزه، از میان تمامی این کشورها، تنها در انگلستان نرخ ساعتی دستمزد هنوز پایین‌تر از ایالات متحده است و این تفاوت نیز رو به کاهش است. صادرات ایالات متحده از اواسط دهه‌ی ۱۹۸۰ با سرعتی معادل سه برابر ژاپن و آلمان رشد یافته است و از سال ۱۹۹۱ تاکنون، برای اولین بار، سرمایه‌داران ایالات متحده در مقایسه با رقبای ژاپنی‌شان درصد بیشتری از تولیدات داخلی خود را صادر می‌کنند.

1- Venture Capital

شاید تنها سرمایه داران زلاندنو موفق شده باشند که به طور نسبی بیش از ایالات متحده دستمزدها را کاهش دهند، شرایط سخت‌تری برای محیط کار ایجاد و حقوق اتحادیه‌های کارگری را تضعیف کنند. بیش از یک دهه طول کشید تا زلاندنو بتواند گلیم خود را بعد از افول ۸۲-۱۹۸۱ از آب بیرون بکشد. تحت حکومت دو کابینه، اول حزب کارگر و سپس حزب ناسیونال، کارفرمایان از اوضاع بحران اقتصادی بهره جستند و رابطه‌ی نیروها میان سرمایه و نیروی کار را به نفع خود تغییر دادند؛ خدمات تأمین اجتماعی را کاهش دادند؛ حق مذاکره‌ی اتحادیه‌های کارگری هنگام عقد قراردادهای دستجمعی را ضایع کردند و شرکت‌ها و کارخانجات دولتی را ـ از بانک‌ها گرفته تا صنایع ذوب آهن و از شرکت هواپیمایی زلاندنو تا شرکت مخابرات ـ خصوصی کردند. مطبوعات تجارتی جهان در آستانه‌ی دهه‌ی ۱۹۹۰ زلاندنو را به عنوان یکی از کشورهای جهان سرمایه‌داری که دست‌آوردهای عظیمی در زمینه‌ی بازسازی و قلع و قمع اتحادیه‌های کارگری به دست آورده است مورد ستایش قرار دادند و داستان‌های عدیده‌ای در مدح آن نوشتند. سهام بورس شرکت‌های زلاندنویی در بازارهای بورس جهانی، آنگونه که دوست دارند بگویند، اصطلاحاً "اضافه وزن" پیدا کرد.

موضوعی که سرمایه‌داران آلمان و تعدادی دیگر از کشورهای اروپایی را زجر می‌دهد این واقعیت است که تاکنون موفق نشده‌اند تا نظام بیمه‌های اجتماعی و سایر دست‌آوردهای مشابه ـ نظیر بهداشت عمومی و خدمات درمانی رایگان، حق بیکاری، مزایای اجتماعی و تعطیلات ـ را که طبقه‌ی کارگر و جنبش کارگری در طی مبارزات خود در دهه‌های پس از جنگ جهانی دوم به دست آورده است محو و نابود کنند.

ما کارگران ایالات متحده می‌توانیم به برادران و خواهران خود در آلمان، فرانسه، سوئد و دیگر نقاط اروپای سرمایه‌داری بگوییم: "آنچه که بر ما رفته

است، اکنون در انتظار شماست. با این تفاوت که آنچه برای شما اتفاق خواهد افتاد حتی به مراتب سخت‌تر خواهد بود، زیرا از آنجائی که دست‌آوردهای اجتماعی که در گذشته از طریق مبارزاتتان به دست آورده‌اید بیشتر بوده است، لذا آنچه از شما پس گرفته خواهد شد با روش خشن‌تری همراه خواهد بود و تحملش به مراتب مشکل‌تر". در آستانه‌ی ورود به یکصد و پنجاهمین سالگرد تحریر کتاب **وضعیت طبقه‌ی کـارگر در انگـلستان** که توسط انگلس در سال ۱۸۴۴ و به منظور هشدار به جنبش دموکراتیک آلمان در باره آنچه سرمایه‌داری برای آینده‌شان در چنته داشت نوشته شد، کمونیست‌های اروپایی نیز اکنون می‌توانند برای هشدار دادن به کارگران اروپایی، به شرایط ایجاد شده در ایالات متحده اشاره کنند.

واقعیت این است که کارفرمایان و حکومت‌هایشان از بُن گرفته تا استکهلم و از لندن گرفته تا رُم، در طی سال گذشته در باز پس گیری برخی از دست‌آوردهای ادوار پیشین تا حدودی موفق بوده‌اند. اما، آنان نیازمند آنند که دست‌آوردهای بیشتر و بیشتری را باز پس بستانند و هم در این راستا تلاش می‌ورزند. همچنان که مقاومت طبقه‌ی کارگر در مقابل اینگونه حملات افزایش می‌یابد؛ به موازات آن، عطش طلیعه‌داران این طبقه برای پیوند خوردن با فعالیت‌ها و تبادل‌نظرهای مشترکی که مرزها را زیر پا می‌گذارد نیز رو به فزونی است.

امپریالیسم ژاپن برای گذشته‌ی نه چندان دورِ فئودالیِ خود بهای گزافی را می‌پردازد؛ همین‌طور برای این واقعیت که پس از جنگ جهانی دوم به اشغال نظامی آمریکا درآمده است. به این دلایل قیمت زمین در ژاپن ابعاد نجومی دارد و با سایر کشورهای صنعتی قابل مقایسه نیست. از جمله اثرات انحصاری بودن مالکیت زمین، بالا بودن غیرمتعارف اجاره بهای مسکن برای خانواده‌های کارگری است. قسمت اعظم ارزشی که ما کارگران با بکارگیری

نیروی کارمان ایجاد می‌کنیم به حساب کارفرمایان ریخته می‌شود ـ مارکس آن را ارزش افزوده نامید که طبقه‌ی صاحب‌کاران از آن سود به دست می‌آورند، درآمدهای کلان نصیبشان می‌شود و زندگی مجلل خود را با آن پایه‌ریزی می‌کنند. البته، کارفرمایان مجبورند که بخشی از ارزشی را که تولید می‌کنیم به خودمان برگردانند تا بتوانیم امرار معاش کنیم، به فعالیت کاری خود ادامه دهیم و نسل بعدی کارگران را با تولید مثل خود بپرورانیم. مارکس مجموعه‌ی این هزینه‌ها را ارزش نیروی کار نامید که در هر کشوری ویژگی‌های خود را دارد و با سایر کشورها متفاوت است و به ترکیبی از عوامل تاریخی و نیز به سطح مبارزه‌ی طبقاتی میان نیروی کار و سرمایه، وابسته است. بنابراین، بالا بودن اجاره بهای منازل مسکونی، نظیر ژاپن که ریشه‌های تاریخی دارد، نه‌تنها به ضرر کارگران است، بلکه همچنین به ضرر سرمایه‌داران است. زیرا سرمایه‌داران مجبور هستند که بخش بزرگتری از ارزش تولید شده توسط کارگران را بابت پرداخت اجاره بهای گزاف به خود کارگران برگردانند. نتیجتاً صاحب‌کاران در مقایسه با رقبایشان در سایر کشورهای امپریالیستی، که اجاره بهای منازل در کشورشان ارزان‌تر است، در موقعیت نامطلوب‌تری قرار می‌گیرند. در خصوص گرانی مواد غذایی و خوراک نیز در ژاپن همین منطق حاکم است و این موضوع نیز هم از بهای گزاف زمین نشأت می‌گیرد و هم از سیاست‌های مبتنی بر حمایت از منافع سرمایه‌داران کشاورزی بزرگ، زمینداران بزرگ و دلالان برنج و گوشت.

اروپای سرمایه‌داری، در طی چند سال آینده، دستور کار ویژه‌ای را به اجرا در خواهد آورد که عبارت است از سازماندهی یک تهاجم همه جانبه به منظور کاهش هزینه‌ها و کاهش نیروی انسانی به همان شیوه‌ای که در طی چند سال گذشته در ایالات متحده شاهد آن بوده‌ایم. آنچه که در انتظار کارگران اروپایی قرار دارد عبارت است از: اخراج‌های دستجمعی، کاهش

دستمزدها، ایجاد در چندین سطحِ دستمزد، افزایش ساعات کار هفتگی، افزایش تعداد شیفت‌های کاری و برنامه‌ریزی برای کار در ایام تعطیل آخر هفته. ما شاهد خواهیم بود که طبقه‌ی صاحب‌کاران به دستمزدها حمله خواهند کرد، شرایط محیط کار را سخت‌تر و حقوق اتحادیه‌های کارگری را پایمال خواهند کرد. این‌ها همه تحت لوای "حفظ غرور ملی"، "خصوصی سازی" و ترویج احساسات ضد آمریکایی، در اروپا انجام خواهد گرفت.

برای مثال، از زمانی که امپریالیسم آلمان از اثرات خانمان سوز جنگ جهانی دوم خود را بیرون کشیده است، اتحادیه‌های کارگری در بخش غربی آلمان هرگز به دستمزدی تن در نداده‌اند که سطح آن متناسب با نرخ تورم نباشد. اما، اکنون میزان بیکاری طبق آمار رسمی دولت در حدود ۹ درصد است ـ بگذریم از این که عدد واقعی حتی در آلمان غربی نیز بالاتر از این‌هاست، چه رسد به آلمان شرقی ـ لذا اتحادیه‌ها، چه در بخش تولید و چه در میان کارمندان، در مقطع کنونی به دستمزدهای کمتر از نرخ تورم تن در می‌دهند. آنان همچنین برای اولین بار به روش وابستگی میزان دستمزد با سطح تولید نیز رضایت می‌دهند.

اما، کارگران و اتحادیه‌ها به مقابله بر خواهند خاست. ما قبلاً درباره‌ی آنچه که در طی سال گذشته در فرانسه رخ داده است به بحث پرداخته‌ایم. کارگران آلمان، چه در قسمت غربی و چه شرقی، سعی کرده‌اند تا در مقابل تهاجم صاحب‌کاران و حکومتشان علیه دستمزدها، ساعات کار، خدمات درمانی، حق بیکاری و سایر حقوق اجتماعی، مقاومت کنند. در اسپانیا، بلژیک و سایر کشورها نیز شاهد مبارزات اتحادیه‌ها و اعتصابات کارگری بوده‌ایم.

● افزایش تنش در میان امپریالیست‌ها، توأم با مقاومت کارگران، کشاورزان کارگر و جوانان، بیش از پیش بر افسانه‌ی ایجاد "اروپای مشترک" خط بطلان

خواهد کشید. حتی در حالی که تعداد اعضای "اتحادیه‌ی اروپا" ـ که نام جدیدی برای "اروپای مشترک" است ـ بیشتر می‌شود، افزایش رقابت میان قدرت‌های سرمایه‌دار باعث خواهد شد که هر اقدامی در جهت ایجاد یک ارز واحد و یا ایجاد یک بانک مرکزی، دچار تشتت گردد؛ چه رسد به دست‌یابی به یک سیاست خارجی مشترک، ایجاد نیروی نظامی مشترک و تشکیل "حکومت مشترک اروپا". آن امید واهی، که ده‌ها سال همچون حبابی رشد کرد و در سالهای آخر دهه‌ی ۱۹۸۰ در اوج خود به حالت شیداگونه‌ای رسید، اکنون بدون شک به گذشته تعلق دارد.

در واقع، ***اتحادیه‌ی اروپا***، صرفاً اتحادی است در امور گمرکات و بازار مشترکی است که در چارچوب آن سرمایه، کالا و نیروی کار با آزادی بیشتری از مرزها عبور و مرور خواهند کرد. فعلاً این ساختار مدافع منافع مشترک هیأت حاکمه‌های اروپا در رقابت با سرمایه‌داران ایالات متحده است که بازار عظیم داخلی خود را کنترل می‌کنند و علاوه بر آن به سادگی به بازارهای کانادا، آمریکای لاتین و کشورهای حوزه‌ی اقیانوس آرام و قسمت اعظم آسیا دسترسی دارند. حتی کاهش موانع تجاری و سرمایه‌گذاری در چارچوب ***اتحادیه‌ی اروپا*** نیز عملاً نسبت به برنامه‌ریزی اولیه خیلی به طول انجامیده است و، علاوه بر آن، موانع جدیدی در طی همین دوره علم شده‌اند که عبور از آن‌ها ساده نیست. به علاوه، تحرک آزادتر کالا و سرمایه باعث می‌شود که تضادهای ناشی از انبوه تولید اضافی و ظرفیت‌های تولیدی اضافی و بدون استفاده، در سرتاسر اروپا و جهان، به خصوص در صنایع فولاد و خودروسازی، بیش از پیش تشدید یابند. تشدید تضادهای موجود باعث می‌شود که موج جدیدی از اخراج‌های دستجمعی، تعطیل شدن کارخانجات و تجدید سازمان نیروی کار، شروع شود و فرمان جدیدی از جانب صاحب‌کاران مبنی بر "لزوم انعطاف‌پذیری هرچه بیشتر نیروی کار" صادر

گردد.

فرایند کاهش نیروی انسانی و پایین آوردن هزینه‌ها در ژاپن به مراتب انفجارآمیزتر خواهد بود؛ گرچه شروع آن زمان بیشتری می‌طلبد و به سادگی آغاز نخواهد شد. در هر صورت، اخراج‌های دستجمعی در آنجا نیز طی سال گذشته شتاب گرفته است و تصویر رؤیایی "اشتغال مادام‌العمر" را که به یک "سنت فرهنگی" تبدیل شده بود خدشه‌دار کرده است. شرکت‌های تویوتا، توشیبا، نیسان، کوماتسو، فولاد نیپون و چندین کمپانی بزرگ دیگر ژاپنی همگی در طی سال گذشته اخراج‌های دستجمعی را آغاز کرده‌اند. این در حالی است که این کشور در وضعیت بدترین رکود اقتصادی بعد از جنگ جهانی دوم قرار گرفته است.

در ژاپن از اوایل دهه‌ی ۱۹۹۰ قیمت سهام عرضه شده در بازار سهام و قیمت زمین، با حالت سقوط آزاد، کاهش یافته است. سیستم بانکی ژاپن، که قسمت اعظم سرمایه‌ی آن را زمین و سهام عمومی تشکیل می‌دهد، از همه‌ی کشورهای امپریالیستی ضربه‌پذیرتر است. در آینده شاهد ترکیدن این حبابِ ژاپنی خواهیم بود.

این بحران اقتصادی، که همواره عمیق‌تر می‌شود، احزاب سرمایه‌داری باسابقه و روش متداول سیاست‌گذاری را در ژاپن مختل کرده است. گرچه موانع زیادی بر سر راه کارگران در ژاپن موجود است، با این حال مقاومت طبقه‌ی کارگر در آنجا رشد خواهد کرد. از دهه‌ی ۱۹۳۰ ابتدا یک حکومت امپراتوری شبه فاشیست در ژاپن به قدرت رسید، سپس حکومت ضدکارگری و اشغالگر ژنرال مک آرتر را واشنگتن بر سر کار آورد، آنگاه کابینه‌های حزب لیبرال دمکرات که ساخته و پرداخته‌ی ایالات متحده بودند در دهه‌های ۱۹۵۰، ۶۰ و ۷۰ بر سر کار آمدند و بر پیکر جنبش اتحادیه‌های کارگری پی در پی ضربه زدند. اما، همزمان با انباشت فشارهایی که به شرح آن پرداختیم و

در شرایطی که اخراج‌های دستجمعی و سایر حملات افزایش می‌یابد، بر افسانه‌ی صلح دایم میان کار و کارفرما، خط بطلان کشیده خواهد شد و این پدیده بعضاً با انفجار همراه خواهد بود ـ این "صلح دایم" اکنون سالیانه یکبار، هنگام امضای قراردادها در بهار، طی تشریفات خاصی که در ظاهر با "تهاجم کار" نیز همراه است، مورد تأکید قرار می‌گیرد.

به کارگیری نیروی کار ارزان در کشورهای آسیایی گرچه برای ژاپن "سکوهای صادراتی" ایجاد کرده است که می‌توانند برای مدتی از کاهش نرخ سودِ سرمایه‌گذاری‌ها بکاهند، اما نمی‌توانند تضاد اساسی و بنیادین موجود میان سرمایه و کار را در "میهن" ژاپن از میان بردارند، تضادی که لبه‌های تیز آن در آینده بُرنده‌تر خواهد شد. علاوه بر این‌ها، انگیزه‌ی صدور سرمایه به اعماق آسیا باعث خواهد شد که حاکمان ژاپن، به طور غیرقابل اجتناب، سیاست خارجی و سیاست نظامی قاطع‌تری برای دفاع از منافع در حال گسترش خود اتخاذ کنند که در نتیجه اصطکاکشان با واشنگتن و وال استریت و همچنین با حکومت‌های منطقه، افزایش خواهد یافت.

حمایت از تولیدات داخلی و "مذاکرات تجاری"

در زمینه کشاورزی و صنعت، که به روش سرمایه‌داری اداره می‌شوند، حجم عظیمی از تولید اضافی وجود دارد. کالاهایی نظیر برنج، گندم، سویا و شکر در سطح جهانی دچار مسأله‌ی تولید اضافی هستند. البته، این بدان معنی نیست که در آفریقا و سایر نقاط جهان قحطی و گرسنگی ریشه‌کن شده است. (در نظام سرمایه‌داری، اضافه تولید در ارتباط با نیازهای اجتماعی برآورد نمی‌شود، بلکه مبنای ارزیابی این است که کدام کالاها را می‌توان به قیمتی فروخت که سود قابل ملاحظه‌ای حاصل شود و در غیر این صورت اضافی محسوب می‌شوند). همچنین، وجود تولید اضافی، بدین معنی نیست که در اثر جاری

شدن ناگهانی سیل، یا در اثر شرایط نامناسب اقلیمی یا ناملایمات وسیع تجاری، قیمت محصولات کشاورزی خاصی جهش نخواهند کرد.

اما فشاری که امروزه بر قیمت محصولات کشاورزی وارد می‌شود در جهت کاهش دادن آن است. سرمایه‌ی ایالات متحده مصمم است که هرگونه مانع برافراشته شده در مقابل صدور برنج، سیب و گوشت به ژاپن، تایوان و کره را از سر راه خود بردارد و به نحوی عمل کند که قیمت ذرت تولید شده در فرانسه، کانادا، استرالیا و سایر کشورهای رقیب را به سمت بالا سوق دهد. سرمایه‌داران حاکم بر اروپا در طی پانزده سال گذشته سهمیه‌ی رقبای آمریکائی‌شان را در بازار جهانی گندم و سایر محصولات کشاورزی مورد سؤال قرار داده‌اند. این در حالی است که بهره‌وری کشاورزی اروپا بسیار پایین‌تر از ایالات متحده است، تا جائی که دولت‌های اروپایی مجبور شده‌اند که سوبسید نسبتاً بالایی به کشاورزان سرمایه‌دار خود بپردازند.

آن دسته از "مذاکرات تجاری" که بر سر تعرفه‌های گمرکی جهانی تحت عنوان گات میان واشنگتن، توکیو، پاریس، اوتاوا و دیگران انجام می‌شود ـ به رغم اینکه در پاره‌ای از مواقع لحن بسیار تندی به خود می‌گیرد و حتی در رسانه‌های گروهی منعکس می‌شود ـ تنها پوشش مؤدبانه‌ای بر بکارگیری زور بازو برای پیشبرد منافع هیأت حاکمه‌های هر یک از این کشورهاست. ایالات متحده توان نظامی خود را به عنوان پشتوانه‌ای برای فشار آوردن بر سرمایه‌داران اروپایی و رقبایش در فرانسه، ژاپن و سایر نقاط جهان، بکار می‌گیرد.

قدری بیندیشید که چه رخ داد هنگامی که در فوریه ۱۹۹۴ پرزیدنت کلینتون به همراه شاهزاده سعودی، بندر ابن سلطان[1]، طی یک مصاحبه مطبوعاتی که در کاخ سفید برگزار شد، اعلام کردند: یک قرارداد ۶ میلیارد

1- Bandar bin Soltan

دلاری به منظور تولید هواپیماهای مسافربری به شرکت‌های بوئینگ و مک دونال داگلاس واگذار شده است. این دو شرکت از بزرگترین سازندگان هواپیما در ایالات متحده هستند. فرانسه و سایر دولت‌های سرمایه‌داری اروپا از مدت‌ها قبل، از دولت سعودی درخواست کرده بودند تا حداقل نیمی از این قرارداد به صنایع **ایرباس** که یک تولید کننده‌ی معظم هواپیما در فرانسه است، و به چندین کشور سرمایه‌داری اروپا تعلق دارد، واگذار شود.

شرکت هواپیمایی بوئینگ حتماً باید خیلی بده بستان کرده و واقعاً چک و چانه زده باشد! البته پر واضح است که هیچ‌کس، حتی برای یک لحظه، راجع به آنچه در شرف وقوع بود شکی به خود راه نداد. کابینه‌ی کلینتون به سادگی دستورات لازم را برای حکام سعودی صادر کرد.(۱۴) خاندان سلطنتی سعودی، که قرار است یکی دیگر از پیروزمندان جنگ خلیج فارس باشد، آنگونه از صحنه‌ی قتل عامی که ایالات متحده در عراق به راه انداخته بود بیرون آمد که وابستگی‌اش به وال استریت و واشنگتن بیش از هر زمان دیگری افزایش یافت.

سرمایه‌داران ایالات متحده تهاجم تجاری خود را علناً علیه رقبای ژاپنی‌اش نیز اعلام کرده‌اند. آنان خواستار آنند که دولت ژاپن برای ورود محصولات کشاورزی و صنعتی ایالات متحده به ژاپن سهمیه‌ای قایل شود. البته، سرمایه‌داران آمریکایی اصرار دارند که منظورشان تعیین سهمیه نیست، بلکه مقصودشان صرفاً تعیین "اهداف قابل اندازه‌گیری" است. اما، واقعیت این است که منظورشان همان تعیین سهمیه بوده است. همان واشنگتنی که قاطعانه مخالف سهمیه‌بندی برای رفع تبعیض نژادی از سیاه پوستان و زنان از طریق ایجاد شرایط مساوی در زمینه‌های تحصیل و استخدام است، از ژاپن سهمیه طلب می‌کند. اگر به حرف‌های کلینتون و میکی کانتور که یکه‌بزن او در

زمینه‌ی تجارت است گوش فرا دهید، نتیجه‌گیری خواهید کرد که ژاپن اصلاً کالایی از ایالات متحده وارد نمی‌کند. واقعیت این است که ژاپن وارد کننده‌ی بیش از ۱۰ درصد از کل صادرات و حدود ۲۰ درصد از صادرات کشاورزی ایالات متحده است و این آمار لب مطلب را در خصوص گله‌مندی عوام‌فریبانه‌ی واشنگتن علیه توکیو برملا می‌سازد.

بخاطر داشته باشیم که هرگاه درباره‌ی یکی از به اصطلاح مذاکرات تجاری، گزارشی از تلویزیون می‌بینیم و یا در روزنامه‌ها مطلبی در این باره می‌خوانیم، قسمت عمده‌ی مطالب عنوان شده چیزی نیست مگر کاربرد ترفندهای سیاسی و نظامی برای دست یابی به اهداف اقتصادی. هیچ‌کدام از این مباحث به توسعه‌ی تجارت آزاد، جلوگیری از گسترش رقابت‌های غیرمنصفانه یا هرگونه توجیهات دیگری که کاخ سفید و اعضای دو حزب حاکم در کنگره‌ی ایالات متحده در بوق و کرنا می‌دمند، ربطی ندارد. بلکه، صرفاً کاربرد قدرت به منظور بالا کشیدن ارزش اضافه‌ای است که در هر نقطه‌ای از جهان توسط کارگران و زحمتکشان کشاورز تولید شده باشد و سرازیر کردن آن به جیب سرمایه‌داران ایالات متحده.

عمیق‌تر شدن شکافِ ناشی از رشد مرکب و ناموزون

در آستانه‌ی سال ۱۹۹۴، وقایع مکزیک این واقعیت را عیان کرد که بحران فزاینده جهان سرمایه‌داری، شکاف ناشی از رشد مرکب و ناموزون را در آن بخش از جهان که اکثریت نوع بشر زندگی و کار می‌کنند، عمیق‌تر می‌سازد. وقایع مکزیک نشان داد که نظام سرمایه‌داری چگونه شرایط لازم را برای طغیان توده‌ها فراهم می‌آورد. طغیانی که در اثر ترکیب دو عامل پدید می‌آید: یکی میراث باقیمانده از شیوه‌های استثمار در دوران گذشته و دیگری مدرن‌ترین فرایندهای تولید، بازاریابی و روش‌های مالی سرمایه‌ی جهانی.

ریشه‌ی طغیان **چیاپاس**، که پایه‌های دهقانی دارد، مقاومت در مقابل نوعی بیگاری و عکس‌العمل به زندگی برده‌وار برای پرداخت قروض است که بر سرنوشت چندین نسل متوالی در منطقه‌ی مکزیک حاکم بوده است و روابط اجتماعی سرمایه‌داری نیز به آن افزوده شده و آن را دگرگون کرده است. وقایع مکزیک تقریباً همزمان با قیام کارگران در اواخر سال گذشته و اوایل سال جاری در سانتیاگو دی استرو و سایر مناطق آرژانتین رخ داد. این مبارزات، که هشدار دهنده‌ی نکته مهمی هستند: نسل جوانی از کارگران در کشورهای نیمه مستعمره‌ی نسبتاً پیشرفته نظیر آرژانتین ـ همان جایی که طبقه‌ی کارگر در دهه‌ی ۱۹۷۰ از طریق اعمال خشونت دیکتاتوری نظامی سرکوب گردید ـ شروع به مبارزه کرده است.(۱۵)

● وقایع چیاپاس برملا ساخت که افسانه‌ی ساخته و پرداخته شده در رسانه‌های تجاری بزرگ، دروغی بیش نیست. افسانه‌ای که می‌گفت: حرکت مکزیک به سوی تجدّد، صنعتی شدن و ترقی، یک حرکت همگن است و همه اقشار و طبقات را در بر می‌گیرد. چنانچه مایل باشید تا دریابید که چگونه استثمار اغلب زحمتکشان چیاپاس از طریق سرمایه‌داری، با یک پوشش شبه فئودالی نیز در هم آمیخته است، شش رمانی را که ***ب ـ تـــراون*** نوشته است بخوانید. رمان ***قیام به‌دارآویختگان***، ***ژنرالی از اعماق جنگل‌ها***، ***حکومت*** و ... همگی در اوایل قرن حاضر درباره چیاپاس نوشته شده‌اند.(۱۶) ***تراون*** در این رمان‌ها توضیح می‌دهد که چگونه قروض خارجی باعث می‌شود دهقانان سرخپوست، برده‌وار توسط صاحبان سرمایه‌دار مزارع قهوه و سایر مزارع پول‌ساز به خدمت گرفته شوند و به عنوان نوکران اردوهای اشرافیت، که بر منطقه حکومت می‌رانند، اجیر شوند. اکنون، پس از گذشت ۷۰ سال در حالی که در آستانه‌ی قرن بیست ویکم قرار داریم، وضعیت سابق کماکان پابرجاست.

وقایع چیاپاس همچنین کمک می‌کند تا سحر و جادوی پیمان **نفتا**[۱] نیز شکسته شود. این پیمان درباره‌ی تجارت آزاد نیست. توطئه‌ی سرمایه‌ی یانکی هم نیست. برای ادغام اکثریت زحمتکشان مکزیک در قشر متوسط، که درباره‌اش بسیار سخن رفته است، نیز تدوین نشده است. بلکه، پیمانی است میان سرمایه‌داران ایالات متحده، کانادا و مکزیک برای تبدیل ـ هرچند شدید و خشونت‌آمیز ـ کشوری که اقتصادش اساساً کشاورزی است به پایگاهی برای صدور کالاهای صنعتی. سرمایه‌داران هر دو سوی مرزهای مکزیک از این پیمان منتفع خواهند شد. بدین ترتیب، بورژوازی مکزیک قصد دارد عقب‌افتادگی خود را از فرایندی که در دهه‌ی ۱۹۸۰ طبقات استثمارگر آرژانتین، شیلی و تعدادی از کشورهای نسبتاً صنعتی نیمه مستعمره آغاز کردند، جبران کند.

این به اصطلاح "استراتژی توسعه‌ی ملی" مکزیک، همان روشی را در بر خواهد داشت که در طول انقلاب صنعتی و قبل از آن، در قرون ۱۸ و ۱۹، در انگلستان و سرتاسر اروپا جریان داشت: بیرون راندن دهقانان از روستاها به سمت شهرها، یعنی جایی که آنان برای ادامه‌ی زندگی چیزی به جز نیروی کار خود برای فروش ندارند. در طی این فرایند شرایط زندگی و کار آنان به نحوی ساخته و پرداخته می‌شود و تجدید حیات می‌یابد که برای فروش هرچه ارزان‌تر نیروی کارشان اطمینان حاصل شود.

مارکس چگونگی آنچه را ۳۰۰ سال پیش در اروپا آغاز گردید در کتاب سرمایه اینگونه تشریح می‌کند: "ناگهان انبوهی از انسان‌ها را از وسایل زندگی‌شان جدا می‌کنند و گله‌وار به عنوان کارگران آزاد، فاقد هرگونه حق و حقوق و تأمین اجتماعی، به بازار نیروی کار سرازیر می‌کنند. این فرایند

1- NAFTA: North American Free Trade Agreement
پیمان تجارت آزادِ آمریکای شمالی

برمبنای مصادره‌ی تولیدکنندگان کشاورزی، یعنی دهقانان، و جداکردنشان از زمین پایه‌گذاری شده است. البته، تاریخ و نحوه‌ی مصادره در کشورهای مختلف با هم فرق می‌کند و چندین فاز گوناگون و چندین مرحله‌ی مختلف در مقاطع متفاوت تاریخی را در بر می‌گیرد."(۱۷)

البته، ده‌ها سال است که این روند در ابعاد قابل توجهی در مکزیک جریان داشته است. اما، فرایند آن در چیاپاس و سایر نقاط مکزیک، در سال‌های پایانی قرن بیستم و سال‌های آغازین قرن بیست و یکم، سرعت خواهد گرفت. در تمام طول تاریخ معاصر، هر زمان که سرمایه‌ی خارجی و بومی به سمت گسترش تولید صنعتی در حرکت بوده، توانمندی ایجاد امکانات زندگی در روستاها را بی‌رحمانه نابود ساخته است. نتایج ببار آمده از این جریان، همواره غیرانسانی و فجیع بوده است. مردان، زنان و کودکان به سمت حلبی‌آباد شهرهای در حال گسترش هل داده می‌شوند تا در بدترین شرایط تأسف‌بار زندگی کنند و برای ادامه‌ی حیات با یکدیگر به رقابت بپردازند. در قرن گذشته، این جریان در انگلستان آنقدر خشونت‌بار بود که امکان ادامه‌ی تولیدمثل طبقه کارگر به زیر سؤال رفت.

پیمان اقتصادی **نفتا** برای پیشبرد این اهداف طراحی شده است. هدفش پیشبرد اهداف سرمایه است ـ حال چه از نوع مکزیکی باشد، یانکی یا هر نوعی دیگر. **نفتا** چهره‌ی تمامی کشاورزی مکزیک را دگرگون خواهد ساخت. میلیون‌ها دهقان را از زمین خواهد راند و سلطه‌ی بنگاه‌های کشاورزی را بر سرتاسر روستاها خواهد گسترد. از جمله اهدافی که دنبال خواهد کرد ایجاد یک ذخیره‌ی بزرگ از نیروی کار ارزان برای فاز بعدی صنعتی کردن مکزیک است. رابطه‌ی نیروها میان روستا و شهرهای مکزیک را تغییر خواهد داد و در این خصوص به الگویی برای سایر مناطق این نیمکره ـ از گواتمالا تا قسمت اعظم آمریکای جنوبی ـ تبدیل خواهد شد.

اما، سرمایه‌داران مکزیک و ایالات متحده به فکرشان خطور نکرده بود که اولین نتایج **نفتا**، بیرون زدن جنبشی در مناطق روستایی مکزیک باشد. زحمتکشان آرمانی را که انقلاب مکزیک در دهه‌ی دوم این قرن قولش را داده بود بار دیگر احیا کردند ـ یعنی زمین از آن کسی است که روی آن کار می‌کند. این واقعیتی است که درست همزمان با رسمیت یافتن پیمان **نفتا** در اول ژانویه ۱۹۹۴ در چیاپاس نمایان شد. چیاپاس بود که آینده‌ی آمریکای لاتین را به تصویر کشید، نه قول و قرارهای وال استریت و واشنگتن مبنی بر ایجاد ثبات و دموکراسی بیشتر برای یک قاره‌ی در حال توسعه.

این اصلاً بدان معنی نیست که تبلیغات ضدنفتایی که در طی چند سال گذشته صاحب‌منصبان اتحادیه‌های کارگری، اقلیتی از سوداگران تجارت‌پیشه و عده‌ای از سیاست‌مداران سرمایه‌داری، خواه لیبرال یا ماوراء راست، در ایالات متحده و کانادا به راه انداخته بودند، حتی ذره‌ای مترقی بود. این سینه چاک‌های "ایالات متحده" و "کانادا" اغلب با ریختن اشک تمساح درباره‌ی دستمزد پایین و شرایط فقیرانه‌ی کارگران مکزیکی، علیه خطر "فرار سرمایه" به خارج هشدار می‌دهند و در واقع دفاع از مشاغل در "ایالات متحده" و "کانادا" را با اشتغال کارگران مکزیکی در تقابل قرار می‌دهند. اگر بخواهیم به سهم مواضع غلط صاحب‌منصبان اتحادیه‌های کارگری در این زمینه بپردازیم، باید گفت که این مواضع توجیهی است برای خط و مشی سازش طبقاتی آنان و اجتناب از سازماندهی کارگران در هر دو طرف مرزها؛ و سازماندهی همان چیزی است که برای دفاع از شرایط کار و زندگی‌مان در مقابل تهاجم حکام سرمایه‌داری در هر سه کشور بدان نیازمندیم.

از عوام‌فریبی‌های موافقین و مخالفین بورژوای پیمان **نفتا** که بگذریم، واقعیت این است که افزایش شتاب صنعتی شدن مکزیک، و سایر نقاط قاره‌ی آمریکا، باعث می‌شود که صفوف کارگران صنعتی بسط پیدا کند و حتی تعداد

مهاجران به ایالات متحده نیز افزایش یابد. بدین وسیله صفوف مبارزین و گورکنان سرمایه‌داری در هر دوطرف ریوبراوو[1] وسیع‌تر و فشرده‌تر می‌شود.

● در نیمه‌ی دیگر جهان، نظیر هندوستان، نیز ما شاهد همین وقایع هستیم. می‌توان پیش‌بینی کرد که کشور هندوستان در طی دهه‌ی آینده یکی از نقاطی خواهد بود که در آن سرمایه‌گذاری امپریالیستی و بومی، عظیم‌ترین رشد را خواهد داشت.

مسأله‌ای که امپریالیست‌ها و سرمایه‌داران بومی در هند با آن مواجه هستند، چگونگی ایجاد یک بازار متحد در آن کشور پهناور است. کشوری که در آن سلطه‌ی روابط استعماری و نیمه‌استعماری نوین ـ به منظور استثمار هرچه بیشتر ـ به میراث ماقبل سرمایه‌داری آن اضافه شده است. در یک کشور مدرن و یکپارچه، نظیر ایالات متحده، به رغم اینکه در سیاتل، نیواورلئان یا بوفالو زندگی کنید، می‌دانید که حدوداً قیمت اتومبیل کاروان دوج، یک گالن شیر، یک شلوار با مارک گپ یا سی‌یرز، چقدر است. قیمت‌ها تقریباً در همه جا همخوانی دارند.

اما در کشور هندوستان اگر از یک منطقه به منطقه‌ای دیگر بروید، حتی در دو ناحیه‌ی مجاور در صورت کمبود وسایل حمل و نقل، قیمت حبوبات بسیار متفاوت خواهد بود. کار تأسیس یک بازار سراسری واحد، یک ذخیره‌ی متحرک و سراسری نیروی کار، ایجاد یک مبنای واحد و همگن برای قیمت‌گذاری عمده فروشی و تک‌فروشی کالاها، هنوز در هند سامان نگرفته است و راه درازی در پیش است؛ و این در حالی است که در طول پنجاه سال گذشته، در پی کسب استقلال از انگلستان در خاتمه‌ی جنگ جهانی دوم، این کشور از رشد صنعتی خوبی برخوردار بوده است.

1- Rio Bravo

در آلمان این کار را **بیسمارک** در اواخر قرن نوزدهم به زور به بورژوازی آلمان تحمیل کرد. وی موانع باقی مانده از دوران فئودالیسم در امور تجارت را از سر راه برداشت و چندین دوجین ایالت دویچ‌ها، بارون‌ها و سایر حکومت‌های ضعیف محلی را به یکدیگر متصل کرد و کشور متحد آلمان را برپا ساخت. او مرزهای برافراشته شده در ایالت ***راین*** را برچید و از حیطه‌ی دخالت بی‌رویه‌ی شاهزادگان خارج کرد و آن مناطق را به ایالاتی که به حکومت مرکزی مالیات می‌پرداختند تبدیل کرد (بدین وسیله درآمد مالیاتی دولت افزایش یافت). این اقدامات راه ایجاد یک بازار داخلی را گشود و یک سیستم همگن قیمت‌گذاری پا گرفت. شرایط برای گسترش یک قشر میانی با درآمد متوسط و در حال رشد آماده گشت و بدین وسیله بازاری برای فروش کالاهای تولید شده در کارخانجات متعلق به سرمایه‌داران آلمانی فراهم آمد. سرمایه‌داران آلمانی، تحت حکومت بیسمارک، هنگامی دست به ایجاد آن تغییرات زدند که حدوداً دو دهه قبل از آن از پیروزی یک انقلاب بورژوا دموکراتیک فراگیر جلوگیری و آن را سرکوب کرده بودند، انقلابی که در اواخر دهه‌ی ۱۸۴۰ تحت رهبری زحمتکشان و اقشار رادیکال طبقه‌ی متوسط، در حال پیشروی بود.

● امروزه، نظام جهانی امپریالیسم نیازمند چندین دوجین بیسمارک‌هایی است که در سرتاسر جهان نیمه‌مستعمره مجدانه دست به تلاش و کوشش بزنند ـ آن‌ها می‌توانند "سوسیالیست"، "خلق‌گرا"، "مدافع بازار آزاد" و یا "شبه‌لیبرال" باشند. وجود آن‌ها برای روفتن هیأت حاکمه‌های ماقبل سرمایه‌داری، کنار زدن سرمایه‌داران قدیمی و غیرمولد، تکمیل روند ایجاد بازار متحد و همگن سراسری و افزایش نرخ استثمار نیروی کار و تولید ارزش افزوده بیشتر، ضروری است. اما، امروزه از نظر تاریخی برای پیدایش بیسمارک‌ها خیلی دیر

شده است، بیسمارک‌هایی که قادر باشند یک کشور نیمه‌مستعمره را با موفقیت به یک کشور سرمایه‌داری قدرتمند در جهان امروز تبدیل کنند. این واقعیت حتی کشورهایی را در بر می‌گیرد که به میزان معتنابهی صنعتی شده‌اند و از منابع طبیعی خوبی نیز برخوردارند، نظیر: آرژانتین، برزیل، هندوستان، مکزیک، کره جنوبی و تایوان.

رشد سرمایه‌داری در اینگونه کشورها به طور غیرقابل اجتنابی باعث عمیق‌تر شدن ناموزونی رشد اجتماعی شده است و تضادهای طبقاتی را تشدید خواهد کرد. توسعه‌ی سرمایه‌داری در هندوستان باعث شده است که یک طبقه‌ی متوسط بسیار وسیع و با وضعیت نسبتاً خوبی پدیدار شود و بازار داخلی وسعت یابد. در عین حال، باعث شده است که برخی از پیشرفته‌ترین ویژگی‌های جامعه‌ی صنعتی با برخی میراث‌ها و تقسیمات فرقه‌ای، که ریشه‌ی آن‌ها به دوران ماقبل تاریخ برمی‌گردد، ترکیب شود. این ترکیب باعث تشدید تضادهای طبقاتی شده که با جنگ و خشونت نیز همراه است.

در کشوری که ۷۰ درصد جمعیت آن هنوز در روستاها ساکن هستند و می‌توان تخمین زد که حدوداً ۱۵ میلیون نفر اسیر قرض هستند، اوضاع زحمتکشان روستا بیش از پیش اسفبار شده است و مبارزه برای زمین، اعتبار ارزان و عزت نفس سیاسی، گسترش خواهد یافت. شکاف طبقاتی در حال افزایش است و در کنار آن، طبقه‌ی کارگر صنعتی رشد یافته است و فقر در میان ارتش بزرگ بیکاران شهر و روستا به شکل عریانی چندین برابر می‌شود. تنش‌های طبقاتی در حال افزایش است و جامعه بیش از پیش قطبی می‌شود و این در حالی است که جنبش‌های دست راستی که پایه‌هایشان در میان طبقه‌ی متوسط بنا شده است و مورد حمایت مالی بورژوازی قرار دارند به شیوه‌های عوام‌فریبانه‌ای به روش سوءاستفاده از احساسات ملی، مذهبی و جنبش‌های فرقه‌ای متوسل می‌شوند.

توسعه‌ی جوامع، به شیوه‌ای که در هندوستان و مکزیک رخ داده است، در سایر نقاط آمریکای لاتین و آسیای شرقی ـ نظیر تایلند، اندونزی و ... ـ نیز شکل گرفته است. نتیجتاً، ساختار طبقاتی اینگونه جوامع شروع به تغییر کرده است. تعداد کارگران صنعتی (پرولتریا) در حال افزایش است و تخاصم بر سر تشکیل اتحادیه‌های کارگری در حال شکل‌گیری است. شهرهای آسیا و آمریکای لاتین یکی پس از دیگری شباهت پیدا می‌کنند به شهرهایی نظیر سن‌پطرزبورگ روسیه در اوایل قرن حاضر، و این در حالی است که دهقانان جوان از روستاها کنده می‌شوند و به طبقه‌ی کارگری که به سرعت در حال رشد است می‌پیوندند. این پدیده در آفریقا نیز شکل خواهد گرفت. آفریقایی که عقب‌افتاده‌ترین قاره‌ی دنیای شبه مستعمره است و جریان صنعتی شدن در اغلب کشورهای آن هنوز حالت جنینی دارد.

گسترش و توسعه‌ی سرمایه‌داری در آفریقای جنوبی به رشد روند شهرنشینی و پیدایش طبقه‌ی کارگر صنعتی (پرولتریزه شدن) که در طی نیم قرن گذشته در شرف وقوع بوده است، شتاب خواهد بخشید. اما، پیشروی انقلاب دموکراتیک که به رهبری کنگره‌ی ملی آفریقا در شرف وقوع است، آغازی برای شکل گیری طلایه‌داران طبقه‌ی کارگر صنعتی است و از این پتانسیل برخوردار است که زحمتکشان را برای مقاومت در مقابل فجایع اقتصادی و اجتماعی که استثمارکنندگان بومی و خارجی پدید می‌آورند آماده سازد و راه‌های عمیق‌تر کردن فرایند انقلاب را بگشاید. علاوه بر این‌ها، آنچه در آفریقای جنوبی رخ می‌دهد بر روند احتمالی پیدایش یک رهبری کمونیست در سایر نقاط آفریقا، بخصوص در صحرای جنوبی، تأثیر زیادی خواهد گذاشت.

در مجموع، تبلیغات و فعالیت‌های بورژوازی جهان سوم در زمینه‌ی خصوصی‌سازی و تهاجم واشنگتن تحت لوای گسترش "تجارت آزاد" به

اینگونه کشورها باعث افزایش شتاب پدیده‌ای غیرقابل اجتناب گشته است و وزنه‌ی اجتماعی و سیاسی و نقش رهبری طبقه‌ی کارگر را افزایش خواهد داد. طبقه‌ی ما قدرتمندتر سر بر خواهد آورد تا در جنگ‌های عظیم طبقاتی که در پیش روی ما قرار دارد شرکت کند. جنگی که طبقات استثمارگر و انگل صفت در سنگر مقابل آن صف‌بندی خواهند کرد.

۴

نگاهی به صف‌بندی طبقاتی و نیروهای احیای سرمایه‌داری در چین، اروپای شرقی و شوروی سابق

در جهان سوم، انباشت سرمایه‌ی اولیه با روش‌های بسیار خشونت‌آمیزی همراه است، به نحوی که محرکه‌ای برای خیزش مبارزه‌ی طبقاتی می‌شود؛ و دولت کارگری چین نیز راهی برای گریز از آن ندارد. رژیم استالینیستِ حاکم بر پکن بیش از یک دهه است که مسیر پیوستن به بازار جهانی سرمایه‌داری را با شتاب می‌پیماید. در مناطقی از چین که نواحی اقتصادی نوین نام گرفته‌اند، به خصوص در سواحل جنوب شرقی این کشور، امپریالیست‌ها در ابعاد گسترده‌ای در زمینه‌های تولید صنعتی سرمایه‌گذاری کرده‌اند. ساختارهای سرمایه‌داری داخلی نیز در روستاها و شهرستان‌ها رو به رشد هستند و در شهرهای بزرگ چین هم کم و بیش به چشم می‌خورند.(۱۸)

البته، نسل‌های جدید کارگران و دهقانان فقیر چینی در مقابل رشد پدیده‌ی سرمایه‌داری مقاومت خواهند کرد و مقاومت آنان انعکاسی خواهد بود از دستاوردهایی که نسل‌های گذشته در سال‌های ۱۹۴۰ و اوایل دهه‌ی ۱۹۵۰ در انقلابی عمیق، ضدامپریالیستی و ضدسرمایه‌داری بدست آورده‌اند. عواملی همچون رهبری بی‌کفایت استالینیست، اعمال خشونت بی‌حد و حصر حکومت

علیه مردم و اعطای امتیازات ویژه به قشر بوروکراتیک حاکم، دولت کارگری چین را از بدو پیدایشش تضعیف کرده و باعث انحطاط آن شده است. گرچه آن رژیم تحت لوای "کمونیسم" جنایات بسیاری علیه طبقه‌ی کارگر آن کشور مرتکب شده است؛ اما، از نظر تاریخی بازگشت روابط سرمایه‌داری به چین و سلطه‌ی مجدد آن به سادگی میسر نیست و خیلی دیر شده است. زیرا، کارگران و دهقانان چینی به تأمین اجتماعی ایجاد شده و تساوی حقوق برپا شده دل بسته‌اند و برای حفظ شرایط زیستی و اشتغالی موجود خود دست به مبارزه خواهند زد.

دولت چین در این کشور شرایطی را فراهم آورده که از دیدگاه امپریالیست‌ها بسیار ارزشمند است، از جمله انضباط کارگری، تضمین جلوگیری از وقوع اعتصابات کارگری و سطح پایین دستمزدها. نه تنها دولت و پلیس، عوامل چنین سیاست‌های ضدکارگری هستند، بلکه، نمایندگان حزب کمونیست در واحدهای صنعتی، کارمندان و مسئولین اتحادیه‌های کارگری تحت کنترل دولت (اگر در کارخانجات متعلق به سرمایه‌داران خارجی فعالیت داشته باشند) و افسران ارتش سرخ، که سعی دارند از طریق نفوذ در صنایع و مراکز تجاریِ زنجیره‌ای تحت نظر ارتش از قافله عقب نمانند، نیز عامل اینگونه سیاست‌ها هستند. این‌ها از جمله نکاتی هستند که شرکت‌های بزرگ تجاری برای جلب نظر مشتری و فروش سهام به شرح آن می‌پردازند. از دیدگاه اینگونه شرکت‌ها تضمین دولت چین در مورد برقراری "روابط کارگری باثبات" و "دستمزدهای قابل تنظیم"، امتیازات خاصی محسوب می‌شوند. این که دولت چین هنگام بروز مشکلات و برای رفع و رجوع تخاصمات پا پیش می‌گذارد، برای آنان بسیار ارزشمند است.

از دیدگاه سرمایه‌داران آمریکایی و سایر کشورهای امپریالیستی، چین نه تنها سرزمین رؤیایی برای فروش "ماهیانه یک میلیارد کوکاکولا" است، بلکه

از آن مهم‌تر، ذخیره‌ی بی‌انتهایی از نیروی کار ارزان قیمت است. برخی از کمپانی‌های عمده‌ی آمریکایی نظیر **مریل لینچ و ایستمن کداک**، و سایرین، برای جلب نظر سهامداران به بهره‌ی سرشاری که عایدشان خواهد شد و برقراری روابط حسنه با رژیم استالینیست چین، بالاترین رده‌های مدیریت خود را به آن کشور اعزام کرده‌اند. اخیراً کمپانی **مـــوتورولا** جلسه‌ی هیأت مدیره‌اش را در **شانگهای** برگزار کرد. آیا ممکن است که شرکت‌های **مخابرات بریتانیا، اریکسون، نوکویا، زیمنس، فیلیپس** و حتی **مخابرات مکزیک**، از این قافله عقب افتاده باشند؟

رؤیایی که سرمایه‌داری جهانی در سر می‌پروراند این است که بتواند نیروی کار کارگران و دهقانان چینی را هر روز به میزان حداکثر ممکن استثمار کند و کالاهای مصرفی خود را نیز در ابعاد هرچه وسیع‌تری به طبقه‌ی متوسط آن جامعه بفروشد. به این دلایل است که کابینه‌ی کلینتون از موضع دیرینه و ساختگی خود، مبتنی بر اعلام شرط رعایت حقوق بشر در چین برای ایجاد روابط تجاری با آن کشور، عقب نشسته است. کنگره‌ی آمریکا، که در دست دو حزب حاکم است، و شرکت‌های تجاری بزرگ نیز از این موضع کلینتون جانبداری می‌کنند.(۱۹) انگلستان نیز تحت رهبری حزب حاکم **تـــوری**، از موضع خود مبتنی بر "دموکراتیزه کردن" هنگ کنگ قبل از الحاق آن به چین عقب نشسته است. قرار است که هنگ کنگ در سال ۱۹۹۷ به چین ملحق شود. سرمایه‌داران انگلیسی سعی دارند از هنگ کنگ، که در آینده‌ای نزدیک حکم مستعمره‌ی سابق تاج و تخت سلطنتی انگلستان را خواهد یافت، به عنوان اهرمی برای رقابت در سرمایه‌گذاری و فروش کالاهای خود در چین سود جویند.

اما، رؤیاهای سرمایه‌داران یک عنصر اصلی را مد نظر قرار نمی‌دهد و آن عکس‌العمل کارگران چینی است. اخبار مربوط به اعتصابات، پایین آوردن

سرعت خط تولید، خیزش‌های دهقانی و سایر مقاومت‌های زحمتکشان چینی در حال افزایش است. تلاش برای برقراری مجدد روابط سرمایه‌داری در چین، مبارزات اجتماعی آنجا را تغییر شکل خواهد داد. اخباری که امروزه در این باره می‌شنویم هم کامل نیست و هم تنها از شروع اینگونه جریانات خبر می‌دهد.(۲۰)

جمعیت طبقه‌ی کارگر چین به سرعت رو به رشد است و لذا جوانان روستاها و شهرهای کوچک را به صفوف خود جذب می‌کند. این اقشار جدید طبقه‌ی کارگر، شکست خورده نیستند. آن‌ها زمین نخورده و مأیوس نشده‌اند. از میان صفوف آنان، مبارزین نوین طبقه کارگر به پا خواهند خاست و نسل جدیدی از انقلابیون حرفه‌ای، یعنی کارگران کمونیست، پرورش خواهند یافت. البته منظور ما کمونیست‌های اصیل است، نه نوع بدلی آن که از طریق ده‌ها سال ترور و تعلیمات غلط استالینیستی خود را تحمیل کرده است.

بحران حاکم بر شوروی سابق و اروپای شرقی

مجله‌ی *تایمز مالی* لندن در مقاله‌ی ویژه‌ی ماه فوریه که در صفحه‌ی اول آن درج گردید، اثرات فجیع روند نظام سرمایه‌داری جهانی را بر زندگی کارگران و دهقانان اروپای شرقی و شوروی سابق برشمرده است. در تیتر اصلی این مقاله می‌خوانیم: "روسیه، همگام با افزایش مرگ و میر، با بحران افزایش جمعیت روبروست". اما، این بحران از نوع "بحران افزایش جمعیت" نیست، بلکه همانگونه که این مقاله آشکار می‌سازد، بحرانی *اجتماعی و طبقاتی* در ابعادی تاریخی است.

این مقاله گزارش می‌دهد که میانگین عمر مردها، طی سه سال گذشته، در روسیه از ۶۲ سال به ۵۹ سال تقلیل یافته است. افزایش چشمگیر ناراحتی قلبی و سکته به عنوان مهمترین عوامل، گزارش گردیده است. خودکشی و

خشونت خانوادگی عوامل بعدی هستند. چنانچه فجایع ناشی از جنگ‌ها و لطمات امراض مسری (نظیر شیوع بیماری ایدز در چندین کشور آفریقایی) را کنار بگذاریم، چنین نوسانات شدید آماری در دنیای مدرن بی‌سابقه است و گواهی بر وقوع یک بحران عمیق اجتماعی است. امروزه میانگین عمر مردان روسیه در مقایسه با اواسط دهه‌ی ۱۹۶۰، که به ۶۶ سال رسیده بود، کاهش یافته است. آغاز این افت به دهه‌های ۱۹۷۰ و ۱۹۸۰ برمی‌گردد که آغاز عمیق‌تر شدن بحران رژیم‌های استالینیست بود. مرگ و میر نوزادان نیز جهش چشمگیری داشته و از ۱۷/۴ در هزار نوزاد (در ۱۹۹۰) به ۱۹/۱ (در ۱۹۹۳) افزایش یافته است.

چند هفته بعد از انتشار مقاله‌ی تایمز مالی که به آن اشاره شد، **نیویورک تایمز** در همان رابطه گزارش داد که در روسیه نرخ تولد به شدت سقوط کرده و ۳۵ درصد کاهش یافته است. یعنی از میانگین دهه‌ی ۱۹۸۰ که ۲/۱۷ فرزند برای هر زن در سنین آماده برای بارداری بود، اکنون به ۱/۴ فرزند برای زنان همان سنین کاهش یافته است. در نتیجه، کشور روسیه، به دلیل تغییرات حاصله در میزان تولد و مرگ و میر، در سال ۱۹۹۳ حدود ۸۰۰٬۰۰۰ نفر کاهش جمعیت داشته است.(۲۱)

وعده‌های سرمایه‌داران امپریالیست و مقلدان آن‌ها در سرتاسر اروپای شرقی و شوروی سابق، مبنی بر اینکه بکارگیری "اصلاحات" سرمایه‌داری باعث بهبود شرایط زندگی و محیط کار خواهد شد، به سرعت دروغ از آب درآمده است. در این کشورها سطح تولید از اوایل دهه‌ی ۱۹۹۰ بدین شرح کاهش یافته است: ۴۰ درصد در روسیه، ۵۰ درصد در اوکراین و تقریباً ۲۵ درصد در مجارستان. در برخی از کشورهای مشابه، افت تولید بیش از این ارقام بوده است. دست مزدهای واقعی پایین آمده و کاهش انواع خدمات تأمین اجتماعی، درمانی، آموزش و پرورش و سایر خدمات اجتماعی،

فاجعه‌آمیز بوده است. حتی برمبنای آمار رسمی دولت‌ها، که اغلب دست پایین را می‌گیرند، میزان بیکاری افزایش یافته و عدد آن دو رقمی شده است. حقوق زنان در زمینه‌های حق کنترل بر بدن خود، اشتغال و امکانات تحصیلی مورد حمله قرار گرفته است.

رژیم‌های استالینیست تحت لوای "سوسیالیسم" رفتار هولناکی با زحمتکشان این کشورها داشته‌اند. با اینحال، کارگران آنچنان شکست سختی از قشر بوروکرات نخورده‌اند که به گسترش فرهنگ، ارزش‌ها و منش‌های سرمایه‌داری تن در دهند، چه رسد به اینکه در آن حل شوند؛ حال آنکه این امر پیش شرط احیای مجدد نظام سرمایه‌داری در ابعادی گسترده است.

● تقریباً هر قدمی که هیأت حاکمه‌ی ایالات متحده در ارتباط با روسیه برداشته نتیجه‌ی معکوس ببار آورده و تلاش‌های رژیم حاکم بر روسیه برای جلب اقشار وسیع‌تری از مردم را نقش بر آب کرده است؛ و حتی در مواردی که اقدام آمریکا از پشتیبانی همه جانبه برخوردار بوده و تضمین کاخ سفید، کنگره، اساتید دانشگاه‌ها و یا تکنوکرات‌های *وال استریت* را نیز به همراه داشته نیز نتیجه‌ی مثبتی ببار نیاورده است. موضوع اصلاً این نیست که حاکمین آمریکا آگاهانه خواستار ایجاد بی‌ثباتی در روسیه هستند. برعکس! هدف آن‌ها ایجاد فضای مناسب برای همکاری نزدیک با آن بخش از قشر صاحب امتیاز بوروکرات‌ است که در دلش امید سرمایه‌دار شدن را می‌پروراند و استقرار مجدد سرمایه‌داری و غافلگیر کردن ناگهانی کارگران را هدف خود قرار داده است. سلطه‌گران امپریالیست تصور می‌کردند با توجه به وجود ده‌ها سال سرکوب و خفقان شدید و حاکمیت دولت پلیسی بر شوروی سابق، تسلط بر کارگران در اینگونه کشورها بسیار سهل‌الوصول خواهد بود. آن‌ها صراحتاً به یلتسین می‌گفتند که از متد "شوک درمانی" علیه کارگران استفاده کند و

همانند گورباچف با سیاست خارجی ایالات متحده، نظیر جنگ علیه عراق، همسو شود و سلاح‌های اتمی روسیه را تحویل دهد. حاکمین آمریکا تصور می‌کردند که در رابطه با کشورهای اروپای مرکزی و شرقی، کار از این هم آسان‌تر خواهد بود.

تذکر این نکته لازم است که واشنگتن و دیگر قدرت‌های امپریالیستی و نهادهای مربوطه، تنها بخش کوچکی از میلیاردها دلار کمک مالیِ وعده داده شده به مسکو و سایر رژیم‌های مشابه را تحویل دادند. "شوک درمانی" توصیه شده از جانب ساحرین آکادمیک سرمایه‌ی مالی و سایر "مشاورین" آن‌ها چه بود؟: تعطیلی کارخانجات در ابعاد بسیار گسترده، حذف سوبسید از مواد غذایی و اجاره مسکن، تقلیل بودجه‌ی آموزش و پرورش، کاهش بیمه‌ی بازنشستگی و درمانی و سایر حق و حقوقی که کارگران با تلاش‌های سختی بدست آورده‌اند. این‌گونه اقدامات بجز گسترش دامنه‌ی فقر و ایجاد بی‌ثباتی اجتماعی، ثمره‌ی دیگری ببار نمی‌آورد. رژیم‌های نوپا همواره مجبور به عقب‌نشینی از این‌گونه قوانین سخت و بی‌رحمانه شده‌اند. زیرا واهمه دارند که اجرای چنین قوانینی نیروهای اجتماعی را به حرکت درآورد و کنترل جامعه از دستشان خارج شود.

در این کشورها، اکثریت زحمتکشان از بابت برداشته شدن چکمه‌های استالینیستی از روی گردنشان غرق در شادمانی شدند. در عین حال آنان در مقابل مشکلاتی نظیر رواج دائمی بیکاری، عدم تأمین اجتماعی و رواج رقابت ناسالم و گرگ صفتانه‌ی ناشی از فردگرایی که از مخلوقات نظام سرمایه‌داری هستند مقاومت می‌کنند. آنان از دست آوردهای باقی مانده از دولت کارگری دفاع می‌کنند؛ هرچند که این دست آوردها اکنون شکل حقیرانه‌ای یافته باشند و هرچند که دستیابی به آن‌ها با ده‌ها سال وحشت از حکومت پلیسی و فساد گسترده در میان قشر حاکم بوروکرات همراه بوده باشد. موضوع مورد بحث،

یک مسأله‌ی طبقاتی است.

نظرخواهی‌هایِ انجام شده در یکی دو ماه اخیر در روسیه و آلمان شرقی نیز مهر تأییدی بر این ارزیابی است. یکی از این نظرخواهی‌ها را آکادمی علوم روسیه در اواخر سال ۱۹۹۳ انجام داده است و نتایج آن نشان می‌دهد در سال ۱۹۸۹ حدود ۴۰ درصد از مردم موافق "اصلاحات اقتصادی" بودند، حال آنکه در اواخر سال ۱۹۹۳ تنها ۲۵ درصد راجع به "اصلاحات" نظر مثبت داشته‌اند. اکثریت کسانی که در این نظرخواهی شرکت کرده بودند اعتقاد داشتند که "خصوصی سازی نوعی دزدی قانونی است". وزارت اقتصاد آلمان نیز اعلام کرده است نتایج نظرخواهی انجام یافته در آلمان شرقی در دسامبر ۱۹۹۳ نشان می‌دهد که در فوریه ۱۹۹۳ حدود ۷۷ درصد مردم موافق "اقتصاد مبتنی بر بازار" بودند اما تعداد موافقین در ظرف ۹ ماه به کمتر از ۳۵ درصد کاهش یافته است.

البته، این بدان معنی نیست که طبقه‌ی کارگر در این کشورهای ناقص‌الخلقه‌ی کارگری از نوعی رهبریِ آماده برای مبارزه‌ی طبقاتی برخوردار است؛ راجع به وجود یک رهبری پیشگام کمونیست که اصلاً حرفش را نزنید. تداوم رهبری کمونیست، در اینگونه کشورها، دهها سال پیش به دست دستگاه قتلِ ایجاد شده توسط استالین گسسته شد و هنوز هم احیاء نشده است. میراث ضدانقلابی استالینیسم باعث شده است که حتی پیش پا افتاده‌ترین نوع دفاع از سوسیالیسم در مقابل سرمایه‌داری به عنوان یک راه حل آگاهانه فقط از جانب عده‌ی قلیلی از کارگران و جوانان مورد حمایت قرار گیرد.

اما، همانگونه که اتفاقات پنج سال گذشته نشان داده است، فرضیه‌های مبتنی بر این که کارگران این کشورها به نوعی آدم ماشینی (روبوت)های خونگرم و آماده‌ی تولید ارزش افزوده برای جهان سرمایه‌داری تبدیل شده‌اند، مطلقاً غلط است. نه ترور استالینیستی موفق به درهم شکستن و پراکنده کردن

صفوف طبقه‌ی کارگر در این کشورها شده است و نه مشی سرمایه‌داریِ رژیم‌های جدید.

بعد از پشت سر گذاشتن دو رئیس جمهور (گورباچف و یلتسین)، تعداد زیادی نخست وزیر که بخاطر سپردن تعدادشان مشکل است و دو کودتای سرهم‌بندی شده، تنها نتیجه‌ی حاصله از تلاش‌های امپریالیسم آمریکا برای احیاء سرمایه‌داری در روسیه این بوده که شرایط اقتصادی و اجتماعی عموم مردم بحرانی‌تر شده و اوضاع اجتماعی نیز بهم ریخته است. در شرایطی که مسکو در صدد ایجاد سلطه برکشورهایی است که قبلاً جزیی از اتحاد جماهیر سوسیالیستی شوروی بوده‌اند ولی اکنون در زمره‌ی کشورهای تازه استقلال یافته هستند، چگونگی ایجاد ارتباط با کشور روسیه، کشمکش‌های جناحی را در میان اقشار صاحب امتیاز حاکم بر این کشورها تشدید می‌کند. انگیزه‌ی اشغال مناطق قابل دسترس و بهره‌برداری از منابع آن‌ها، اکنون در میان زرورق‌های شیک منقوش به لفاظی‌های ناسیونالیستی از نوع ناسیونالیسم عوام‌فریبانه‌ی یوگسلاویایی، پیچیده می‌شود. در بخش‌هایی از شوروی سابق، متناوباً جنگ‌های داخلی بروز می‌کند.

اما، کارگران شهر و روستا، چه در روسیه و چه در سایر جمهوری‌های شوروی سابق، نه به سوی چشم‌انداز احیای سرمایه‌داری جلب شده‌اند و نه به نتایج حاصل از آن تن در داده‌اند.

● واشنگتن در اکتبر ۱۹۹۳ علناً از یلتسین در مقابل تهدیدهای جناح مخالف حمایت کرد. جناحی که از اقشار صاحب امتیاز تشکیل شده است و برخی از شخصیت‌هایی که در مجلس نقش رهبری کننده داشتند آن را هدایت می‌کنند. اما، زحمتکشان روسیه این بار باور نداشتند که درگیری‌های جناحیِ بوروکرات‌ها با منافع عموم مردم مرتبط است. لذا، برخلاف اوت ۱۹۹۱ که

مردم علیه قصد برپایی کودتا بسیج شدند، این بار با بی‌توجهی از کنار آن گذشتند.

واقعیت این است که دخالت علنی ایالات متحده در امور داخلی روسیه، حساسیت مردم را برانگیخت. دخالت آمریکا عملاً یلتسین را ضربه‌پذیر کرد و به حملاتی که از جانب روند فاشیست به رهبری ولادمیر ژیرنوفسکی علیه او می‌شود اعتبار بخشید. ژیرنوفسکی بحران عمیق موجود در روسیه را مستمسک قرار داده است و با تکیه بر ناسیونالیسم روسیه‌ی بزرگ و لفاظی عوام‌فریبانه، یلتسین و سایر "اصلاح طلبان" را به عنوان همدستان زیرجلکی آمریکا که قصد دارند حق حاکمیت مردم روسیه را سلب کنند و جامعه را به سمت فقر و شکاف طبقاتی سوق دهند به مردم معرفی می‌کند. ژیرنوفسکی نه تنها بر سازمان خود، حزب لیبرال دموکرات روسیه، کنترل شدیدی اعمال می‌کند، بلکه همچنین برای آزمایش هم که باشد گروه‌هایی از جوانان موسوم به "شاهین‌های ژیرنوفسکی" را متشکل می‌کند که اونیفرم آبی با کفش سیاه و بازوبند می‌پوشند و وظیفه‌ی گروه‌های ضربت را برعهده دارند.

ژیرنوفسکی، عوام فریب ماهری است. اخیراً مصاحبه‌ای با او در یک شبکه‌ی تلویزیونی آمریکا پخش شد. وی در این مصاحبه عنوان کرد که این روزها بسیاری از شرکت‌های آمریکایی برای فروش کالاهای خود در روسیه آگهی‌های تجارتی پخش می‌کنند. او می‌افزاید آنچه مردم روسیه را آزرده‌خاطر می‌کند آگهی‌های تجارتی مربوط به کادیلاک و سایر محصولات لوکس نیست، زیرا مردم روسیه آدم‌های با کلاسی هستند. بلکه تبلیغاتی نظیر آگهی‌های تجارتی مربوط به غذای سگ و گربه، ساخت کارخانه‌های **پیورینا** است که تحملش برای مردم روسیه مشکل است. زیرا هنگامی که شرح ترکیبات مواد سازنده‌ی غذاهای سگ و گربه را می‌شنوند درمی‌یابند که پروتئین آن‌ها بیش از مقداری است که امروزه توان خرید آن را دارند. البته،

ژیرنوفسکی با مخاطبین روسی خود نیز به همین شیوه حرف می‌زند. و او بدین‌ترتیب نه‌تنها در سطح وسیعی گوش شنوا پیدا می‌کند، بلکه وسعت نفوذ کلام او بیش‌تر از آن است که "جامعه‌ی مؤدب" مایل است آن را تأیید کند.

● موضوع ژیرنوفسکی پدیده‌ای نیست که تنها مختص دولت‌های کارگری ناقص‌الخلقه یا انحطاط‌یافته که فروپاشیده‌اند باشد. همچنین، نظریه‌های پرداخته‌شده توسط منتقدین مدافع سرمایه‌داری مبتنی بر اینکه پدیده‌هایی نظیر ژیرنوفسکی و یا حاکمیت رژیم‌های استالینیست بر شوروی بعد از دهه‌ی ۱۹۲۰، تداوم "اشرافیت تاریخی" روسیه و تداوم ایوان مخوف است نیز صحیح نیست. بلکه برعکس، پدیده‌ی ژیرنوفسکی محصول بحران‌ها و شکست‌های نظام سرمایه‌داری در عصر امپریالیسم است. این پدیده یکی از محصولات نظام سرمایه‌داری است. اگر تجربیات اخیر، میلیون‌ها روسی را متقاعد نکرده بود که نظام سرمایه‌داری غرب "مایه فساد" و "دشمن نوع بشر" و مسئول پس‌رفت اوضاع اجتماعی است که سعی دارد کشورشان را مطیع خود سازد، امروزه هیچ شخصیت فاشیست مشهوری در روسیه یافت نمی‌شد.

روسیه، سایر کشورهای برجای مانده از شوروی سابق و کشورهای اروپای شرقی و مرکزی، هیچ یک در حال حرکت به سمت یک نظام باثبات دموکراتیکِ سرمایه‌داری نیستند. گرایش آن‌ها تحت فشارهای خاص گوناگون و با سرعت‌های متفاوت به سمت حاکمیت رژیم‌های بناپارتیستی است. واشنگتن به بناپارتی که بیشترین همخوانی را با اهداف سرمایه‌داران ایالات متحده داشته باشد روی خوش نشان خواهد داد و از آن در مقابل رقبایش حمایت خواهد کرد. اکنون یلتسین آرزومند تحقق این هدف است.

خاتمه‌ی جنگ سرد، نه خلع سلاح اتمی را به دنبال خواهد داشت، نه علائق مشترک در سیاست خارجی ایالات متحده و روسیه را ایجاد خواهد

کرد و نه اهداف نظامی مشترک را تحقق خواهد بخشید. هنگامیکه گورباچف حمایت شوروی را از حمله‌ی نظامی واشنگتن به عراق در سال‌های ۹۱–۱۹۹۰ اعلام کرد، انجمن‌های کمونیست سرتاسر جهان، منجمله حزب کارگران سوسیالیست ایالات متحده، اعلام کردند که دولت آمریکا هرگز قادر نخواهد بود که یکبار دیگر در آینده، برای شروع یک جنگ از حمایت بین‌المللی با چنین وسعتی برخوردار شود. زیرا، همگرایی منافع میان دولت آمریکا، رقبای امپریالیستش، انواع رژیم های سرمایه‌داری خاورمیانه و سایر کشورهای جهان سوم و بوروکراسی حاکم بر شوروی و چین، بسیار محدود، لحظه‌ای و پر از تضادهای درونی بود.

امروزه در اغلب وقایع مهم جهانی، از قتل عام خونینی که در یوگسلاوی در شرف وقوع است تا اتفاقاتی که در شبه جزیره‌ی کره در شرف تکوین است، شاهد تفکیک و واگرایی منافع در میان واشنگتن، مسکو و پکن هستیم.

منافع مسکو ایجاب می‌کند که از سلطه‌ی رژیم صرب‌ها در مناطق **بالکان** حمایت کند و لذا تمامی اهرم‌های نظامی و سیاسی خود را بکار می‌گیرد تا نگذارد که واشنگتن و رژیم‌های سرمایه‌داری اروپا مانعی در راه توسعه و گسترش مناطق تحت کنترل صرب‌ها ایجاد کنند.

در زمینه‌ی تلاش امپریالیسم آمریکا برای ادغام نیروهای نظامی لهستان، جمهوری چک و سایر رژیم‌های اروپای شرقی، در اتحادیه‌ی نظامی ناتو، شکاف موجود میان آمریکا و روسیه بیش از هر زمان دیگری مشهود است. مسکو در حالیکه می‌داند به سادگی قادر به جلوگیری از این حرکت نیست، سعی دارد آنچه از دستش برمی‌آید برای حفظ نفوذش در این منطقه بکار گیرد. ما باید صحبت‌های یلتسین درباره‌ی منافع استراتژیک روسیه در "کشورهای خارجی نزدیک" و نیز صحبت‌های وی در خصوص جوامع روس‌نشین در جمهوری‌های شوروی سابق را جدی بگیریم.

"مسابقه‌ی بزرگی" که در اواخر قرن هجده و اوایل قرن نوزده میان امپریالیسم انگلیس و رژیم تزار بر سر تصاحب سرزمین‌های گسترده در میان ترکیه، ایران و افغانستان آغاز شده بود، یکبار دیگر از سر گرفته می‌شود؛ با این تفاوت که این بار واشنگتن از لندن، که حریف اصلی روسیه است، جانبداری می‌کند. اما، اکنون رژیم‌های چین، هندوستان و پاکستان نیز وارد صحنه شده‌اند و اهمیت نقشی که تهران ایفا می‌کند بیش از هر زمان دیگری افزایش یافته است.

خلاص شدن از دست زرادخانه‌ی اتمی اساساً باعث تضعیف نظامی و سیاسی دولت روسیه خواهد شد و به همین دلیل این دولت زیر بار آن نمی‌رود. بلکه بر عکس، به رغم ابتلا به بحران عمیق اقتصادی و اجتماعی، روسیه همچنان قدرت استراتژیک اتمی خود را حفظ کرده است. به همین دلایل است که موضوع واگذاری یا تخریب سلاح‌های اتمی اوکراین، بلاروس [روسیه سفید] و قزاقستان نیز حل نشده است. حتی اگر این دولت‌ها قیمت بسیار سنگینی برای امضای موافقت‌نامه‌ی خلع سلاح اتمی درخواست کنند؛ با این حال، تحقق چنین توافق نامه‌ای می‌تواند مدت های مدیدی طول بکشد و هرگز هم عملی نشود. سلاح‌های اتمی، بخشی از معدود سلاح‌هایی هستند که این کشورهای جدا شده از شوروی سابق در دست دارند و می‌توانند آن را برای دفاع از خود در مقابل "رفقای" قدیمی‌شان در شوروی سابق و یا "رفقای" جدیدشان در دنیای سرمایه‌داری، بکار گیرند.

به این دلایل است که از جناح راستِ سیاستمداران سرمایه‌داری ایالات متحده، از پاتریک بوکانون گرفته تا اولیور نورث و سایر اعضای کنگره، این زمزمه به گوش می‌رسد: دولت آمریکا باید واقف باشد که میان واشنگتن و مسکو در زمینه‌ی سیاست خارجی و امور نظامی، هیچگونه چشم‌انداز همگرایی واقعی وجود خارجی ندارد. این یک واقعیت است. اما، در هر حال

اکثریت هیأت حاکمه‌ی ایالات متحده می‌دانند که هیچ‌گونه راه حل بهتری برای سرپوش‌گذاری بر مسائل روسیه و کنترل توده‌های مردم آن وجود ندارد و بهترین راه همان حمایت از رژیم یلتسین است.

البته این حمایت‌ها بدین معنی نیست که میلیاردها دلار کمک مالی وعده داده شده به روسیه پرداخت خواهد شد و آمریکا و سایر کشورهای امپریالیستی در آن کشور سرمایه‌گذاری خواهند کرد.

۵

فاشیسم و جنگ

سازی که ژیرنوفسکی می‌نوازد، با ارکستر نیروهای ماورای راست در آلمان، ایتالیا، اتریش، فرانسه و انگلستان همنواز است. او، در طی سفرهای خود به اروپای غربی، دوشادوش رهبران تشکیلات فاشیست کشورهای مختلف در ملأعام ظاهر شده است. از همه مهم‌تر اینکه سرچشمه‌ی حیات جنبش فاشیسم در همه جا شرایط اقتصادی، اجتماعی و سیاسی موجود است که ساخته و پرداخته‌ی نظام رو به زوال سرمایه‌داری است.

باید یک واقعیت سیاسی را جدی بگیریم: اینکه بعد از سال ۱۹۴۵، اکنون برای اولین بار در ایتالیا، که یک کشور بزرگ سرمایه‌داری است، حزبی فاشیست در رأس قدرت قرار گرفته است. رسانه‌های تجاری بزرگ به **جبهه‌ی ملی ایتالیا** (که قبلاً *جنبش اجتماعی ایتالیا* نامیده می‌شد) جسته و گریخته لقب "نئوفاشیست" می‌دهند. می‌توانید در صورت مشاهده‌ی واژه‌ی "نئو" در روزنامه‌های تجاری بزرگ، به عنوان یک قاعده‌ی کلی، با اطمینان روی آن خط بکشید. منظور آن‌ها این است که "قدری خجالت‌زده هستند". اما "نئو" به سادگی همان معنی "نیو [جدید]" را می‌دهد. حال آنکه شرایط سیاسی و

اقتصادی که فاشیست‌های امروزی زاده‌ی آن هستند از همان قماش دیروزی است.

جنبش اجتماعی ایتالیا یک حزب ***فاشیست*** است و در حال حاضر وزرایش در یک دولت عضو ***ناتو*** و ***اتحادیه‌ی اروپا*** حضور دارند. رهبران این حزب صراحتاً موسولینی را ستایش می‌کنند و خواستار احیای جلال و جبروتی هستند که روزگاری کشور ایتالیا برای مقابله با آمریکا، آلمان، اسلاوها و کرووات‌ها، مهاجرین، همجنس‌گرایان، یهودیان، اتحادیه‌های کارگری، کمونیست‌ها و در یک کلام تمام "پلیدی‌هایی" که به دلیل وجود دموکراسی و آزادمنشی به سرزمین ***رم*** و ***رمی‌ها*** نفوذ کرده‌اند، از آن برخوردار بود.

آنچه در خصوص ***پاتریک بوکانون*** و سایر سخنگویان جنبش‌های نوپای فاشیستی ایالات متحده متذکر شده‌ایم درباره‌ی ماهیت حرکت‌های مشابه در سایر کشورهای امپریالیستی نیز به قوت خود باقی است. همزمان با افزایش بی‌ثباتی در نظام سرمایه‌داری و همگام با رشد احساس عدم امنیت در زندگی روزمره‌ی میلیون‌ها انسان، که ریشه در نوسانات دائمی اوضاع این نظام دارد، تنش‌های اجتماعی تلمبار می‌شود، قطب‌بندی طبقاتی عمیق‌تر می‌گردد و تعصب طبقاتی عریان‌تر می‌شود. در چنین اوضاعی در وهله‌ی اول افراطی‌های دست راستی رشد خواهند کرد و نه جنبش انقلابی کارگری. زیرا، دست راستی‌ها در سیاست‌گذاری‌های سرمایه‌داری و نهادهای این نظام، جای پای محکمی دارند. ماوراء راست‌ها از درون سیاست‌های سرمایه‌داری سربرمی‌آورند، حال آنکه شرط لازم برای جلب شدن به سیاست‌های طبقه‌ی کارگر، بطور ریشه‌ای بریدن از قیمومیت سیاسی سرمایه‌داران است. سیاست سرمایه‌داری تنها سیاستی است که رهبری گمراه کننده‌ی کنونی جنبش کارگری با آن آشناست، رهبرانی که بافت طبقاتی‌شان از نوع طبقه‌ی متوسط

است.

نیروهای دست راستی در میان اقشاری از طبقه‌ی متوسط، که بی‌جهت وحشت‌زده شده است، گوش شنوا پیدا خواهند کرد. آنان عقاید ناسیونالیستی و سایر تفکرات غیر منطقی و ارتجاعی خود را آنچنان در زرورق‌های عامه‌پسند و حتی ضدسرمایه‌داری می‌پیچند که بخشی از طبقه‌ی کارگر که شناخت طبقاتی خود را از دست داده است و نیز بخش‌هایی از این طبقه را که مرفه‌تر است گمراه و به صفوف خود جلب می‌کند. جناح‌هایی از جنبش‌های فاشیستی از یک سو فعالیت‌های خود را از درون احزاب سرمایه‌داری سنتی متشکل می‌کنند و یا با جناح‌های دیگری از این احزاب ائتلاف می‌کنند و از سوی دیگر گروه‌های ضربت خود را به خیابان‌ها می‌فرستند تا خارجی‌ها و مهاجران را مرعوب کنند، صفوف اعتراض کارگران اعتصابی را از هم بپاشند و به جلسات و تظاهرات سازمان‌های کارگری و اعتراضات اجتماعی حمله کنند (و آن دسته از سیاستمداران دست راستی سرمایه‌داری را که هنوز "پایبند قانون" هستند، مرعوب سازند). ترور فاشیستی، شبیه آنچه فی‌الواقع در آلمان و نقاطی دیگر شاهد آن هستیم، ابتدا با عملیات جزئی آغاز می شود؛ سپس با گذشت زمان اهداف از پیش تعیین شده‌ای را از میان صفوف اتحادیه‌های کارگری برای حملات خود برمی‌گزینند. اما، به تدریج که بخش‌هایی از جنبش کارگری برای دفاع از کارگران و متحدینشان دست همبستگی به سوی یکدیگر می‌گشایند، ابعاد صحنه‌ی کارزار وسیع‌تر خواهد گشت.

برخلاف آنچه مبلغین سرمایه‌داری ادعا می‌کنند، سرمایه‌داری و دموکراسی یکسان نیستند و وجود یکی دال بر حضور دیگری نیست. حقیقت امر چیز دیگری است. در شرایطی که بحران اقتصادی در پهنه‌ی جهان سرمایه‌داری حرکتی فراگیر دارد، دموکراسی سرمایه‌داری یعنی نظام حاکم بر اروپا، آمریکای شمالی، آسیا و کشورهای اقیانوس آرام به سمت گسترش دامنه‌ی

دموکراسی حرکت نمی‌کنند، بلکه به سوی محدودتر کردن حقوق دموکراتیک، به سوی برقراری نظام حکومتی ب‌ــــــــناپارتیستی و به سوی رشد روزافزون فاشیسم گام برمی‌دارند. اکنون بیش از یک قرن از آن زمان می‌گذرد که مارکس و انگلس اعلام کردند که، در دوران بحران‌ها، ب‌ــــــــناپارتیسم به عنوان "مذهب سرمایه‌داری مدرن" قدعلم می‌کند.(۲۲)

ممکن است که این مقطع از تاریخ سرمایه‌داری برای ظهور بیسمارک‌های جدید در جهان نیمه مستعمره خیلی دیر باشد، اما برای ظهور هیتلرها و موسولینی‌های جدید دیر نشده است. قد برافراشتن آنان به عنوان سران جنبش‌های فاشیست در آمریکای شمالی، اروپا، ژاپن، زلاندنو و استرالیا غیرقابل اجتناب است. اما، اینکه آنان فاتح و ظفرمند شوند امری قابل اجتناب است. گرچه جنبش طبقه-کارگری، به عنوان حرکتی آگاه به منافع طبقاتی خود، اولین جریانی نیست که رشد خواهد کرد، اما همگام با حرکت طلیعه‌داران‌اش به سمت سازماندهی طبقه‌ی ما برای مقابله با خسارات فاجعه آمیزی که مجبوریم در قبال هرچه عمیق‌تر شدن بحران سرمایه‌داری بپردازیم، صفوف این جنبش نیز عریض و طویل‌تر خواهد گشت. سرنوشت بشریت در صحنه‌ی کارزار میان صفوف این نیروهای طبقاتی متخاصم در ایالات متحده و سایر نقاط جهان تعیین خواهد شد.

شکی نیست که کارگران کمونیست از این موضوع آگاه‌اند که دموکراسی سرمایه‌داری، هرگز به تمام و کمال، دموکراتیک نبوده است. البته، اینجا ما نمی‌خواهیم صرفاً توضیح واضحات داده باشیم. بلکه هدف این است که درک صحیحی از چگونگی تکامل سرمایه‌داری پیدا کنیم و دریابیم که این نظام در مقطع خاص کنونی در چه وضعیتی بسر می‌برد. توسعه‌ی سرمایه‌داری که بعد از جنگ جهانی دوم برای مدتی طولانی دوام داشت، مسبب آن شد که حقوق دموکراتیک و نهادهای دموکراسی سرمایه‌داری حفظ و نگهداری شوند و لذا

شرایطی ایجاد شد که جنبش کارگری و اعتراضات اجتماعی توانستند در چارچوب آن به فعالیت بپردازند و دست‌آوردهایی کسب کنند. زحمتکشان و جوانان مجبور شده‌اند که علیه خفقان، پاپوش دوزی‌های پلیس علیه فعالین سیاسی و اتحادیه‌های کارگری، حملات نژادپرستانه و سایر تلاش‌های دولت‌ها برای به عقب راندن این دست آوردها مبارزه کنند. اما، می‌توان چنین جمع‌بندی کرد که دامنه‌ی این حقوق در اثر مبارزات چند دهه‌ی گذشته گسترش یافته است، نه اینکه به عقب رانده شده باشد.

رژیم ***بناپارتیستی*** ژنرال دوگل که در اواخر دهه‌ی ۱۹۵۰ در فرانسه به قدرت رسید، رژیم نظامی-پلیسی ژنرال فرانسیسکو فرانکو که از طریق پیروزی فاشیسم در اسپانیا در اواخر ۱۹۳۰ به مسند قدرت نشست و رژیم دیکتاتوری نظامی که در سایه‌ی نفوذ فرانکو از اوایل دهه‌ی ۱۹۳۰ در پرتقال براریکه‌ی قدرت تکیه زد، جملگی در اواخر دهه‌ی ۱۹۶۰ و اوایل دهه‌ی ۱۹۷۰ مزه‌ی تلخ شکست را چشیدند و خلع‌ید شدند؛ و این تحولات حاصل خیزش مبارزات ضداستعماری، رادیکال و سیاسی شدن کارگران و جوانان در کشورهای امپریالیستی بود. (الگوی پیش برده شده در کشورهای ضعیف‌تر سرمایه‌داری در جهان سوم بعد از جنگ جهانی دوم افت و خیزهای بیشتری داشته است اما، در اینجا فعلاً بررسی تنش‌های طبقاتی و قطب‌بندی سیاسی در کشورهای امپریالیستی مد نظر است).

همزمان با گسترش دامنه‌ی دموکراسی سرمایه‌داری بعد از جنگ جهانی دوم، قدرت رو به فزونی قوه‌ی مجریه در ایالات متحده و سایر کشورهای امپریالیستی تقویت شده و گرایش‌های بناپارتیستی این حکومت‌ها افزایش یافته است؛ بنحوی که تهدیدی علیه آزادی‌های سیاسی، که یقیناً در حال رشد است، محسوب می‌شود، هرچند که رشد نسبتاً کندی داشته باشد.(۲۳)

اما، آنچه امروزه در کشورهای امپریالیستی شاهد هستیم از یک تغییر

اساسی نسبت به آنچه اکثریت زحمتکشان، منجمله خود ما، در طول حیاتمان تجربه کرده‌ایم خبر می‌دهد. قطب‌بندی سیاسی و فعالیت‌های عوام فریبانه‌ی ماوراء راست‌ها در کشورهای امپریالیستی در حال گسترش است.

همزمان با رشد مقاومت طبقه‌ـ‌کارگری در مقابل تهاجم سرمایه‌داران، دارو دسته‌های رو به رشد فاشیست به خیابان‌ها خواهند ریخت تا به کارگرانی که در اعتصاب بسر می‌برند، به جلسات اتحادیه‌های کارگری و به تظاهرات معترضین به شرایط نابسامان اجتماعی، حمله کنند. نیروهای ماوراء راست بیش از پیش به قدرت حکومتی دست خواهند یافت، همانگونه که امروزه در ایتالیا شاهد آن هستیم. سرعت حرکت تاریخ، که همان سرعت حرکت تضادهای طبقاتی است، افزایش خواهد یافت.

مستهجن کردن سیاست

جنبش کارگری هم توان آن را دارد و هم موظف است که برای بسط حقوق دموکراتیک، هنگامی که توسط جنبش‌های دست راستی و دولت سرمایه‌داری تحت حمله قرار می‌گیرد، مبارزه کند. بسیج اقشار هرچه وسیعتری از مردم برای حضور در صحنه‌ی مبارزه و سازماندهی مخالفان علیه روندهای رو به رشد فاشیست، بخشی از فرایندی است که زمینه را برای پرورش طلیعه داران کمونیست جنبش کارگری میسر می‌سازد.

در چنین مقاطعی از زمان ـ هنگامی که بحران‌های اجتماعی سرمایه‌داری در حال عمیق‌تر شدن است، اما هنوز یک رهبری کمونیست از میان صفوف مبارزات رو به گسترش کارگران قد علم نکرده است ـ عوام‌فریبان نه تنها در میان صفوف طبقه‌ی متوسط، بلکه حتی در جنبش کارگری نیز گوش شنوا پیدا می‌کنند. اگر هیچگونه راه حلی برای مشکلات خانمانسوز، که افول نظام سرمایه‌داری و دموکراسی لیبرال منشانه ایجاد کرده است، در سطح وسیعی

میان توده‌های مردم ارائه نگردد، تعداد روزافزونی از مردم به سوی راه‌حل‌های رادیکال، "قاطع" و "مردم پسند" جلب می‌شوند؛ بدون اینکه توجه داشته باشند که این "راه حل‌ها" در نهایت تا چه حد ارزش علمی دارد و نتایج حاصل از آن‌ها از نظر طبقاتی به کجا می‌انجامد. تعداد روزافزونی از مردم نسبت به عقاید سست و پوشالی، تئوری‌های توطئه و تفکرات ارتجاعی متنوعی که وانمود می‌کنند می‌خواهند توضیح دهند که چرا جامعه گریبانگیر بحرانی روز افزون شده است و چگونه باید "نظم را مجدداً برقرار کرد"، گوش شنوا پیدا می کنند.

ما کارگران کمونیست باید از این زاویه به مسایل بنگریم و بر این مبنا به شایعات پخش شده درباره‌ی مسائل جنسی، مالی و خانوادگی اعضای هیأت حاکمه‌های کشورهای امپریالیستی واکنش نشان دهیم، مواضع خود را تشریح کنیم و از دیدگاه سیاسی به توضیح آن‌ها بپردازیم. تیترهای بزرگی از جراید به افشاگری ویلیام کلینتون، رئیس جمهورآمریکا و همسرش هیلاری کلینتون، پرنس چارلز، اعضای پارلمان و وزرای کابینه‌ی دولت انگلستان، سیاستمداران صاحب‌نام آلمان، ایتالیا، اسپانیا و سایر کشورها اختصاص می‌یابد.

علت اینکه امروزه شخصیت‌های سیاسی بیش از پیش در مقابل شایعات ضربه‌پذیر به نظر می‌رسند این نیست که اینگونه اعمال در میان اعضای دوایر هیأت حاکمه پدیده‌ای جدید است و در تاریخ سرمایه‌داری و یا تاریخ جامعه‌ی طبقاتی سابقه ندارد. حقایق مربوط به شهوت رانی، فسق و فجور و یا کلاً درخصوص رفتار زننده کلینتون، هرچه که باشد، بدون شک درمیان رؤسای جمهور ایالات متحده، حتی در مقایسه با رئیس جمهورهایی نظیر فرانکلین روزولت که لیبرال ها از وی یک بت ساخته‌اند، بی سابقه نیست (جان کندی که جای خود دارد). هیچ یک از اسراری که امروزه از زندگی خصوصی خانواده‌ی سلطنتی انگلستان به بیرون درز می‌کند در مقایسه با

زندگی شاه هِنری هشتم در چهارصد سال پیش و جانشین‌هایش، چه مرد و چه زن، بدتر نیست. علت اینکه امروزه این شخصیت‌ها **ضربه‌پذیرتر شده‌اند** چیزی نیست مگر افزایش بی‌ثباتی نظم جهانی امپریالیسم و گسترش روزافزون بی‌اعتمادی نسبت به این نظام و گردانندگان آن که خود را به شکل‌های گوناگونی جلوه می‌دهد و عریان می‌سازد.

البته، بیشتر کارگران، به حق، از دورویی، تظاهر، زاهدنمایی و موعظه‌های سیاستمداران هر دو حزب [دموکرات و جمهوریخواه] متنفرند. ما از دلایل "بشردوستانه"ای که این دو حزب برای توجیه خشونت‌هایِ تحقیرآمیزِ اجتماعی و نژادپرستی بخورد ما می‌دهند متنفریم. ما از اینکه برخی نویسندگان بیسواد و جیره خوار طبقه‌ی انگل صفت، بخش‌های مهمی از طبقه‌ی ما را تنبل و سهل‌انگار خطاب می‌کنند بیزاریم. عوامفریبی سیاستمداران دو حزب حاکم در زمینه‌ی محکوم کردن "زیاده طلبیِ دهه‌ی ۱۹۸۰" حال ما را بهم می‌زند، چون می‌دانیم که خودشان نیز فعالانه در آن شرکت کرده و از آن رفتارهای سودجویانه بهره برده‌اند.

● اما، طلیعه داران طبقه‌ی کارگر نباید در این دام گرفتار آیند که "افشای" هرزگی و فساد سیاستمداران سرمایه‌داری به جنبش کارگری کمک خواهد کرد. این کار، به دنبال نخود سیاه رفتن است. اشکال سرمایه‌داران و نمایندگان سیاسی‌شان این نیست که افرادی دو رو هستند و معیارهای اخلاقی را قبول ندارند. شایعه‌سازی، تلاشی است برای تشدید هراس طبقات متوسط و سوء استفاده از آن و کوششی است برای کشاندن کارگران به همراه طبقه‌ی در حال زوال [سرمایه‌داران] به درون باتلاق بدبینی و انزجار و حسادت شهوانی. اینگونه کارها از درون سیاست‌های سرمایه‌داری سازمان داده می‌شود و معرکه‌گردان آن نیز جناح راست افراطی است.

این کار، که می‌توانیم آن را "مستهجن کردن سیاست" بنامیم، قسمتی از سیاست ایجاد نارضایتی است که سودش نصیب سیاستمداران راست افراطی می‌شود، نه طبقه‌ی کارگر. عوامفریبانی نظیر بوکانون هستند که پرچم مبارزه با ""تهاجم فرهنگی" و "تهاجم علیه مذهب" را بلند کرده‌اند و مدعی مبارزه علیه انحطاط "صاحبان قدرت" هستند و الگوی بدی برای طبقه‌ی کارگر بجای می‌گذارند. این روش در دهه‌ی ۱۹۲۰ و اوایل دهه‌ی ۱۹۳۰ مهمات زرادخانه‌ی تبلیغاتی نازی ها را تأمین می‌کرد که مدعی مبارزه علیه "پلشتی‌ها" و "انحطاط" حکومتِ وایمار، احزاب سرمایه‌داری، سیاستمداران و منتفعین مالی‌اش بودند. این روشی بود که نازی‌ها بکار می‌گرفتند تا شرایط اقتصادی و اجتماعی مأیوس کننده‌ی آلمان را برای کسبه و سایر اقشار متوسط، زنان خانه‌دار شهرها و زنان روستاها و نیز اقشاری از کارگران تشریح کنند.

از نقطه نظر منافع طبقه‌ی کارگر، صلاح در این است که کارگران اصلاً راجع به روابط جنسی کلینتون یا کندی یا پرنس چارلز، یا هر شخصیت معروف دیگری، هیچگونه اهمیتی قایل نشوند. توجه به اینگونه مسایل، قدم گذاشتن به بیراهه‌ایست که جز ایجاد احساس رخوت و سستی، ثمره‌ی دیگری ببار نمی‌آورد. زمانی که مبارزات طبقاتی اوج بگیرد، اینگونه موانع از سر راه کنار گذاشته خواهد شد.

آنچه طبقه‌ی کارگر بدان نیازمند است، افشاگری سیاستمداران سرمایه‌داری و برملا کردن ضعف‌های شخصی‌شان نیست. بلکه، ما نیازمند آنیم که بتوانیم از نظر سیاسی توضیح دهیم چرا طبقه‌ی کارگر با طبقه‌ای که اینگونه سیاستمداران سخنگوی آن هستند هیچگونه منافع و علایق مشترکی ندارد. ما باید هرگونه سوءاستفاده‌ی آنان از قدرت، چه به صورت شخصیت حقیقی و یا حقوقی را برملا کنیم. نظیر افشاء شدن قضیه "وایت واتر"[1] که نشان داد چگونه بیل

1- White Water

کلینتون و همسرش هیلاری کلینتون از امکانات استانداری ایالت آرکانزاس برای ثروتمند شدن خود سوء استفاده کردند و از منافع شرکت‌های بزرگ به قیمت اعمال فشار بیشتر بر زحمتکشان و اتحادیه‌های کارگری دفاع کردند و سپس در کاخ سفید از قدرت خود برای سرپوش گذاردن بر کارهای خلاف قبلی خود سوء استفاده کردند. ما نیازمند آنیم که درک طبقاتی از سیاست را ارتقاء دهیم و کمک کنیم تا طبقه‌ی ما یک سازمان سیاسی کارگری و مستقل را بنا کند که توان رهبری مبارزات برای پیشبرد یک برنامه‌ی اجتماعی و سیاسی را دارا باشد و بتواند دفاع از منافع ستمدیدگان و استثمارشدگان را بر عهده بگیرد.

تا زمانی که مقاومت کارگران به مرحله‌ای برسد که کارگران به تدریج درس‌های فراگرفته از مبارزات حاد خود را به هم ربط دهند و به صفوف یک حزب کمونیست بپیوندند، بینش فلسفی طبقه‌ی حاکم (شامل زبان چرب و نرمش و اخلاقیات رسمی ریاکارانه‌اش) همچنان شکل‌دهنده‌ی عقاید و معیارهای اخلاقی طبقه‌ی کارگر خواهد بود؛ به استثناء جمع کوچکی از کارگران که طلیعه‌داران‌اش این طبقه هستند. اما، کمونیست‌ها و سایر کارگران متفکر باید همواره تلاش کنند که طبقه‌ی ما و سازمان هایش برمبنای اخلاقیات بسیار والایی حرکت کنند و خط مشی خود را آنگونه تدوین کنند که معیارهایشان مستقل از سرمایه‌داران تنظیم گردد. در غیراینصورت، سرمایه‌داران دیدگاه های اجتماعی مردم را شکل خواهند داد و اقشار طبقه‌ی متوسط را نیز به دنبال خود خواهند کشید. ما، در جنبش کارگری، باید **معیارهای** اخلاقی خود را به صورت دستجمعی تعیین و آن را از **تجربیات سیاسی** طبقه‌ی کارگر استخراج کنیم.

در جهان امروزی، عمیق‌تر شدن قطب‌بندی سیاسی غیرقابل اجتناب است. البته، این بدین معنا نیست که دست‌آوردهایی که طبقه‌ی ما از طریق ده‌ها سال

مبارزه کسب کرده است محکوم به فناست. جنبش کارگری باید ابتکار عمل را در دفاع از هر وجب از سنگرهایی که طبقه‌ی ما و یارانش در گذشته تسخیر کرده‌اند در دست بگیرد.

برای مثال، کارگران طلیعه‌دار از این واقعیت تاریخی که در ایالات متحده ضدیت با کلیمیان کاهش یافته است و همچنان در میان کارگران نژادهای گوناگون در حال کاهش است، خشنودند. ما، در عین حال، بر این امر واقفیم که جنبش‌های دست راستی در حال رشد هستند و گسترش کشمکش‌های طبقاتی می‌تواند ناگهان به فعالیت‌های ضد یهود نیرو ببخشد. در چنین شرایطی، سرمایه‌داران، که افکار عمومی را شکل می‌دهند، قادر خواهند بود که یهود ستیزی را در میان طیف وسیع‌تری از طبقات ناراضی رواج دهند و اقشار وسیع‌تری از مردم را نیز به سمت خود جلب کنند. این امر تأکیدی است بر اهمیت هشدارهای کارگران کمونیست به همقطارانشان مبنی بر اینکه تبلیغات ضدیهودیت، دامی مرگ‌آور برای طبقه‌ی کارگر است. ما باید توضیح دهیم که ضدیت با قوم یهود برمبنای دروغ‌های شرم‌آوری استوار است و اینکه چرا جنبش کارگری نه تنها باید با آن مخالفت کند، بلکه باید در بسیج مردم علیه اشاعه‌ی چنین دیدگاه‌های کور و متعصب، بدون توجه به سرمنشأ آن، ابتکار عمل را در دست داشته باشد.

جنبش کارگری باید در رأس مبارزاتی قرار گیرد که برای دفاع از دست‌آوردهای پیشین انجام می‌شود: حق تقدم سیاه‌پوستان و زنان در تحصیل و استخدام، حق کنترل زنان بر بدنشان و سایر دست‌آوردهای حاصل در زمینه‌ی کسب حقوق مساوی برای زنان، دفاع از حذف تفکیک نژادی از مراکز آموزشی و طیف وسیعی از سایر حقوق دموکراتیک و آزادی‌های سیاسی. لیبرال‌ها و رادیکال‌های طبقه‌ی متوسط، به رغم اینکه اعتقادات سیاسی‌شان چه باشد و از چه ملیتی باشند، از ترس اینکه جنبش در حال رشد فاشیسم چه

به روز مردم خواهد آورد به خود می‌لرزند. این اقشار، به رغم علایقشان به دموکراسی، در دفاع از حقوق دموکراتیک بی‌نهایت عاجزند. اما، چنانچه طبقه‌ی کارگر مقاومت شایسته‌ای از خود نشان دهد و در طی این مبارزات یک رهبری کمونیست را تقویت بخشد، هیچ‌یک از حملات دست‌راستی‌ها منجر به پیروزی‌شان نخواهد شد.

فاشیسم، بناپارتیسم و جنگ امپریالیستی

در طی چند سال اخیر، ظهور سریع روندهای جدی فاشیست و بناپارتیست در صحنه‌ی سیاسی کشورهای سرمایه‌داری، شرایطی را مهیا کرده است که وقوع جنگ میان قدرت‌های امپریالیستی آمریکای شمالی، اروپا و آسیا را یک‌بار دیگر ممکن می‌سازد. هر یک از این قدرت‌ها ممکن است در یک طرف جنگ صف‌بندی کنند و یا از یک صف به صف مقابل بپیوندند. این تغییر و تحولات، با توجه به خطری که برای نوع بشر به همراه دارد، موضوعی است که چندین نسل قبلی کارگران متفکر وقوع آن را غیرممکن می‌انگاشتند و این پدیده برای مدت نیم قرن در افق دیدشان ظاهر نشده بود.

جنبش کمونیستی در اواخر سال ۱۹۹۰ و اوایل ۱۹۹۱ تشریح این نکته‌ی مستتر در منطق تاریخیِ نظام جهانی سرمایه‌داری را آغاز کرد. در آن زمان، که واشنگتن حمله نظامی به عراق را شروع کرده بود، بسیاری از تضادهای رو به رشد موجود در میان متحدین نظامی آمریکا، برملا گردید. از آن تاریخ، تاکنون شاهد چندین حرکت مهم در این راستا بوده‌ایم: نامزدی پاتریک بوکانون و *راس پروت* در انتخابات ریاست جمهوری آمریکا در سال ۱۹۹۲، ورود یک حزب فاشیست در حکومت جدید ایتالیا، و رشد رفتار خشونت‌آمیز باندهای فاشیست علیه مهاجران در آلمان. این وقایع و سایر تغییر و تحولات انجام یافته در کشورهای امپریالیستی می‌تواند به ما کمک کند تا دقیق‌تر به مسیری

بنگریم که انتهای آن به جنگ جهانی سوم ختم می‌شود و "شلیک اولین توپ‌هایش" در جنگ خلیج فارس قابل تشخیص بود.(۲۴)

هم اکنون اولین جنگ اروپایی، پس از جنگ جهانی دوم، در یوگسلاوی ادامه دارد و سه سال از شروع آن می‌گذرد. نه تنها در این جنگ سلاح‌های مدرن به کار گرفته می‌شود، بلکه کاربرد اصلی آن در عرصه‌ی جنگ نظامی نبوده است بلکه اساساً برای قتل عام شهروندان غیرنظامی بکار می‌رود. این کار، تداوم بمباران‌های رعب‌آوری است که در طول جنگ جهانی دوم به عنوان یک روشِ تثبیت شده‌ی جنگ سرمایه‌داری درتمامی جبهه‌ها به شکل عرف درآمد؛ از جمله بمباران شهرهای *درسدن*، توکیو، هیروشیما و ناکازاکی که به دست کشورهای "متفقین دموکرات" انجام گرفت. صحنه‌ی جنگِ یوگسلاوی به منطقه‌ی مناسب برای دخالت وسیع امپریالیست‌ها تبدیل شده است. این دخالت نظامی توسط پیمان نظامی ناتو، که تحت سلطه‌ی آمریکاست، و تحت لوای سازمان ملل انجام می‌گیرد. به علاوه، تا زمانی که این درگیری ادامه داشته باشد، ناحیه‌ی بالکان را خطر بالقوه‌ی وقوع یک جنگ سراسری تهدید می‌کند.

دولت سوسیال دموکرات یونان جمهوری محاصره شده‌ی *مقدونیه*[1] را، که بخشی از یوگسلاوی بوده است، تحریم اقتصادی کرده و واشنگتن نیز یک نیروی نظامی ۳۰۰ نفره در آنجا مستقر کرده است.(۲۵) دولت یونان از پهلو گرفتن کشتی‌های متعلق به *اتــحادیه کشورهای اروپـایی* و ناتو، در ساحل تسالونیکی[2] جلوگیری کرده است. یونان همچنین مانع عبور کامیون‌ها از مرز این کشور به‌سوی *مقدونیه* شده است. در حال حاضر، یونان ریاست *اتحادیه‌ی اروپا* را برعهده دارد که یک مسئولیت نوبتی است. لازم به تذکر است که سایر اعضای این اتحادیه مخالف تحریم اقتصادی مقدونیه هستند و آتن را برای

1- Macedonia   2- Thessaloniki

خاتمه‌ی آن تحت فشار قرار داده‌اند. سرمایه‌داران یونانی و نمایندگان سیاسی‌شان، که طیفی از احزاب سیاسی را تشکیل می‌دهند، سعی دارند احساسات ناسیونالیستی مردم را تحریک کنند و بدین‌وسیله حرکت‌هایی را که به منظور تثبیت خود به عنوان نیروی امپریالیستیِ مسلط بر منطقه‌ی بالکان انجام می‌دهند توجیه کنند؛ اقداماتی که در رقابت با نیروهای قدرتمندتر اروپایی و آمریکای شمالی انجام می‌گیرد. آتن، همچنین در گیرودار این درگیری‌ها فشار خود علیه آلبانی را شدت بخشیده است.

قصد این نیست که گفته شود درگیری‌های منطقه‌ی بالکان در طی چند ماه آینده به یک درگیری نظامی در میان قدرت‌های امپریالیستی عضو ناتو می‌انجامد. اما باید به این حقیقت واقف باشیم که تا همین چند سال پیش حتی احتمال وقوع یک‌چنین درگیری نیز غیرقابل تصور به نظر می‌رسید.(۲۶)

البته، هنگامی که درباره‌ی چشم‌انداز حرکت جدید امپریالیسم به سوی یک جنگ بین‌المللی سخن می‌گوییم، اساساً درگیری‌های نظامی از نوع آنچه در بالکان در شرف وقوع است، مد نظر نیست. منظور این نیست که در میان آن‌دسته از کشورهای امپریالیستی که توسط حکومت‌های نسبتاً دموکراتیکِ سرمایه‌داری گردانده می‌شوند، یک جنگ جهانی به وقوع خواهد پیوست. در شرایط کنونی، احتمال وقوع چنین جنگی خیلی کم است. بلکه، مقصود این است که ادامه‌ی روندِ تشدید بحران‌های اقتصادی، اجتماعی و سیاسی نظام امپریالیستی، چنین منطقی را به دنبال خواهد داشت.

● وقایعی که در سال ۱۹۳۹ به دومین قتل عام امپریالیستی منجر شد، رابطه‌ی تنگاتنگی با بحران‌های اقتصادی، اجتماعی و سیاسی در سطح جهان داشت. بحرانی که به شکست طبقه‌ی کارگر و پیروزی جنبش‌های فاشیستی، منجر شد و پیروزی فاشیست‌ها به نوبه‌ی خود به رژیم‌های نظامی ـ پلیسی ایتالیا، آلمان

و اسپانیا نیرو بخشید. تثبیت رژیم امپراتوری در ژاپن و رشد جنبش فاشیستی در ایالات متحده آمریکا و سایر کشورهای برخوردار از دموکراسیِ امپریالیستی در دهه‌ی ۱۹۳۰ نیز از همان بحران‌های نظام سرمایه‌داری نشأت می‌گرفت. در ابتدای قرن حاضر، جنگ جهانی اول را کشورهای بحران زده‌ای به راه انداختند که میراث خوار نظام‌هایِ ماقبل سرمایه‌داری و ماقبل بناپارتیسم و فاشیسم بودند و در هر دو جبهه‌ی جنگ حضور داشتند؛ نظیر امپراتوری فئودال ـ سرمایه‌دار قیصر در آلمان، خاندان سلطنتی هاپزبورگ[1] در اتریش، خاندان تزار در روسیه و امپراطوری عثمانی در ترکیه.

در اثر افزایش تضادهای اجتماعی در کشورهای امپریالیستی، گرایش‌های متمایل به حکومت بناپارتیستی رشد خواهد کرد و تمایل به افزایش قدرت قوه‌ی مجریه شتاب بیشتری خواهد یافت. رژیم‌های ناسیونالیست افراطی، جنگ‌طلب و نژادپرست، یکی پس از دیگری در کشورهای مختلف قدرت را در دست خواهند گرفت. دست راستی‌ها و جنبش‌های علناً فاشیست، سهم بیشتری از سیاستگزاری‌های سرمایه‌داری را به چنگ خواهند آورد. لذا، چنانچه جنبش کارگری قابلیت سازماندهی یک روند پیشتاز کمونیست را در کشورهای امپریالیستی نداشته باشد و نتواند انقلاب‌های ضد سرمایه‌داری را به پیروزی برساند، آنگاه جنگ در میان سرمایه‌دارانِ امپریالیستِ رو به زوال در خواهد گرفت؛ همانگونه که در طول ۸۰ سال گذشته دوبار اتفاق افتاده است.

البته، منظور این نیست که کشورهای برخوردار از دموکراسی امپریالیستی نیز علیه رقبای امپریالیستشان جنگ افروزی نخواهند کرد. در قرن حاضر حکومت‌های برخوردار از قدرتمندترین نوع دموکراسی امپریالیستی، مسئولیت تعیین کننده‌ای در به راه انداختن جنگ‌های اول و دوم جهانی بر عهده داشته‌اند. برای مثال، در دهه‌ی ۱۹۳۰ حکام ایالات متحده مصمم بودند که از

1- Hapsburg

حوزه‌ی نفوذ خود در منطقه‌ی اقیانوس آرام در مقابل ژاپن به عنوان یک رقیب دفاع کنند و حتی حیطه‌ی آن را گسترش دهند. فشاری که واشنگتن در دهه‌ی ۱۹۳۰ از طریق جلوگیری از ارسال نفت به ژاپن وارد آورد، عملاً وقوع جنگ بین این دو کشور را غیرقابل اجتناب کرد. در عین حال، در دهه‌ی ۱۹۳۰ در ژاپن یک رژیم امپراتوری از طریق درهم شکستن جنبش کارگری، که در پرتو پیروزی انقلاب روسیه در اکتبر ۱۹۱۷ قدرتی برهم زده بود، تثبیت گردید. شکست جنبش کارگری و تثبیت امپراطوری ژاپن، پیش شرط عملی ساختن برنامه‌ی توسعه‌طلبانه‌ی توکیو در آسیا و حمله به *پرل هاربر*[1] را فراهم آورد.

در دوران پس از جنگ جهانی اول، کشورهای امپریالیستی ایالات متحده، انگلستان و فرانسه نیز با آلمان چنان برخورد غارتگرانه‌ای روا داشتند که منجر به محرومیت بسیار شدید مردم آن کشور شد. نتیجتاً تنفر مردم آلمان به نحوی برانگیخته شد که یک جنبش فاشیستی را پرورش داد و آتشی را برافروخت که در اواخر دهه‌ی ۱۹۳۰ به دومین قتل عام امپریالیستی ختم شد.

با وجود همه‌ی این‌ها، نه تنها امکان جلوگیری از وقوع جنگ جهانی دوم وجود داشت، بلکه برعکس، در طی دهه‌ی ۱۹۳۰ طبقه‌ی کارگر فرصت آن را داشت که قدرت سیاسی را حداقل در کشورهای آلمان، فرانسه و اسپانیا از چنگ جنگ افروزان خارج کند. در سایر کشورهای امپریالیستی نظیر ایالات متحده نیز جنبش کارگری قادر بود حرکت مستقل سیاسی خود و متحدینش را سازمان دهد. تا اواخر دهه‌ی ۱۹۳۰ سرنوشت بُروز یک قتل عام جهانی و غیرقابل اجتناب بودن آن هنوز تعیین نشده بود. اما، در پایان دهه‌ی ۱۹۳۰ جنبش کارگری، که رهبری آن در دست استالینیست‌ها و سوسیال دموکرات‌ها بود، ثابت کرد در هیچیک از کشورهای اروپایی لیاقت آن را ندارد که طبقه‌ی کارگر را به سوی یک انقلاب سوسیالیستی پیروزمند هدایت کند. حال آنکه

1- Pearl Harber

تنها چنین پیروزی می‌توانست سدی در مقابل گسترش فاشیسم برپا کند.

کارگران متفکر معتقد نیستند که واشنگتن، بُن، لندن و پاریس به خاطر تضاد منافعی که در یوگسلاوی و ناحیه‌ی بالکان دارند، همین امروز با یکدیگر وارد جنگ خواهند شد. هرگز نباید موضعی اتخاذ کنیم که چنین نتایجی از آن استنباط شود. زیرا، کارگران و جوانان جدی اگر فکر کنند که گزافه می‌گوییم به حرف‌مان گوش نخواهند داد. از دیدگاه آن‌ها، واقعی به نظر نمی‌رسد که واشنگتن تحت فرماندهی جرج بوش یا ویلیام کلینتون علیه آلمان تحت رهبری *هــلموت کــهل* و یا فرانسه تحت فرماندهی فرانسوا میتران یا *ادوارد بالادور*، وارد جنگ شود. کارگران متفکر هم‌چنین معتقد نیستند که رقابت‌های شدید تجاری موجود میان واشنگتن و توکیو یا واشنگتن و *اُتاوا* [کانادا] تا آن حد افزایش یابد که از کنترل خارج شود و به جنگ بیانجامد.

حق با این کارگران است. جنگ‌های تجاری همانند دهه‌ی ۱۹۳۰ به جنگ‌های نظامی ختم می‌شوند. اما، این دگرگونی بدون طغیان‌های اجتماعی و شکست‌های فاجعه‌آمیز طبقه‌ی کارگر، که در دهه‌ی ۱۹۳۰ مدام ابعاد وسیع‌تری می‌یافت، ایجاد نمی‌شود. جنگ تجاریِ رو به گسترش، مستقیماً به درگیری‌های نظامی منجر نمی‌شود و در گذشته نیز هرگز این‌گونه نبوده‌است. آن‌چه در ابتدا اتفاق می‌افتد عبارت است از: گسترش دامنه‌ی تنش‌ها و تضادهای موجود در میان قدرت‌های رقیب، تشدید بحران‌های اقتصادی و اجتماعی، افزایش تضادهای آشتی‌ناپذیر میان کشورهای مورد بحث، و رشد گروه‌های ناسیونالیست افراطی که برای تحقق آرمان‌های کذایی نظیر لزوم شکست "قدرت‌های خارجی" که "کشور ما را" تحت فشار قرار داده‌اند، "مشاغل ما را می‌دزدند" و "غرور ملی ما را خدشه‌دار کرده‌اند"، مردم را تهییج می‌کنند.

● برای مثال، کشمکش‌های تجاری واشنگتن با توکیو، مستقیماً به اعلام جنگ

علیه ژاپن نخواهد انجامید. اما، چنانچه سرمایه‌داران ایالات متحده در گیرودار فعالیت‌های ضد ژاپنی بر میزان فشارهای وارده در ابعاد قابل ملاحظه‌ای بیفزایند، آنگاه ممکن است در صحنه‌های سیاسی و از درون تنش‌های طبقاتی ژاپن نیروهایی به حرکت درآیند که قابل پیش بینی نیستند. رکود اقتصادی حاکم بر ژاپن ممکن است تشدید شود، تعدادی از بانک‌های ژاپنی ممکن است ورشکسته شوند و در مجموع به یک بحران مالی دامن زده شود. در چنین شرایطی یک حکومت تازه به قدرت رسیده و ضعیف حاکم بر ژاپن ممکن است سقوط کند و نتیجتاً باد جدیدی به بادبان کشتی نیروهای دست راستی نوپا و ضدآمریکایی بوزد. چنین تحولاتی می‌تواند ماهیت روابط اقتصادی، سیاسی و نظامی موجود میان واشنگتن، توکیو و سایر کشورهای آسیایی و اقیانوس آرام را دستخوش تغییرات اساسی کند.

حتی تصور اینکه در یکی از همین روزها ممکن است دولت آلمان علیه حکومت فرانسه وارد جنگ شود و یا ایالات متحده علیه دولت‌های ژاپن و کانادا دست به جنگ بزند نیز خارج از معیارهای عقل سلیم تلقی می‌شود. اما، قدری به دنیایی که توصیف کردیم بیندیشید. و اینکه در طی چند سال آینده حکومت‌های آلمان، فرانسه و ایالات متحده چه شکل و شمایلی پیدا خواهند کرد. قدری به حاکمیت کابینه‌ای در ایالات متحده بیندیشید که بوکانون و امثال‌هم در رأسش قرار گرفته باشند. البته، مقصود شخص بوکانون نیست، بلکه، منظور هر کسی است که سرنخ حرکت‌های دست راستی را در صحنه‌ی سیاسی ـ نظامی سرمایه‌داری به دست گرفته باشد. قدری به استقرار حکومتی در آلمان بیندیشید که در بر گیرنده‌ی عناصری از سازمان‌های در حال رشد فاشیستی در آن کشور باشد. قدری به چرخش بیشتر سیاست‌های سرمایه‌داری ایتالیا به سمت راست بیندیشید. به روندهای راست افراطی بیندیشید که در ژاپن پا به عرصه‌ی حکومت می‌گذارند. به استقرار یک

حکومت بناپارتیستی در فرانسه بیندیشید که به نیروهای اتمی ***فورس دو فراپه***[1] [نیروهای ضربتی] تجهیز شده باشد. اکنون به همه‌ی این‌ها موارد ذیل را به عنوان کاتالیست اضافه کنید: حاکمیت ژیرنوفسکی بر روسیه، آغاز یک حمله‌ی پیش بینی نشده توسط دولت اسرائیل و یا شروع درگیری میان حکومت‌های ناسیونالیست افراطیِ هند و پاکستان. حال خواهید دید که خطرات وقوع یک جنگ جهانی جدید، آهسته آهسته اما بی‌شبهه، در زیر ذره‌بین موشکافانه‌ی شما ظاهر خواهد شد.

اگر امروزه به سخنان پاتریک بوکانون گوش فرا دهید، متوجه می‌شوید که او نیز همانند اغلب جناح‌های دست راستی احزاب جمهوریخواه و دموکرات، از یک موضع انزوا طلبی دفاع می‌کند و می‌گوید آمریکا کشور شماره‌ی یک است و "پسران ما را درگیر جنگ نکنید". اما، کارگران حتی یک دقیقه هم نباید اجازه دهند که این حرف‌ها گولشان بزند. خط و مشی سیاسی بوکانون برمبنای تدارک برای ورود به یک جنگ تمام عیار امپریالیستی استوار گردیده است. پیام او به سایر سیاستمداران سرمایه‌داری آمریکا ساده است: شکست‌هایی نظیر جنگ ویتنام هرگز نباید تکرار شود؛ ناکامی حاصل از جنگ خلیج فارس نباید هرگز تکرار شود؛ ما وقتی وارد جنگ می‌شویم که پیروزی‌مان حتمی باشد؛ و به خدا قسم از حمایت همه‌ی آمریکایی‌ها برخوردار خواهیم بود؛ بغیر از چند ستون پنجمیِ قلم به دست.

اگر از این دیدگاه به مسائل بنگریم، منطق خطرناکی را درمی‌یابیم که در پشت پیدایش اصطکاک مجدد میان آمریکا و سایر قدرت‌های امپریالیستی، که آمریکا در جنگ جهانی دوم شکستشان داد، نهفته است. از این دیدگاه می‌توانیم رابطه‌ی موجود میان اصطکاک روزافزون میان این قدرت‌ها و تلاش روزافزون توکیو و بُن را برای خروج از دامنه‌ی سلطه‌ی آمریکا، که به

1- Force de frappe

سلاح‌های اتمی مجهز است، توضیح دهیم. می‌توانیم توضیح دهیم که چرا دولت‌های آلمان و ژاپن تلاش می‌کنند که بنوبه‌ی خود نیروهای زمینی، هوایی و دریایی‌شان را تقویت کنند. می‌توانیم توضیح دهیم که چرا آن‌ها تلاش می‌کنند تا موانع داخلی و خارجی ـ مهمتر از همه مخالفت سرسختانه‌ی کارگران و دهقانان در داخل کشورشان ـ را از میان بردارند تا بتوانند منافع طبقاتی خود را از طریق بکارگیری نیروهای نظامی در خارج از مرزها پیش ببرند و به یک قدرت نظامی اتمی تبدیل شوند.

توسل به این خط و مشی، بیش از پیش غیرقابل اجتناب به نظر می‌رسد. زیرا، حکام آلمان و ژاپن روز به روز بیشتر متقاعد می‌شوند که دیر یا زود باید با رقبای آمریکایی خود بجنگند و، به موازات این تفکر، برای آماده ساختن خود تدارک می‌بینند. چرخش حکومت یکی از این کشورها یا تمامی آنها به سمت راست، به این حرکت سیاسی ـ نظامی سرعت می‌بخشد.

باید یک قسمت نهایی را نیز به این تصویر بیفزاییم. آلمان، ژاپن و سایر کشورهای امپریالیستی چگونه تجهیزات لازم را به دست خواهند آورد و نیروهای نظامی مورد نیاز خود را سازمان خواهند داد تا بتوانند قدرت نظامی امپریالیسم آمریکا را با یک ترکیب خاص شکست دهند؟ این امر تا حدود زیادی مشابه آنچه قبل از جنگ جهانی دوم رخ داد به وقوع خواهد پیوست. سرمایه‌داران ایالات متحده، انگلستان و فرانسه با یکدیگر به رقابت خواهند برخاست تا سلاح، تکنولوژی پیشرفته و کارخانجات اسلحه‌سازی را به کشورهایی که کمتر مسلح هستند صادر کنند و زرادخانه‌های آنان را از سلاح‌های پیشرفته‌ی قتل عام جمعی انباشته کنند.

تهاجم و جنگ در دنیای نیمه مستعمره

بنابراین، امروزه خطر جنگ از دو منشأ دو قلو سرچشمه می‌گیرد:

درباره‌ی منشأ اول، که اساسی‌ترین است، هم اکنون به بحث پرداختیم: تنش‌های اجتماعی رو به رشد؛ افزایش پتانسیل ظهور رژیم‌های بناپارتیست و ماوراء راست؛ و استقرار نیروهای فاشیست در رأس رژیم‌های حاکم بر کشورهای امپریالیست. البته، در حال حاضر آنگونه تضادهای اجتماعی که قادر باشد مستقیماً به یک جنگ امپریالیستی ختم شود، مراحل ابتدایی رشد و نمو خود را طی می‌کند. اما، برای اولین بار پس از گذشت نیم قرن، ما شاهد ظهور آن دسته از نیروهای طبقاتی و فشارهایی هستیم که فرا رسیدن زمان مطرح شدن جنگ جهانی سوم، به عنوان مبرم‌ترین مسأله‌ی روز، را هشدار می‌دهند. آنگاه مبارزه برای جلوگیری از وقوع آن مهمترین وظیفه‌ی بلافصل جنبش کارگری در سرتاسر جهان خواهد بود.

دومین منشأ بروز جنگ، دخالت‌های نظامی امپریالیسم آمریکا و سایر قدرت‌های امپریالیستی در قسمت‌های مختلف جهان نیمه‌مستعمره، به منظور دفاع از منافع تهدید شده‌ی سرمایه‌داری است. (امروزه برخی از مناطق بلوک سابق شوروی نیز به این دسته اضافه شده‌اند). سرمایه مالی، ظلم و ستم بر ملت‌ها و ملیت‌ها را ادامه می‌دهد تا سودهای کلانی که از طریق استثمار شدید کارگرانِ این مناطق از جهان بدست می‌آورد را همچنان حفظ کند. پس از جنگ جهانی دوم شاهد انواع مختلف اینگونه جنگ‌ها بوده‌ایم؛ و در شرایط کنونی که نظام امپریالیسم در یک وضعیت نامتعادل و بی‌ثبات به سر می‌برد اینگونه جنگ‌ها ادامه خواهد یافت؛ و اینگونه دخالت‌های نظامی همواره نیروهای کنترل نشده‌ای را به حرکت درمی‌آورد.

● تهاجمی که آمریکا در سال ۱۹۹۱ علیه عراق سازمان داد، گویاترین مثال از اینگونه جنگ‌هاست که طی سال‌های آینده شاهد آن خواهیم بود. تهاجم امپریالیستی به *سومالی* در یکسال و نیم پیش، نه در ابعاد جنگ عراق گسترش

یافت و نه می‌توانست گسترش یابد. آن زمان نیز تعداد زیادی از رادیکال‌های طبقه‌ی متوسط، و پاسیفیست‌ها، از منطق لیبرال‌ها در قبال تهاجم علیه سومالی حمایت کردند و اعلام داشتند که دخالت امپریالیست‌ها، به خصوص اگر زیر نقاب سازمان ملل متحد انجام پذیرد، قابل دفاع است. چرا که به مثابه "دفاع از بد در مقابل بدتر" است. این همان موضعی است که هم اکنون اینگونه افراد و اقشار در قبال تهاجم علیه **بوسنی** و **هاییتی** اتخاذ می‌کنند. پر واضح است که کارگران کمونیست تهاجم خشونت‌آمیز واشنگتن را، که تحت لوای شورای امنیت سازمان ملل و توسط "نیروهای حافظ صلح" تدارک دیده شده بود، محکوم کردند و ما تلاش کردیم تا مردم را علیه آن بسیج کنیم. اما، در عین حال، این مطلب را درک می‌کردیم که منافع طبقاتی حاکمان ایالات متحده آمریکا ایجاب می‌کرد که آن جنگ به یک جنگ تمام عیار تبدیل نشود.

جنگ عراق ثمره‌ی ده سال تلاش مستمر امپریالیسم آمریکا بود؛ و تنها نتیجه‌ای که عایدش کرد صدمه به منافع طبقاتی‌اش به شکل‌های غیرمنتظره بود. به خصوص دولت اسرائیل خاطره‌ی بسیار تلخی از این جنگ و نتایجش دارد. نتایجی که به طور غیرقابل اجتنابی ظاهر شدند. تل‌آویو بر این امر واقف است که شرکت‌های تجاری ایالات متحده‌ی آمریکا دوشادوش رقبای انگلیسی، آلمانی و فرانسوی‌شان در طی دهه‌ی ۱۹۸۰ به عراق کمک کردند تا خود را از نظر نظامی و اقتصادی تقویت کند و هر یک از آن دولت‌های امپریالیست به نوعی در این فرایند دست داشتند. واشنگتن، رژیم عراق و جنگی که علیه ایران به راه انداخت را به شکل وزنه‌ای در مقابل اثرات انقلاب ایران می‌دید. انقلابی که گسترش دامنه‌ی آن به سایر نقاط منطقه، منافع آمریکا را به خطر می‌انداخت.

سرمایه‌داران مراکز امپریالیستی، پول هنگفتی از بابت تجارت "محرمانه‌ی" اسلحه در طی این سال‌ها به جیب زدند. در عین حال در سال ۱۹۸۱ مسئولیت

بمباران محلی در عراق، که ادعا می‌شد مرکز تحقیقات اتمی بغداد است، به اسرائیل واگذار شد تا بدین ترتیب بار گناه این عمل از دوش "دوستان" اسرائیل برداشته شود.

سپس، هنگامی که در سال ۱۹۹۰ عراق به اشغال کویت دست زد، واشنگتن به این نتیجه رسید که امپریالیسم ایالات متحده موکل قابل اتکاءتری در این منطقه لازم دارد و این تل‌آویو بود که بهای تمامی خط و مشی قبلی حاکمین آمریکا را پرداخت. موشک‌های اسکاد، که در جنگ ۱۹۹۱ به داخل مرزهای اسرائیل پرتاب شد، در کارخانه‌هایی تولید شده بود که تجهیزات و دانش فنی آن را شرکت های سرمایه‌داری ایالات متحده، اروپا و ژاپن تأمین کرده بودند.

نتیجه‌ی حاصل از تحقیقات انجام یافته در زمینه‌ی "عراق گیت"[1] چه بوده است؟ این تحقیقات افشاء کردند که واشنگتن و متحدان امپریالیستش، بخصوص لندن و پاریس، سودهای کلانی از قِبَل تجارت با عراق به جیب زدند. واشنگتن رقبای امپریالیستش را نیز به همین روش تجدید سلاح خواهد کرد، حال آنکه در نهایت قصد شکستنشان را در سر می‌پروراند. واقعیت این است که قبل از شروع جنگ علیه عراق تا آخرین لحظات، یعنی تا اواخر سال ۱۹۹۰، کابینه‌ی حزب تـــوری[2]، حاکم بر انگلستان، سرگرم فروش وسایل جنگی به عراق بود. تا جائیکه این قضیه در انگلستان باعث آبروریزی بیشتری نسبت به افشاگری‌های مشابه در آمریکا شده است.

این روشی است که حاکمان امپریالیست همواره به آن عمل کرده‌اند و در شرایطی که بحران این نظام عمیق‌تر می‌شود، بیش از پیش اینچنین عمل خواهند کرد. این عمده‌ترین درسی است که باید از گزارش نهایی رسوایی ایران ـ کنترا[3] بگیریم که اوایل سال جاری به بیرون درز کرد. سردمداران دو

1- Iraq Gate 2- Tory Party 3- Iran-Contra Scandal

حزب حاکم بر آمریکا بیش از پیش نیازمند آنند که برنامه‌ریزی پیشبرد امور مربوط به خود را در پشت پرده‌ای از مخفی کاری به پیش ببرند. آن‌ها برای پیشبرد منافع طبقاتی خود در مقابل رقبای امپریالیستشان و همچنین برای مقابله با مقاومت کارگران و کشاورزان در آمریکا و سراسر جهان، روز به روز نیازمند قوه‌ی مجریه قدرتمندتری هستند.

من فقط چکیده‌ای از نتیجه‌گیری‌های لارنس والش، دادستان مخصوص ماجرای کنترا-گیت، را خوانده‌ام.(۲۷) اصل گزارش وی بیش از ۲۵۰۰ برگ است. البته، چند قسمت از نتیجه‌گیری‌های مفصل‌تر آن را نیز مطالعه کرده‌ام. سپس، دریافتم که تـــئودور دری‌پـــر، تاریخ نویس لیبرال، در مقالاتی که در مجله‌ی نقد کتب نیویورک[1] در این باره نوشته، جملات و واژگان بسیار معتدلی بکار گرفته است. او می‌نویسد که اینگونه فعالیت‌های مخفیانه در خارج از مرزها به یک جزء لاینفک و دائمی فعالیت‌های دولت آمریکا تبدیل شده‌اند. او در قسمت نتیجه‌گیری مقاله طولانی‌اش می‌نویسد "آیا ممکن است واقعه‌ای در ابعاد ماجرای کنترا-گیت دوباره در آمریکا اتفاق بیفتد". سپس خود به این سؤال چنین پاسخ می‌گوید: "من نظر خوشبینانه‌ای راجع به اینکه این اتفاق دوباره رخ نخواهد داد، ندارم ... آنچه وقایع کنترا-گیت برملا می‌سازد این نیست که چگونه می‌توان جلوی تکرار آن را گرفت، بلکه هشداری است براینکه نظام حاکم بر آمریکا این راه غلط را دوباره طی خواهد کرد".

گرچه این نتیجه‌گیری برای یک لیبرال دردآور است، اما حقیقت دارد. واقعیت این است که "نظام حاکم بر آمریکا" قادر نیست بدون توسل به یک چنین مخفی کاری‌هایی به حیات خود ادامه دهد. لذا این "راه غلط" را دوباره و دوباره و دوباره طی خواهد کرد.

1- *New York Review of Books*

۶

تهاجم کارفرمایان و مقاومت طبقه‌ی کارگر

سیاست‌گذاری امور داخلی ایالات متحده از اواسط دهه‌ی ۱۹۷۰، بیش از پیش، با توافق مشترک هر دو حزب حاکم تنظیم شده است. در دهه‌ی ۱۹۷۰ دو حزب دو قلوی سرمایه‌داری مشترکاً به این نتیجه رسیدند که نرخ سود سرمایه‌داران سیر نزولی خود را آغاز کرده است. پرچم مشترک آنان مزین است به شعارهایی نظیر: "اشتراک مساعی در ریاضت‌کشی" برای دفاع از دلار، بهبود قدرت رقابتِ صنایع "ما" و حاکمیت مجدد سلطه‌ی بلامنازع "ما" بر بازارهای سرمایه‌داری جهان در زمینه‌های تولید و صادرات.

صاحبان کارخانجات بزرگ آمریکا در طول دو دهه‌ی گذشته از طریق یک تهاجم خرد کننده علیه شرایط کار و زندگی کارگران و کاهش دستمزدها و کاهش نیروی انسانی، که از دهه‌ی ۱۹۸۰ آغاز شد، از رقبای اصلی امپریالیستشان قدری سبقت گرفته‌اند. سرمایه‌داران آمریکایی موفق شده‌اند که نه تنها هزینه‌ی نیروی کار، بلکه، ارزش آن را نیز کاهش دهند؛ و دست‌یابی به این موفقیت آنان را در باورهایشان راسخ‌تر کرده است، به نحوی که معتقدند در مسیری حرکت می‌کنند که تنها راه برای حفظ و گسترش موقعیت برتر

امپریالیسم آمریکاست. آنان مصمم‌اند که برای دستیابی به هدف افزایش تعداد ساعات یک روز کاری قدم های بزرگتری بردارند؛ سرعت خط تولید را افزایش دهند؛ و هزینه‌های مربوط به پرداخت دستمزد و تأمین حقوق اجتماعی را کاهش دهند.

در سال جاری [۱۹۹۴]، هر دو حزب حاکم بر آمریکا سعی کرده‌اند تا زحمتکشان و اقشار متوسط را متقاعد کنند که هیأت حاکمه به برنامه‌ی جدیدی برای پاسخ به نیازهای پزشکی "ملت" دست یافته است؛ و این چندمین برنامه‌ایست که در این زمینه در واشنگتن تنظیم شده است. تمامی این برنامه‌ها، که از حمایت کامل طبقه‌ی حاکم برخوردار بوده است، از جمله برنامه‌ای که کابینه‌ی کلینتون پیشنهاد کرده، بر این مبنا طراحی شده است که مردم را در زیان وارده بر شرکت‌های بیمه، خدمات درمانی و تولید دارو سهیم کنند. هیچکدام از این برنامه‌ها هدف عمومی کردن خدمات اجتماعی را دنبال نمی‌کنند، بلکه برعکس، بخشی از تهاجم هیأت حاکمه علیه دستمزد اجتماعی طبقه‌ی کارگر هستند. هیچیک از این برنامه‌ها با تأمین بهداشت و خدمات درمانی به شکل مساوی و همگانی، که با بودجه‌ی دولت تأمین شده باشد، ربطی ندارد. اما، از آنجائیکه به اندازه کافی باعث حذف بودجه‌ی دولت نمی‌شوند لذا، "صاحبان عمده‌ی اوراق قرضه" را راضی نکرده‌اند و بنابراین تصویب نمی‌شوند.

یکی از مهم‌ترین مسایل اجتماعی، که امروزه جنبش کارگری باید برای آن تبلیغ و تهییج کند، کاهش ساعات کار در هفته است. به رغم بهبود نسبی اوضاع اقتصادی در مقطع کنونی و افزایش استخدام‌ها، میزان بیکاری طبق آمار رسمی دولت بیش از ۶ درصد است. در واقع، بسیاری از سیاستمداران دموکرات و جمهوریخواه آنگونه از این نرخ بیکاری صحبت می‌کنند که گویا "نرخ طبیعی" بیکاری است. اما، اگر آمار کسانی که اجباراً اشتغال پاره‌وقت را

پذیرفته‌اند و یا در مقطع کنونی از صفوف شاغلین بیرون رانده شده‌اند نیز در نظر بگیریم، درصد واقعی بیکاران حدوداً دو برابر مقدار اعلام شده خواهد شد.

کارفرمایان در عین حال قدر مطلق ارزش افزوده را از طریق افزایش ساعات کار هفتگی ـ که در مقایسه با نیم قرن اخیر به بالاترین حد خود رسیده است ـ افزایش داده‌اند. میانگین ساعات اضافه‌کاری تنها از سال ۱۹۹۱ تاکنون [۱۹۹۴] در حدود یک ساعت در هفته افزایش یافته است. در حال حاضر در صنایع خودروسازی حدوداً ۵۰ ساعت کار در هفته حکم یک معیار را پیدا کرده و در برخی دیگر از صنایع نیز وضع به همین گونه است.

در اروپای غربی وضع از این هم اسفناک‌تر است (جهان سوم که جای خود دارد، چرا که میزان بیکاری حتی در حدود ۵۰ درصد نیز غیرمعمول خوانده نمی‌شود). در کشورهای عضو **اتحادیه‌ی اروپا** نرخ رسمی بیکاری در حدود ۱۱ درصد اعلام شده است، حال آنکه میزان واقعی بیش از ۲۰ درصد است. در اسپانیا نرخ رسمی بیکاری در حدود ۲۵ درصد گزارش شده و در فرانسه، بلژیک و دانمارک بالاتر از ۱۲ درصد است. در انگلستان به رغم اینکه دولت در طول دهه‌ی گذشته بیش از سی بار نحوه‌ی ارائه‌ی آمار را تغییر داده است تا نرخ بیکاری را پایین‌تر نشان دهد، معذلک، نرخ بیکاری طبق آمار رسمی بیش از ۹ درصد است. بیکاری در سوئد طبق آمار رسمی در طی چند سال گذشته از ۲ درصد به بیش از ۷ درصد افزایش یافته است.(۲۸) مسئولین دولت کانادا میزان بیکاری را از اوایل دهه‌ی ۱۹۸۰ به بعد، اغلب، بیش از ۱۰ درصد گزارش کرده‌اند.

● این بحران، که طبقه‌ی کارگر را در سرتاسر جهان تحت تأثیر قرار داده است، همواره عمیق‌تر می‌شود. همان‌گونه که در جزوه‌ی **برنامه‌ی عمل برای مقابله با بـحرانِ در شـرف وقـوع** نوشته‌ایم، مهم‌ترین تقسیم‌بندی اقتصادی موجود در

صفوف طبقه‌ی کارگر تفاوت میان شاغلین و بیکاران است.(۲۹) بیکاری روزافزون باعث تحلیل رفتن قدرت، روحیه و ظرفیت مبارزاتی جنبش کارگری و طبقه‌ی کارگر می‌شود. چنانچه جنبش کارگری برای پیشبرد مبارزه برای کاهش ساعات کار هفتگی **بدون کاهش دستمزدها** پیشقدم نشود، کارفرمایان از فشارها و دلسردی ناشی از بیکاری به نفع خود بهره‌برداری خواهند کرد و هدفِ کاهش ساعات کار هفتگی همراه با **کاهش متناسب دستمزدها** را پیش خواهند برد؛ همان‌گونه که در آلمان، فرانسه، کانادا و بسیاری کشورهای دیگر تلاش کرده‌اند. اگر آنان در پیشبرد این هدف خود موفق شوند در این صورت به میزان مشاغل پاره‌وقت و استخدام‌های موقت، توأم با کاهش دستمزدها و امکانات رفاهی، افزوده خواهد شد.

ما باید مبارزه برای کاهش ساعات کار را با مبارزه برای افزایش دستمزدها ـ متناسب با افزایش قیمت‌ها ـ پیوند بدهیم تا بتوانیم، در مقابل اثرات تورم، از طبقه‌ی کارگر حفاظت کنیم. کارگران نباید اجازه دهند که کارفرمایان انقباض مقطعی را ـ که مورد بحث قرار دادیم ـ دست‌آویز قرار دهند و از آن برای توجیه اهدافی نظیر حذف خدمات تأمین اجتماعی و عدم افزایش دستمزدها ـ متناسب با تورم ـ سوء استفاده کنند. حتی اگر تحلیل ما در واقعیت صحت پیدا کند و تورم در آینده‌ای نزدیک برای مدتی رشد متعادلی داشته باشد، با این حال چند نکته را نباید فراموش کنیم:

نخست اینکه با وجود روند کاهش قیمت‌ها، دستمزد واقعی در سال گذشته در ایالات متحده بیش از یک در صد کاهش یافت. کارفرمایان موفق شدند که دستمزد کارگران را، اعم از اعضای اتحادیه‌های کارگری و کارگران غیرمتشکل، کاهش دهند. بنابراین، قدرت خرید کارگران کاهش یافت. علاوه بر آن، هنوز هم قیمت‌ها در مجموع در حال افزایش است و طبق آمار رسمی حدود ۳ درصد تورم وجود دارد. الحاقیه‌های منظور شده در قراردادهای

اتحادیه‌های کارگری که هدف افزایش دستمزدها متناسب با افزایش قیمت‌ها را دنبال می‌کرد و در دهه‌ی ۱۹۷۰ و ۱۹۸۰ کارگران برای آن مبارزه کردند نیز عملاً در انطباق دستمزدها با نرخ تورم موفق نبود. ضمناً، تعداد کارگرانی که تحت پوشش این حمایت محدود قرار داشتند نیز به تدریج کاهش یافته است، به نحوی که در پایین‌ترین میزان خود نسبت به ربع قرن گذشته قرار دارد؛ زیرا صاحب‌منصبان اتحادیه‌های کارگری یکی پس از دیگری در مقابل فشارهای کارفرمایان کوتاه آمده‌اند.

دوم اینکه در طی قرن حاضر شاهد آن بوده‌ایم که در کوران بحران اقتصادی، انفجار حجم نقدینگی نیز رخ داده است و این امر قابل تکرار است. در حال حاضر پدیده‌ی انفجار رشد نقدینگی در بسیاری از کشورهای نیمه‌مستعمره به وقوع پیوسته است و کشورهای شوروی سابق و اروپای شرقی نیز دچار همین معضل هستند. هرگز نباید دچار این توهم شویم که در کشورهای امپریالیستی افزایش انفجاری تورم، آنگونه که پس از جنگ جهانی اول در آلمانِ وایـــــــمار پدیدار گردید، غیرقابل تکرار است. در آن زمان زحمتکشان مجبور می‌شدند پول لازم برای خرید یک قرص نان را با چرخ دستی و چمدان حمل کنند و قدرت خرید پول، ساعت به ساعت، کاهش می‌یافت. این شرایط می‌تواند دوباره تکرار شود و تکرار خواهد شد؛ و رشد تورم، حتی قبل از آنکه از کنترل خارج شود، اثرات فاجعه‌آمیزی بر دستمزد واقعی و شرایط زندگی کارگران باقی خواهد گذاشت.

خطر رشد انفجارآمیز و ناگهانی تورم در بطن اوضاع کنونی ـ یعنی وجود بحران اقتصادی همراه با انقباض پولی ـ نهفته است. زیرا، سرمایه‌داران در مقابله با سقوط نرخ سود، افزایش بیکاری و گسترش مقاومت طبقه‌ی کارگر، دچار دودستگی خواهند شد. دیر یا زود، برخی از دولت‌های سرمایه‌داری وحشت‌زده خواهند شد و به امید اینکه خواهند توانست شوک‌های وارده را

دفع کنند، اسکناس بدون پشتوانه چاپ خواهند کرد. هنگامی‌که این معضل پیش آمد، کارگران و کشاورزان زحمتکش از دو سو سیلی خواهند خورد: شیوع بیکاری در سطوحی بسیار وسیع و پیدایش تورم انفجاری. کارگران شاغل شاهد آب رفتن دستمزد خود خواهند بود، زندگی بازنشستگان و مستمری بگیران دچار فاجعه خواهد شد و موج جدیدی از تعطیل کردن مزارع کشاورزی، بر کشاورزان تحمیل خواهد شد. جنبش طبقه‌ی کارگر باید برای رویارویی با چنین اوضاعی خود را آماده سازد.

این‌گونه وقایع قبلاً در تاریخ سرمایه‌داری اتفاق افتاده است؛ از جمله در چندین دهه‌ی آخر قرن گذشته که رکود اقتصادی همه جا را گرفته بود و همچنین در دوران *رکود بزرگ*[1] در دهه‌ی ۱۹۳۰. در سال‌های ۳۷-۱۹۳۶ در پی یک دوره‌ی ۱۰ ساله‌ی کاهش قیمت‌ها، افزایش تورم پولی در ایالات متحده شروع شد و در پایان دهه‌ی ۱۹۳۰ سرعت پیدا کرد؛ سپس در آغاز جنگ در سال ۱۹۴۱ ناگهان شتاب گرفت.

تورم و انقباض، به رغم نامشان، دو پدیده‌ی متقابل و مخالف یکدیگر در اقتصاد سرمایه‌داری نیستند. **تـــورم** یک پدیده‌ی پولی است که زمانی پدیدار می‌گردد که پول یک کشور قدرت خرید خود را از دست می‌دهد. حکومت‌ها و بانک‌ها آنقدر اسکناس و سایر اوراق بهادار بدون پشتوانه چاپ می‌کنند که نهایتاً نقدینگی موجود توان برابری با ارزش کالاهای تولید شده را نخواهد داشت. سرمایه‌داران در چنین شرایطی برای رقابت با یکدیگر و برای کسب ارزش افزوده‌ی بیشتر، قیمت کالاها را بالاتر، بالاتر و بالاتر می‌برند. انقباض، پدیده‌ای کاملاً متفاوت است و اساساً ربطی به میزان نقدینگی ندارد. این پدیده حاصل اُفت دراز مدت نرخ سودِ سرمایه‌داران است که باعث می‌شود سرمایه‌های رقیب برای رقابت با یکدیگر قیمت کالای خود را کاهش دهند.

1- Great Depression

این پدیده متعاقباً فشار عظیمی در جهت کاهش سرمایه‌گذاری بخصوص در زمینه‌ی افزایش ظرفیت و توسعه‌ی خطوط تولیدی وارد می‌آورد و این همان اوضاعی است که راجع به آن به بحث پرداخته‌ایم.

بنابراین، جنبش کارگری با "این در مقابل آن" مواجه نیست: یعنی موضوع این نیست که یا باید خود را برای مقابله با انقباض آماده کند و یا تورم. تورم نقدینگی می‌تواند بدون پیش بینی و ناگهان با روند انقباض که جزء لاینفکی از دوران بحران اقتصادی است، منطبق گردد. چنانچه میزان اشتغال در زمینه‌های تولیدی ناگهان به شکل فاجعه‌آمیزی سقوط کند، بلافاصله انفجار اسفناک قیمت‌ها می‌تواند آغاز گردد.

به همین دلایل، جنبش کارگری باید به منظور دفاع و پیشبرد منافع جمعی کارگران، خود را برای اتحاد زحمتکشان در سطح ملی و بین‌المللی آماده کند؛ از جمله برای اقداماتی به منظور حفاظت از طبقه‌ی ما و یاران زحمتکشمان در مقابل شبیخون بیکاری و تورم که ثمرات نظام سرمایه‌داری هستند.

وسیع‌تر شدن مبارزه‌ی دفاعی کارگران در ایالات متحده

در طی سال گذشته، در ایالات متحده‌ی آمریکا، مقاومت جنبش کارگری در مقابل تهاجم کارفرمایان، که هدف بازپس‌گیری حقوق کارگران را دنبال می‌کند، به‌طور چشمگیری بالا گرفته است.

در سال ۱۹۹۳ کارگران معادن ذغال سنگ، از طریق براه انداختن یک اعتصاب سراسری، تلاش کارفرمایان برای افزایش تعداد کارگاه‌های غیرمتشکل و بدون حضور اتحادیه را شکست دادند و متعاقباً اتحادیه ***کارگران معادن***[1] موفقیت‌های کوچکی در زمینه‌ی سازماندهی کارگران کسب کرده است. در نوامبر ۱۹۹۳ مهمانداران ***خطوط هواپیمایی آمِریکان***[2] یکپارچه، برای

1- United Mine Workers

2- American Airlines

دفاع از اتحادیه‌ی خود، در مقابل تهاجم کارفرمایان که قصد درهم شکستن آن را داشتند بپاخاستند. کارگران کارخانجات ماشین سازی ***کاترپیلار*** از طریق اعتصابات و جنگ و گریزهای مقطعی در کارگاه‌ها علیه کارفرمایان، که حاضر نیستند با کارگران بر سر عقد قرارداد جدید مذاکره کنند، به مقاومت خود ادامه دادند و در دفاع از کارگران مبارزی که مورد حمله‌ی کارفرمایان قرار می‌گیرند نیز اعتصابات کوتاه مدتی به راه انداختند.

کارگران فولاد در چهار ایالت آمریکا در صنایع فولاد ***آلگنی لودلام***[1] علیه سیاست جدید کارفرمایان تحت عنوان "انعطاف پذیری ساعات کار" به مبارزه برخاسته‌اند. سیاستی که اضافه کاری را اجباری کرده است و ساعات کار هفتگی را به شکل غیرقابل تحملی افزایش می‌دهد. کارگران کارخانجات آ.ای استایلی[2]، در مرکز ایالت ایلی نویز، مبارزه سختی را علیه کارفرمای خود که درهای کارخانه را به روی آنان بسته است و قصد دارد کارگران را مجبور به عقب نشینی کند به راه انداخته‌اند و برای جلب همبستگی کارگران کاترپیلار و سایر فعالین اتحادیه‌های کارگری در این ناحیه و سرتاسر آمریکا تلاش کرده‌اند.(۳۰)

مثالی که گویای تغییر و تحول جو موجود باشد، اعتصاب موفقیت‌آمیز یک روزه‌ی کارگران اداره‌ی پست، ***یونایتد پارسل سرویس***، است که توسط ***اتحادیه کارگری تیمسترها*** سازماندهی می‌شود. ظاهراً کارفرمایان اداره‌ی پست به این نتیجه رسیده بودند که چون کارگران دستمزد خیلی خوبی می‌گیرند، لذا، به سایر مسایل توجه زیادی ندارند. بنابراین، مدیریت ناگهان تصمیم می‌گیرد که میزان حداکثر باری را که کارگران انبار و راننده‌های کامیون باید با دست حمل کنند به دو برابر افزایش دهد. آخرین مطلبی که ممکن بود از ذهن کارفرمایان عبور کند این بود که اکثریت کارگران متفقاً بگویند: "نه". ولی

1- Alegheny Ludlum 2- A. E. Staley

این دقیقاً همان چیزی بود که اتفاق افتاد و مدیریت را مجبور به عقب‌نشینی کرد.

این مثال انسان را بسیار تحت تأثیر قرار می‌دهد، چرا که نویدبخش همبستگی بشردوستانه‌ی نهفته در وجود طبقه‌ی کارگر است و انسان را به آینده امیدوار می‌سازد. این کارگران با گفتن "نه" کاری را کردند که کارفرمایشان انتظارش را نداشت. بلکه، کارفرمایان توقع داشتند که اکثر جوانان و کارگران قوی‌جثه به خواسته‌ی آنان جواب "آری" بدهند. آنان همچنین توقع داشتند که کارگران مرد جواب "آری" بدهند، زیرا بدین ترتیب سدی در مقابل استخدام زنان به عنوان رانندگان کامیون ایجاد می‌شد. کارفرمایان توقع داشتند که کارگران قوی‌جثه و جوان بگویند: "به جهنم که عده‌ای نمی‌توانند بسته‌های ۷۵ کیلویی را حمل کنند. من که می‌توانم. این شغل خوبی است و من دستمزد مناسبی بابت آن دریافت می‌کنم." اما، وقایع اینگونه اتفاق نیفتاد. بلکه، بیش از ۱۲۰۰۰ کارگر به شکل دستجمعی گفتند "نه" و اولین اعتصاب را علیه شرکت ***یونایتد پارسل سرویس*** براه انداختند.

کارفرمایان آمریکایی همچنان کارگران را تحت فشار قرار خواهند داد. اما، آن‌ها همان اشتباه مدیریت ***یونایتد پارسل سرویس*** را تکرار می‌کنند و از مشاهده‌ی اینکه کارگران متشکل می‌شوند و مبارزه می‌کنند، غافلگیر خواهند شد.

مجله‌ی ***بیزینس‌ویک*** مقاله‌ی اصلی این هفته‌ی خود را با این تیتر بزرگ شروع کرده است: "چرا صنعت فولاد شهوت‌انگیز جلوه می‌کند؟" چاپ این تیتر در یک مجله‌ی مشهور هفتگی آمریکا در زمینه‌ی تجارت، روحیه و لحن کلام کارفرمایان ایالات متحده در مقطع کنونی را عیان می‌سازد. در این مقاله تشریح می‌شود که چگونه هم شرکت‌های سنتی فولاد ایالات متحده و هم صنایع جدیدالتأسیس و کوچک، که "مینی ذوب آهن" نامیده می‌شوند،

هزینه‌های تولید را در طی دهسال گذشته کاهش داده و توانسته‌اند سهم فروش فولاد آمریکایی در بازارهای جهانی را از شرکت‌های ژاپنی، فرانسوی، انگلیسی و آلمانی، بازپس بگیرند. این مقاله، همچنین تأیید می‌کند که صنایع ذوب‌آهن و فولاد آمریکا در سرتاسر این کشور در حال استخدام نیروی جدید هستند.

در این مقاله مصاحبه‌ای با یکی از قهرمانان صاحبان صنایع به چاپ رسیده است. او مدیر عامل شرکت **فولاد برمینگهام** است. نویسنده در این مقاله می‌نویسد که کارخانجات کوچکی نظیر **فـولاد بـرمینگهام** "در حال پرورش فرهنگ تولیدی جدیدی هستند." (بله، نویسنده از کلمه‌ی "فرهنگ" استفاده کرده است!) مقاله ادامه می‌دهد: در این کارخانه که در منطقه‌ی **کان‌کاکی** در ایالت **ایلی نـویز** قرار دارد "پارکینگ شرکت، پر از وانت‌های تویوتا و نیسان است. در داخل کارخانه کارگران جوانی مشغول به کارند که نسبت به عضویت در اتحادیه‌های کارگری کاملاً بی‌اعتنا هستند." این مقاله از قول یک کارگر جوان می‌نویسد: "من فکر می‌کنم که اگر قرار باشد که **مینی ذوب آهن‌ها** به کار خود ادامه دهند، باید پای اتحادیه‌های کارگری به آن‌ها باز نشود." و می‌افزاید: "این سخنان **تـــم مـتکاف**[1] است که ۳۱ سال دارد و پدرش کارگر خط تولید کارخانه‌ی خودروسازی **فورد** است."

سپس مقاله از قول **جـیمز تـاد**، مدیر عامل شرکت، چنین می‌نویسد: "در کارخانه‌ی ما کارگران جان می‌کنند. ولی دستمزدی که می‌گیرند معادل کارشان نیست." (حال می‌فهمیم که منظور نویسنده از خلق "فرهنگ" جدید، همان فرهنگ جان کندن کارگران است!)

قدری به این مقاله بیندیشید. اولاً، دستمزدهای بالایی که در این کارخانه می‌پردازند همیشه به همین میزان باقی نخواهد ماند. کارگران **برمینگهام** زودتر

1- Tim Metcalf

از آنکه مایل باشند بدانند، متوجه این امر خواهند شد.

ثانیاً، و مهم‌تر، آنچه مدیر عامل فولاد بـرمینگهام عنوان کرده غلط است. تاریخ مبارزات کارگری به ما این درس را می‌دهد که به تدریج که میزان استخدام‌های جدید و فرصت‌های شغلی افزایش پیدا می‌کند، شرایطی که زمانی برای کارگران قابل قبول بود برای تعداد روزافزونی از آنان غیرقابل تحمل می‌شود. در واقع، شرایطی که قبلاً کارگران به آن تن داده‌اند، تحمیلی بوده است و کارگران از روی اجبار و برای فرار از بیکاری آن را پذیرفته‌اند.

● هنگامی که کارفرمایان با سینه‌ای فراخ و در انظار عمومی درباره‌ی کارگاه‌هایی صحبت می‌کنند که در آن کارگران مشغول "جان کندن" هستند، باید چنین نتیجه گرفت که به اوضاع کنونی دل بسته‌اند و توقع ندارند که تغییری در آن حاصل شود. آن‌ها هنوز خود نمی‌دانند که چه می‌کنند. اما، کارشان عملاً تحریک کارگران برای شروع یک مبارزه است. آن‌ها غالباً از درک این موضوع عاجزند و تنها وقتی به اوضاع واقف می‌شوند که کار از کار گذشته است. آن‌ها می‌گویند که در حال کاربرد نوع ویژه‌ای از مدیریت به نام "مدیریت علمی" هستند و تصور می‌کنند که می‌توانند همه‌ی سازها را مطابق میل خود کوک کنند؛ و تا جایی که دستشان برسد و کارگران پذیرا باشند، به همین روش ادامه خواهند داد.

اما، کارفرمایان همیشه همین اشتباه حیاتی را تکرار می‌کنند. آن‌ها نمی‌توانند دریابند که کارگران موجوداتی اجتماعی هستند که برمبنای تفکرشان عمل می‌کنند. آن‌ها کارگران را فقط به شکل نوع خاصی از ابزار کار تلقی می‌کنند و نمی‌توانند از نظر علمی درک کنند که کارگران چه نوع موجوداتی هستند. فقط می‌دانند که وجود این ابزار خاص، کارفرمایان را قادر می‌سازد تا سود بیشتری به جیب بزنند. کارفرمایان می‌دانند که نمی‌توان صرفاً از طریق

کاهش هزینه‌ها، یا حذف قسمت‌هایی از خط تولید و یا از طریق افزایش تعداد کامپیوترها، به سود دست یافت. بلکه، برای بالا بردن میزان سود باید ظرفیت تولید افزایش یابد و برای این کار نیز لازم است تعداد بیشتری از این ابزار خاص، یعنی کارگران، استخدام شوند. این است شیوه‌ی نگرش سرمایه‌داران به کارگران.

کارفرمایان فکر می‌کنند که چنانچه به کارگران شاغل در کارگاهشان نسبت به کارخانه‌های اطراف قدری بیشتر دستمزد بدهند، مدیریت می‌تواند این ابزار خاص را همانند سایر تجهیزات موجود در کارخانه به هر شکلی که لازم می‌داند بکار گیرد. آنان نسبت به کارگران حتی کمتر از کامپیوترهای موجود در کارخانه‌ی خود اهمیت قایل می‌شوند و نسبت به ورود یک ویروس در شبکه‌ی کامپیوتری احساس نگرانی بیشتری دارند تا حیات، سلامتی اعضاء بدن و آینده‌ی انسان‌هایی که برایشان کار می‌کنند. آیا اینچنین نیست؟ علتش این است که آنان بدون پرداخت کمترین هزینه‌ای می‌توانند به هر میزان که نیاز دارند، کارگر جدید استخدام کنند. اما، در مورد کامپیوترها اینچنین نیست؛ زیرا سرمایه‌گذاری و جایگزین کردن آن‌ها خرج برمی‌دارد. این است عواقب اجتماعی پرستش کالا!

لحن صحبت کارفرمایان اینگونه است: "بسیار خوب. تو هر هفته یک فیش حقوق می‌گیری. اگر اینجا را دوست نداری و یا چنانچه ما از تو خوشمان نیامد، فرد دیگری به جای تو استخدام خواهیم کرد. جای نگرانی هم نیست، چون تعداد بیکاران زیاد است و خیلی‌ها از اینکه چنین شغلی داشته باشند ممنون خواهند شد."

ولی موضوع به این سادگی‌ها نیست؛ بخصوص هنگامی که کارگران جوان استخدام می‌شوند. در رفتار کارفرمایان نسبت به کارگران ابتدا اشتباهاتی رخ می‌دهد که گویا بخاطر برداشت غلط از اوضاع موجود صورت گرفته است.

بالاخره، تداوم این اشتباهات از مرز قابل تحمل می‌گذرد و در اینجاست که تعدادی از کارگران جوان می‌گویند: "نه". این کار باعث می‌شود که کارگران مسن‌تر و باتجربه‌تر نیز تجربه‌ی جدیدی بیاموزند و بار دیگر که کارفرمایان پا را از حد فراتر گذارند عده‌ای از آنان نیز بگویند: "نه". بدین ترتیب، پس از گذشت مدت کوتاهی، شرایطی که کارگران برای یک مدت طولانی پذیرفته بودند، دیگر برایشان قابل تحمل نخواهد بود و مبارزه علیه آن جرقه خواهد زد و در شرایطی که کارفرمایان انتظارش را ندارند کارگران دست از کار می‌کشند و اعتصاب راه می‌اندازند. به موازات مقاومت کارگران در مقابل سوءاستفاده‌های کارفرمایان، حیات تازه‌ای به مبارزاتی که از سابقه‌ی طولانی‌تری برخوردار هستند، نظیر اعتصاب کارگران کــــــاترپیلار، دمیده می‌شود. ناگهان کارفرمایان درمی‌یابند که گرداندن کارگاهی که در آن کارگران "جان می‌کنند" اما پول "جان کندن" خود را نمی‌گیرند، خیلی هم کار ساده‌ای نیست (بدین‌ترتیب یکبار دیگر ثابت می‌شود که عمر برخی از تغییرات "فرهنگی" کوتاه‌تر از بقیه است!).

اخیراً، بیش از پیش شاهد اینگونه وقایع بوده‌ایم. بدون اینکه قول بدهیم که تغییر اساسی در مبارزه‌ی طبقاتی رخ خواهد داد، می‌توانیم بگوییم تا زمانی که استخدام‌های جدید ادامه داشته باشد شاهد مقاومت کارگران در ابعاد مختلف خواهیم بود. نسل جدیدی بدین ترتیب وارد کارخانجات می‌شود و این خود باعث بالا رفتن اعتماد به نفس کارگران می‌گردد. در چنین شرایطی شیوه‌های قدیمی پیشبرد کارها برای بسیاری از کارگران جوان غیرقابل قبول جلوه می‌نماید و لذا مقاومت کارگران افزایش خواهد یافت. نیازی نیست که بیش از این مطلبی بیان کنیم.

وقتی مقاومت سرمی‌گیرد، بسیاری از ابداعات که به منظور کاهش هزینه در خط تولید بکار گرفته شده‌اند نیز به عاملی برای مبارزه کارگران تبدیل

می‌شوند. اکنون از نظر مالی کارفرمایان بسیار صرفه‌جویانه عمل می‌کنند و مخارج را به حداقل رسانده‌اند. برای مثال، موجودی انبار مواد اولیه به حداقل رسانده شده است و تحویل مواد اولیه دقیقاً سر موعد مقرر انجام می‌گیرد. آیا اینگونه نیست؟ کارفرمایان خیلی بابت این دست آورد باد به غبغب می‌اندازند. اما، هر قدمی که کارفرمایان برای تداوم خط تولید بر این پایه و اساس برمی‌دارند و فرض را بر این می‌گذارند که هیچگاه گره‌ای در کارها پیش نخواهد آمد، باعث می‌شود که ضربه‌پذیری آنان در هنگام بروز مشکلات افزایش یابد. این شیوه‌ی کار کارفرمایان، وزنه‌ی نسبی طبقه‌ی کارگر و جنبش کارگری را افزایش می‌دهد.

پیوند انواع مبارزات

تغییراتی که در جنبش کارگری پدیدار شده است و تشریح گردید، گرچه کوچک، اما بسیار مهم‌اند. حال چنانچه از جوانانی که در جنبش کارگری نیستند ولی به سوسیالیسم گرایش پیدا کرده‌اند سؤال کنیم که انگیزه‌شان برای این تحول فکری چیست، شاید تغییرات فوق‌الذکر آخرین موضوعی باشد که بدان اشاره کنند؛ حتی اگر خانواده‌ی آنان کارگری باشد. امروزه، اغلب جوانان سوسیالیست به احتمال زیاد به یکی از صفات پلید جامعه‌ی سرمایه‌داری به عنوان موضوعی اشاره خواهند کرد که به آن آگاهی یافته‌اند و شروع به مبارزه علیه آن کرده‌اند؛ نظیر: تهاجم به حقوق زنان در زمینه‌ی کنترل بر بدنشان، تحریم اقتصادی آمریکا علیه کوبا، رفتار یک پلیس نژادپرست، تلاش نظام سرمایه‌داری برای غیرانسانی جلوه دادن کارگران مهاجر، و تخریب محیط زیست. سپس به دنبال جوابی گشته‌اند تا دریابند که علل این پدیده‌های پلید چیست و بعد شروع کرده‌اند به مطالعه، شرکت در جلسات عمومی و جستجو برای یافتن یک سازمان سوسیالیست.

اما، چنانچه قدری عمیق‌تر به مسایل بنگریم، خواهیم دید که مبارزات کارگران، که در حال شکل گیری است، و سیاسی شدن بخش‌هایی از جوانان، بر یکدیگر اثر می‌گذارند؛ به نحوی که واکنش آنان را نسبت به اوضاع اقتصادی و سیاسی جهان، که تشریح شد، شتاب می‌بخشد. هر دو پدیده انعکاسی هستند از مقاومت در مقابل صفات غیرانسانی سرمایه‌داری و اثرات تخریبی این نظام بر همبستگی انسان‌ها. مهمتر از همه اینکه گسترش مقاومت کارگران به جوانانی که رادیکال شده‌اند نشان می‌دهد که نظام نفرت‌انگیز سرمایه‌داری ضربه‌پذیر است و لذا جلب جوانان و ادغام آنان در یک سازمان کارگری کمونیست را میسر می‌سازد.

● اساسی‌ترین پلیدی نظام استثمارگر سرمایه‌داری، تنظیم تمامی روابط اجتماعی به منظور کسب سود بیشتر است. تمام فعل و انفعالات و عملکرد کورکورانه‌ی آن به نحوی است که انسان‌های زحمتکش را در زیر فشارهای اجتماعی له می‌کند و نابود می‌سازد. این نظام بر اقشار مختلف زحمتکشان به شکل‌های گوناگونی اثر می‌گذارد و با استفاده از انواع ستم‌ها و تعصباتی که از ساختارهای اجتماعیِ ماقبل سرمایه‌داری به ارث رسیده‌اند، سودهای کلان به جیب می‌زند. کارگران و مبارزین جوان پس از اینکه به جنبش سوسیالیستی پیوستند از رموز اینگونه امور آگاهی پیدا می‌کنند.

برای اینکه دریابید این پدیده چگونه عمل می‌کند، تنها کافی است که هر هفته روزنامه‌ها را با دقت مطالعه کنید. برای مثال، نتایج تحقیقات دولت نشان می‌دهد که دریافتی ماهانه‌ی ۲۵ درصد از شاغلان آنقدر ناچیز است که سطح زندگیشان در زیر کمربند فقر قرار دارد؛ و این رقم نسبت به سال ۱۹۸۰ در حدود ۵۰ درصد افزایش یافته است. این واقعیت یکبار دیگر دروغ سیاستمداران دو حزب حاکم را برملا می‌سازد که ادعا می‌کنند بودجه‌ی

تخصیص یافته برای کمک به بینوایان باعث می‌شود آنان دیگر تن به کار ندهند. حال آنکه این آمار نشان می‌دهد که میلیون‌ها تن از کارگران به رغم اینکه به کار خود ادامه می‌دهند، و حتی برای حفظ آن مبارزه هم می‌کنند، با این حال هر روز فقیرتر و فقیرتر می‌شوند. این در حالی است که، از این پس، میلیون‌ها تن از کارگران وقتی بیکار شدند، حق بیکاری نیز دریافت نخواهند کرد.

شکاف طبقاتی روز به روز عمیق‌تر می‌شود و نابرابری افزایش می‌یابد. اقشار بالای جامعه که یک درصد یا ۵ درصد و حتی تا حدود ۲۰ درصد جامعه را تشکیل می‌دهند، روز به روز از رفاه بیشتری برخوردار می‌شوند؛ از جمله سرمایه‌داران، مدیران و سرپرستان مشاغل و قشر فوقانی طبقه‌ی متوسط.

در میان اقشار مختلف طبقه‌ی کارگر نیز سطح زندگی از وضع یکسانی برخوردار نیست و فاصله‌ها در حال افزایش است. گردانندگان نظام سرمایه‌داری سعی دارند که از وجود این اختلاف سطح زندگی‌ها بهره جویند و کارگران را به جان هم بیندازند تا بتوانند برنامه‌های تضییقاتی خود را، که هدفش افزایش ثروت و درآمد برنامه‌ریزان است، با سهولت بیشتری به پیش ببرند. آن‌ها می‌گویند که مجبورند از بودجه‌های تأمین اجتماعی، خدمات درمانی، بیمه‌ی بیکاری، بیمه‌ی نقص عضو کارگران و آموزش و پرورش بکاهند. زیرا، در غیراین‌صورت آمریکا نخواهد توانست با کشورهایی رقابت کند که کارگرانشان با درآمد بسیار اندک‌تری امورات خود را به پیش می‌برند. علاوه بر این، می‌گویند پول‌هایی که صرف بن غذا به مستمندان، کمک به خانواده‌های پرجمعیت، کمک‌های درمانی و سایر برنامه‌های دستگیری از بینوایان می‌شود، حکومت را به ورطه‌ی ورشکستگی کشانده است. آن‌ها می‌گویند بچه‌های کارگران مهاجری که مدارک اقامت قانونی ندارند، بودجه‌ی

آموزش و پرورش را تلف می‌کنند و از بخش اورژانس بیمارستان‌ها نیز "سوء استفاده" می‌کنند و به همین دلایل است که به کارگران شاغل نیز نمی‌توانند حقوق بیشتری بپردازند. زیرا، کارفرمایان مجبورند مالیات بپردازند تا مخارج کسانی که با "پول دولت زندگی می‌کنند" تأمین شود.

سرمایه‌داران و "کارشناسان خبره‌ای" که در خدمت این نظام هستند دائماً توضیحاتی سرهم‌بندی می‌کنند تا کارهای خود و فقر زحمت‌کشان را توجیه کنند. به ما می‌گویند که در میان سیاه‌پوستان بسیار فقیر شهرنشین، "فقر فرهنگی" به وضعیت انفجار نزدیک شده است. می‌گویند که رعایت حق تقدم برای اشتغال زنان باعث شده است که مردان هر روز برای یافتن کار با مشکلات بیشتری مواجه شوند. می‌گویند که کارگران مهاجر خودشان حاضرند درازای دستمزد کمتری کار کنند. می‌گویند که سیاهان ریشه‌ی همه‌ی بدبختی‌ها هستند. می‌گویند که زنان ریشه‌ی همه بدبختی‌ها هستند. می‌گویند کسانی که نمی‌توانند انگلیسی صحبت کنند ریشه‌ی همه‌ی بدبختی‌ها هستند. سیاستمداران سرمایه‌داری، ژورنالیست‌ها و آکادمیسین‌ها، انواع و اقسام اینگونه عقاید توجیه‌گرایانه را می‌پرورانند و تحویل جامعه می‌دهند.

تمامی این "توضیحات" دارای یک مفهوم مشترک است: **سرمایه‌داری** ریشه‌ی بدبختی‌ها نیست، بلکه تنها در چند زمینه دچار "زیاده‌روی" شده است؛ و وجود فقر، بیکاری، نژادپرستی، ستم کشیدگی زنان، تخریب محیط زیست، فاشیسم و جنگ، الزاماً ربطی به این موضوع ندارد که یک طبقه‌ی بسیار کوچک که درصد ناچیزی از جمعیت را تشکیل می‌دهد با استفاده از نیروی کار زحمت‌کشان شهر و روستا، که اکثریت قاطع جمعیت را تشکیل می‌دهند، روز به روز ثروتمندتر می‌شود.

و، البته، راه‌حل سرمایه‌داران اصلاً با مشکلات کارگران مرتبط نیست و برای مسایلی نظیر اینکه کارگران خودشان را چگونه باید از نظر سیاسی

متشکل کنند تا در سازمان‌های دفاع از خود، یعنی اتحادیه‌های کارگری، تحولی ایجاد کنند و آن‌ها را به پیش قراولان جنبش تمامی ستمدیدگان و استثمارشدگان تبدیل کنند، راه حلی ارائه نمی‌دهد. راه حل سرمایه‌داران اصلاً با این موضوع که زحمتکشان چگونه باید جنبش انقلابی برای ساختن حکومت کارگران و دهقانان راه بیاندازند، راه را برای ساختن سوسیالیسم باز کنند و در طی این طریق خود را به انسان‌های وارسته‌تری متحول سازند، ارتباطی ندارد. حاکمان سرمایه‌داری *اصلاً مایل نیستند* کارگران و جوانان به چنین نتایجی دست یابند.

● در طی ده سال گذشته، رسانه‌های جمعی سرمایه‌داری افکار عمومی را با این تبلیغات اشباع کرده‌اند که لازم است جوانان به مواد مخدر "فقط بگویند: نه." "صرفاً بگویید: نه!" جنبش انقلابی بیش از هر جنبش دیگری در جامعه‌ی سرمایه‌داری واقف است که چه پتانسیل انسانی عظیمی از طریق مصرف مواد مخدر تلف می‌شود. اما، آیا می‌توانید بگویید که تبلیغ و تهییج سرمایه‌داران در خصوص اینکه "صرفاً بگویید: نه" چه اشکالی در بر دارد؟

مسأله‌ای که سخنگویان سرمایه‌داری جرأت بیانش را ندارند این است که جامعه‌ی آن‌ها جایگزینی ندارد که اکثریت جوانان و زحمتکشان به آن "آری" بگویند. (بگذریم از اینکه توزیع مواد مخدر خود منبع درآمد عظیمی برای سرمایه‌داران است و سیاستمداران و پلیس نیز در سطح وسیعی در این کار دست دارند.) میلیون‌ها نفر از مردم به آنچه به آنان ضرر می‌رساند از جمله مواد مخدر، "نه" نخواهند گفت، مگر اینکه گزینه‌ی بهتری یافته باشند که به آن "آری" بگویند.

آنچه که به آن "آری" خواهیم گفت باید ارزشی والاتر از وجود خودمان را در بر داشته باشد. باید تأییدی باشد بر اینکه ما، همراه با میلیون‌ها نفر دیگر

مثل خودمان، در شکل دادن به تاریخ نقش داریم. ما می‌توانیم جامعه را دگرگون کنیم. می‌توانیم در راه ریشه‌کن کردن ناهنجاری‌هایی که در اطرافمان مشاهده می‌کنیم قدم برداریم. ما قادریم آنچه را که سرمایه‌داران نمی‌توانند، انجام دهیم.

همینکه به یک زندگی فعال و هدف مند، یعنی یک زندگی سیاسی و برنامه‌ریزی شده که ما را به سوی آینده‌ای بهتر رهمنون خواهد ساخت "آری" بگوییم، دیگر نیازی نخواهد بود که کسی برای گفتن "نه" به یک میلیون چیز دیگر، ما را تحت فشار قرار دهد. بجای آن، ما، همراه دیگران، خود را برای "آری" گفتن متشکل خواهیم کرد. آنگاه از وقت و انرژی خود آنگونه استفاده خواهیم کرد تا به انسان والایی تبدیل شویم. آنگونه انسانی که مدارس، رسانه‌های گروهی، کلیسا، و سایر نهادهای سرمایه‌داری به ما می‌آموزند که هرگز قادر به دسترسی به مقام والای آن نیستیم.

کل جامعه‌ی سرمایه‌داری دائماً به جوانان و کارگران آموزش می‌دهد و موعظه می‌کند که به ارزش‌های نهفته در درونمان "نه"بگوییم؛ به پتانسیل نهفته در وجودمان برای متحول ساختن خود و دنیایی که در آن زندگی می‌کنیم، "نه" بگوییم؛ و در یک کلام به پتانسیل انقلابی طبقه‌ی کارگر، "نه" بگوییم. ما را واداشته‌اند که به وجود خود به عنوان موجوداتی بنگریم که فقط شاهدان تاریخ باشیم و نه سازندگان تاریخ. ما را واداشته‌اند که خود را به عنوان موجوداتی بپنداریم که از صدقه‌ی سر فرمانروایانمان زنده هستیم. به ما گاهی دروغ می‌گویند، گاه ستایشمان می‌کنند، گاه تحقیر و تنبیه‌مان می‌کنند، تا بپذیریم که همانند ابزار و ماشین‌آلات با ما برخورد شود؛ همانند تجهیزاتی که برای کارفرمایمان سود می‌سازد. به ما می‌گویند که اگر بیکار شدیم تقصیر خودمان است؛ اگر درآمدمان کفاف مخارجمان را نمی‌دهد تقصیر خودمان است؛ و اگر نمی‌توانیم محل قابل سکونتی را اجاره کنیم تقصیر خودمان است. اگر به مواد

مخدر و سایر کارهای مضری که از روی دلسردی و قبول نزول شأن انسانی خود روی می‌آوریم "نه" نمی‌گوییم، تقصیر خودمان است. به ما می‌گویند که جوانان و کارگران مسئول انجام اینگونه کارها هستند و باید به خاطر آن شماتت شوند.

این دروغی است که کارگران و جوانان، فقط و فقط هنگامی آن را رد خواهند کرد که، دوشادوش دیگران، پا در مسیر مقاومت در مقابل پلیدی‌های سرمایه‌داری گذاشته باشند. آغاز مقاومت در مقابل شرایط غیرانسانی نظام سرمایه‌داری راه را به روی بخشی از این مبارزان می‌گشاید تا در ابعاد گسترده‌تری دست به مبارزه بزنند؛ و از میان صفوف این مبارزین، عده‌ای به سوسیالیسم و طبقه‌ی کارگر جلب خواهند شد.

۷

نتایج سیاسی

تا اواسط سال ۱۹۹۲، اتحاد جوانان سوسیالیست[1] به عنوان یک سازمان سوسیالیست انقلابی و مستقل جوانان که از نظر سیاسی با حزب کارگران سوسیالیست همبستگی داشت، حدود ۳۵ سال در این کشور فعالیت کرده بود. همانگونه که در شروع این سخنرانی عنوان گردید، جنبش کمونیستی در اوایل دهه‌ی ۱۹۹۰ در نتیجه‌ی چندین سال عقب نشینی جنبش کارگری و شکست حکومت‌های کارگران و دهقانان در نیکاراگوئه و گرانادا، تا حدودی کوچک شده و میانگین سن اعضای آن بالا رفته بود. سن و سال و ابعاد تجربیات اکثر رهبران اتحاد جوانان سوسیالیست در حدودی بود که میان این رهبری و تعداد کمی از جوانان، که جدیداً به صفوف این سازمان پیوسته بودند، شکافی پدیدار شده و درحال افزایش بود.

با توجه به شرایط فوق الذکر، رهبری اتحاد جوانان سوسیالیست، با نظر مشورتی کمیته‌ی سراسری حزب کارگران سوسیالیست، در مارس ۱۹۹۲ به این نتیجه رسید که بهتر است خود را منحل کند. در آن مقطع از زمان،

1- Young Socialist Alliance, YSA

هیچگونه فعل و انفعالی در صحنه‌ی سیاسی مشاهده نمی‌شد که گواه بر تجدید حیات سیاسی این سازمان در کوتاه مدت باشد. مهمتراز همه، همانگونه که تغییر و تحولات نشان داد، متعاقباً لایه‌ای از جوانان به جنبش کمونیستی جلب شدند. حال آنکه، چنانچه اتحاد جوانان سوسیالیست با همان ترکیب قبلی، از لحاظ میانگین سن اعضاء، باقی می‌ماند، نمی‌توانست به عنوان یک وسیله‌ی پر جنب و جوش مناسب برای جذب نسل جدید جوانان و واگذاری مسئولیت و وظایف رهبری به آنان به شکل صحیح و مناسب عمل کند. در عین حال، حزب کارگران سوسیالیست نیازمند توانایی‌های سیاسی و انرژی اعضای باتجربه‌ی اتحاد جوانان سوسیالیست بود تا بتوانند شاخه‌های این حزب در اتحادیه‌های کارگری را تقویت کنند و همچنین به تقویت شاخه‌های حزبی و نهادهای تبلیغاتی آن بپردازند و به قطب جذابی برای جلب جوانان تبدیل شوند تا هنگام پیدایش فرصت‌های جدید، از طریق جذب جوانان و کار مشترک با آنان، راهگشای ورود نسل جدیدی به جنبش کمونیستی گردند.

ما متقاعد شده بودیم که، در فاصله‌ای نه چندان دور، مبارزینی از نسل جوان ساختار جدیدی را برمبنای یک پایه‌ی جوان‌تر و لذا قوی‌تری خلق خواهند کرد تا بتواند جنبش کمونیستی جوانان را که اتحاد جوانان سوسیالیست آمریکا جزیی از آن بود، تداوم بخشد. میراث این تداوم برمی‌گردد به جوانانی که بیانیه‌ی کمونیست را تدوین کردند، جوانانی که کمک کردند تا انقلاب اکتبر روسیه در سال ۱۹۱۷ پیروز شود و سپس قدم پیش گذاشتند تا جنبش کمونیستی در جهان ساخته شود تا آنچه را که بلشویک‌ها انجام دادند الگوی خود قرار دهد و با آن همتراز شود.

هنگامی که اتحاد جوانان سوسیالیست منحل شد، بسیاری از اعضای آن، منجمله آنان که هنوز عضو حزب کارگران سوسیالیست نشده بودند، به صفوف این حزب پیوستند. سپس، آنان دوشادوش سایر اعضای این حزب به

فعالیت‌های خود در میان صفوف جوانان در همبستگی با انقلاب کوبا ادامه دادند و در تظاهرات و راهپیمایی‌هایی که پیرامون بسیاری از مسایل سیاسی دیگر شکل می‌گرفت نیز شرکت کردند.

حرکت‌های سوسیالیستی جوانان در ایالات متحده

اکنون که کمتر از دو سال از انحلال اتحاد جوانان سوسیالیست می‌گذرد، ما در این کنفرانس می‌توانیم صحت نتایج خط و مشی اتخاذ شده را دریابیم. زیرا در حدود ۱۰۰ جوان از سراسر ایالات متحده‌ی آمریکا در اینجا گرد آمده‌اند تا یک کمیته‌ی سازماندهی تشکیل دهند. این کمیته، هدف برپایی یک گردهم‌آیی را به منظور سازماندهی مجدد اتحاد سراسری جوانان سوسیالیست دنبال خواهد کرد.

می‌توان اذعان داشت که سیر تحولات و نتایج ناشی از آن، سریع‌تر از پیش‌بینی ما رخ داده است؛ و من مطمئنم که دلیلش حرکت امپریالیسم به سوی فاشیسم و جنگ است که بحث آن در دستور کار ما قرار دارد.

ویژگی غیرقابل انکار این تکامل را، به رغم بالا و پایین‌هایی که دارد، کارگرانِ جوان و دانشجویانی درک و لمس می‌کنند که به مسایل سیاسی بسیار علاقه‌مندند و قدرت بالقوه‌ی جنبش متشکل طبقه‌ی کارگر آنان را به سوی خود جلب کرده است. آنان در می‌یابند که صحنه‌ی کارزاری عظیم از تاریخ بشریت در پیش روی ما قرار دارد و مایلند در جهت تدارک برای مبارزه کوشش کنند و در کسب پیروزی سهیم باشند.

تجدید حیات چرخش به سمت صنعت

ابتکار عملِ جوانان برای ساختن یک سازمان جوانان سوسیالیست، همزمان شده است با تلاش اعضای حزب کارگران سوسیالیست برای تجدید

سازماندهی خود. البته، در برخی موارد ممکن است این تجدید سازماندهی به شکل تعجب‌آوری تغییر سمت گیری اساسی در زمینه‌های مختلف را به دنبال داشته باشد؛ زیرا تنها در این صورت قادر خواهیم بود از گشایش استخدامی جدیدی که در اثر سیر مقطعی صعودی در گردش ادواری تجاری[1] حاصل شده است، بهره‌ی کامل ببریم.(۳۱)

حزب کارگران سوسیالیست از اواسط دهه‌ی ۱۹۷۰ خود را به نحوی سازماندهی کرده است که بتواند از فرصت‌های استخدامی پیش آمده در صنایع، حداکثر بهره را ببرد و اکثریت اعضاء و رهبرانش وارد مشاغل صنعتی جدید شوند تا بتوانند فعالیت‌های سیاسی کمونیستی خود را به نحو احسن در اتحادیه‌های کارگران صنعتی پیش ببرند. اما، تجارب اندوخته‌شده در جنبش کمونیستی از دهه‌ی ۱۹۳۰ تاکنون، مؤید این واقعیت است که صِرف تشکیل شاخه‌های حزبی، متشکل از کارگران سوسیالیست در اتحادیه‌های کارگری، برای پیشبرد کار سیاسی سازمان‌یافته و فعالیت صنفی در کنار سایر کارگران، کفایت نمی‌کند. بلکه، همچنین لازم است که این بدنه‌های حزبی کاملاً هشیارانه عمل کنند و همپای تغییر و تحولاتی که در نحوه‌ی استخدام و سایر تغییرات در صنایع پدیدار می‌گردد، حرکت کنند. به نحوی که بدنه‌های حزبی ما را قادر سازد تا در نسل‌های جدیدی از کارگران ادغام شود و دوشادوش آنان تجربه بیاموزد و رشد کند.

این تدبیر، به خصوص در شرایطی نظیر امروز، حائز اهمیت بسیار است. زیرا، برآیند رشد جنبش کمونیستی آنگونه نیست که چنین تجدید حیاتی را در حالت عادی تضمین کند. کادرهای یک حزب کمونیست، هنگام رشد در ابعادی وسیع، فرجه‌ی بیشتری برای ارتکاب خطا دارند. زیرا، تحرک ایجاد شده اجازه می‌دهد که از کنار بسیاری از گناه‌ها رد شویم و در مسیر پیشرفتمان

1- Upturn in the business cycle

آن‌ها را به دست فراموشی بسپاریم.

بنابر دلایلی که ذکر شد، حزب کارگران سوسیالیست اولویت خاصی برای چرخش به سمت استخدام‌های تازه گشایش یافته قایل شده است. در واقع، فعالیت کنونی، تداوم چرخش به سمت صنایع است که در اواخر دهه‌ی ۱۹۷۰ و اوایل دهه‌ی ۱۹۸۰ کادرهای حزبی آن را آغاز کردند. این کارگر ـ بلشویک‌ها، همراه با سایر کسانی که در طی ۱۵ سال گذشته وارد صنعت شده‌اند، هم اکنون تلاش برای تجدید حیاتِ چرخش به سمت اتحادیه‌های صنعتی را رهبری می‌کنند. بسیاری از آنان در این مدت به اعضای باتجربه‌ی اتحادیه‌های صنعتی تبدیل شده‌اند و عضو شاخه‌های حزبی در صنعت هستند و اکنون داوطلبانه گوی سبقت را در دست گرفته‌اند و در جستجوی اشتغال در صنایع بزرگ‌تر هستند؛ جایی که تعداد قابل توجهی از کارگران جوان در حال استخدام شدن هستند. آنان آندسته اعضای حزب را، که در حال حاضر مشاغل صنعتی ندارند، تشویق می‌کنند تا در این تلاش همراهشان باشند. برخی از جوانان سوسیالیست در حال حاضر مشغول کسب اولین تجارب خود در زمینه‌ی کار در صنایع و پیشبرد مسئولیت‌های سیاسی به شکل دستجمعی و به عنوان اعضای شاخه‌های حزبی در اتحادیه‌های صنعتی هستند.

● لازم است برای تجدید حیات چرخشِ حزب به سوی صنعت، کار آگاهانه‌ی سیاسی انجام پذیرد. از جمله اینکه باید در شهرهایی که جنبش کمونیستی فعال است، شاخه‌های حزبی فعال در اتحادیه‌ها را از نظر ترکیب اعضاء و وضعیت کلی‌شان دقیقاً ارزیابی کنیم. این کاری است که باید انجام بگیرد تا کارگران کمونیست ***جزیی از نسلی بشوند*** که در حال جذب شدن به معادن، صنایع و کارخانجات هستند و، با این نسل، تجربه‌ی مشترک کسب

کنند. بدین ترتیب، تمامی فعالیت‌های ما در اتحادیه‌های کارگری متحول خواهد شد و تجدید حیات خواهد یافت.

حدود یک هفته پس از اتمام این گردهم‌آیی، انتشارات پاث فایندر چاپ جدیدی از کتاب **چهره‌ی متغیّر سیاست در آمریکا: سیاست‌های طبقه‌ی کارگر و اتحادیه‌های کارگری**[1] را منتشر خواهد کرد که نسبت به چاپ قبلی حاوی مطالب بیشتری خواهد بود. این کتاب از بسیاری از جهات شبیه کتابی کاملاً جدید خواهد بود. مطالب آن تماماً تجدید سازمان یافته و مقادیر قابل توجهی مطالب جدید در زمینه‌ی چرخش حزب به سمت صنعت به آن اضافه شده است. علاوه بر آن، شاخه‌های حزبمان در صنایع در طول جنگ واشنگتن علیه عراق در سال‌های ۱۹۹۰ و ۱۹۹۱ در میان کارگران به تبلیغ و تهییج علیه امپریالیسم و جنگ پرداختند که این تجربه نیز در این کتاب ادغام شده است. با توجه به گشایش‌های سیاسی مورد بحث، کارگران کمونیست و جوانان می‌توانند این کتاب را به عنوان یک سلاح سیاسی مورد استفاده قرار دهند، آن را مطالعه و در ابعاد هر چه وسیع‌تری پخش کنند. به علاوه، مقدمه‌ی جدیدی برای چاپ جدید کتاب نوشته شده که در آن اوضاع و شرایط بهبود یافته‌ی موجود تشریح و تصویری از چشم‌انداز تقویت جنبش کمونیستی در اتحادیه‌های کارگری ارائه شده است.

مهم‌ترین قدم جدیدی که در زمینه‌ی چرخش به سمت صنعت باید برداشته شود، سازماندهی حزب به منظور استفاده از موقعیت استخدام‌های تازه گشایش یافته است. از آن زمان که سازماندهی شاخه‌های حزبی را در ناحیه‌ی *آیووا* آغاز و شاخه‌ی سراسری حزب در اتحادیه‌های صنایع غذایی را در سال ۱۹۸۶ بنیان‌گذاری کردیم، این مهم‌ترین قدمی است که در زمینه‌ی

1- *The Changing Face of U.S. Politics: Working Class Politics and the Trade Unions.*

چرخش برمی‌داریم. شاید حتی بهتر باشد که بگوییم این مهم‌ترین قدم ما از فوریه ۱۹۷۸ است؛ هنگامی که فرایند ورود اکثریت اعضاء و رهبران حزب به اتحادیه‌های صنعتی را آغاز کردیم. پیمودن این مسیر، هم برای تجدید حیات فعالیت حزب در اتحادیه‌های صنعتی لازم است و هم کمک می‌کند تا نهادهای تبلیغاتی شاخه‌های حزبی به شکل جامع‌تری درآیند و فراخور حال یک حزب کارگران کمونیست عمل کنند.

تجدید حیات چرخش به سمت صنعت، شاخص‌ترین فعالیتی است که اعضای حزب کارگران سوسیالیست باید پیش ببرند تا بتوانند با فعالین سازماندهی تشکل سراسری جوانان سوسیالیست در ایالات متحده آمریکا همسو شوند. به هر میزانی که کادرهای باتجربه‌ی بیشتری در فعالیت‌های بازسازی، تجدید سازماندهی و تجدید حیات شاخه‌های حزبی، مستقیماً درگیر شوند، به همان میزان نیز تلاش جنبش کمونیستی برای جلب مبارزین جوانی که به سوی سوسیالیسم جلب می‌شوند، موفق‌تر خواهد بود. همین مسایل، برای سایر انجمن‌های کمونیست که در دیگر کشورهای سرمایه‌داری، برخوردار از سیر صعودی گردش تناوبی تجاری و گشایش استخدام‌های جدید، فعالیت دارند، عیناً مطرح است.

دلیل ما برای تجدید حیات چرخش، این نیست که با خیزش همه جانبه‌ی مبارزات کارگری ـ نظیر جنبشی که در دهه‌ی ۱۹۳۰ به رهبری سی‌آی‌او[1] و برای تشکیل اتحادیه‌های صنعتی شکل گرفت ـ مواجه هستیم. البته، آنگونه مبارزات در آینده پیش خواهد آمد، ولی چون نمی‌توانیم پیشگویی کنیم که چگونه و در چه زمانی شروع خواهد شد، لذا نمی‌توانیم آن را مبنای حرکت خود قرار دهیم.

اما، آنچه می‌توانیم بگوییم و می‌گوییم، این است که مقاومت بسیار محدود

1- Congress of Industrial Organizations (CIO) (کنگره‌ی سازمان‌های صنعتی)

اتحادیه‌ها هم اکنون باعث شده است که شرایط سیاسی بهتری فراهم آید، به نحوی که حرکت تمرکز یافته‌ی ما با موفقیت بیشتری روبرو خواهد شد. همچنانکه تعداد جوانانی که پا به صنایع می‌گذارند افزایش می‌یابد و کارفرمایان بر مواضع خود در زمینه‌ی دستمزد، تعداد ساعات کار و شرایط نامساعد کار پافشاری می‌کنند، شاهد مقاومت بیشتری از جانب کارگران خواهیم بود. این کارگران همانند هم‌قطاران با تجربه‌ی خود نیستند و با آنان فرق دارند، چرا که مجبور نشده‌اند در طی ۱۰ سال گذشته یک بار، دو و حتی سه بار در مقابل تهاجم کارفرمایان عقب نشینی کنند. پیکر جوانان هنوز با اینگونه جراحات و زخم‌های ناشی از سکون و شکست، آشنا نشده است. کارگران جوان حتی زمانی که اخراج می‌شوند اطمینان دارند که دوباره استخدام خواهند شد و آماده‌اند تا مبارزه را مجدداً از سر گیرند. این تجدید حیات، بر سایر کارگران نیز اثر خواهد گذاشت به نحوی که برای "صرفاً نه گفتن" از آمادگی بیشتری برخوردار خواهند بود؛ آن هم به گونه‌ای که کارفرمایان اصلاً انتظار شنیدنش را ندارند.

بحران رهبری طبقه‌ی کارگر

کارگران جهان برای این واقعیت که در هیچ یک از کشورهای پیشرفته‌ی صنعتی انقلاب سوسیالیستی به پیروزی نرسیده است تاکنون بهای گزافی پرداخته‌اند. هرکس که سخنرانی‌ها و نوشته‌های رهبران کمونیست نظیر وی.آی. لنین و لئون تروتسکی را خوانده باشد درمی‌یابد که پیروزی انقلاب سوسیالیستی، حتی در یکی از کشورهای بسیار پیشرفته‌ی سرمایه‌داری نظیر آلمان، چه مفهومی برای کارگران و دهقانان جمهوری جوان شوروی، پس از انقلاب اکتبر، در بر می‌داشت؛ و چگونه بلشویک‌ها به آن امید بسته بودند، آن را قابل دسترس می‌دانستند و تمام تلاش خود را برای پیشرفت آن بکار

می‌بردند. یک چنین پیروزی، فشار عظیمی را از دوش زحمتکشان شوروی برمی‌داشت و رابطه‌ی نیروها را به نفع مقاومت در مقابل حرکت ضدانقلابی قشر انگل صفتی که جوزف استالین سخنگوی آن بود تغییر می‌داد.

انقلاب‌های کارگری ظفرمند در کشورهای صنعتی ناکام ماندند زیرا نیروهای وزین طبقاتی سوسیال دموکرات‌ها و سپس استالینیست‌ها آن‌ها را به بیراهه بردند. با توجه به تضعیف کیفی جنبش استالینیستی در سال‌های اخیر و افزایش توانمندی و رشد رو به فزونی طبقه‌ی کارگر، به عنوان بخشی از جمعیت تولید کننده در سطح جهان، هیچ دلیلی ندارد که فرض را بر این قرار دهیم که در کشورهای امپریالیستی، در طی چند دهه‌ی آینده، یکبار دیگر مسیر شکست انقلاب پیموده شود. این واقعیت تأکیدی است بر مسئولیت عظیمی که بر دوش جنبش طبقه‌ی کارگر در کشورهای امپریالیستی قرار گرفته است؛ بخصوص بر دوش هسته‌هایی از طلیعه‌داران سیاسی یعنی انجمن کمونیست، منجمله حزب کارگران سوسیالیست ایالات متحده و همفکرانش در سایر کشورهای جهان.

بارها توضیح داده‌ایم که تداوم هر گونه جنبش کمونیستی هدفمندی در دولت‌های کارگری شوروی و اروپای شرقی ده‌ها سال پیش قطع شده و از میان رفته است. در تمامی این دولت‌های کارگری منحط و ناقص‌الخلقه، استالینیست‌ها ـ که تجسم یک ضدانقلاب خونین علیه بلشویسم و کمونیست‌های جنبش کارگری هستند ـ آن دسته از انقلابیونی را که نتوانستند به فساد بکشانند، دلسرد کنند و یا زندگی سیاسی را از آنان بگیرند به روش‌های خاص و منظمی به قتل رسانده‌اند.

اکنون در مقطعی از زمان بسر می‌بریم که دولت‌های پلیسی که کارگران و جوانان کشورهای امپریالیستی را از خواهران و برادرانمان در شوروی و اروپای شرقی با سرکوب و ترور دور نگه می‌داشتند وجود خارجی ندارند و

متعلق به دنیای گذشته هستند. بیش از این نمی‌توانند طبقه‌ی کارگر را در این کشورها همانند نیم قرن گذشته از صحنه‌ی سیاسی دور نگهدارند؛ و بحث‌هایمان نشان داد در چین، کشوری که طبقه‌ی کارگر در حال رشد است، نیز همان روال حاکم است. همگام با آشکار شدن مبارزات طبقاتی در ابعاد جهانی، در معادلات ارزیابی نیروها، به نقش طبقه‌ی کارگر کشورهای فوق‌الذکر نیز اهمیت بیشتری داده می‌شود.

آنچه بیش از هر چیز اهمیت دارد این حقیقت است که عمدتاً در قرن حاضر اکثریت قریب به اتفاق شایسته‌ترین اعضای نسل جدید کارگران انقلابی و جوانان در کشورهای امپریالیستی و جهان سوم به سوی پدیده‌ای جلب می‌شدند که تصور می‌کردند آن پدیده همان کمونیسم است ولی در واقع جنبش استالینیست‌ها بود. سپس در طول زمان به فساد کشانده می‌شدند و شخصیت انقلابی‌شان نابود می‌شد. سرنوشت چندین نسل از اواخر دهه‌ی ۱۹۲۰ به بعد اینگونه رقم زده شده است.

اما، اکنون آن مانع عظیم بطور کیفی تضعیف شده است. در طول زمانی متجاوز از نیم قرن، از تبدیل شدن کمونیست‌ها به یک روند قابل توجه در جنبش کارگری جلوگیری می‌شد. تنها استثناء از این قاعده‌ی کلی کشور کوبا بود. در ایالات متحده‌ی آمریکا نیز در مقاطعی از زمان، ما رهبری مبارزات طبقاتی مهمی را بر عهده داشتیم، که نشان می‌داد در تحت شرایط مناسب، چه امکانات مساعدی وجود دارد. اما ابعاد دخالت ما خیلی گسترده نبود. بهترین مثال از نقش ما در جنبش کارگری که از آن مطلع هستیم زمانی بود که در دهه‌ی ۱۹۳۰ کارگران کمونیست موفق شدند رهبری اتحادیه‌ی تیمستر[1] را در مناطق مینیاپولیس و آپرمیدوست به دست بیاورند. شرح تاریخ ماوقع و تجارب و درس‌های این مبارزات در کتابی چهار جلدی به قلم فارل دابز[2]

1- Teamster Union (اتحادیه رانندگان کامیون و کارگران حمل و نقل)

2- Farrel Dobs

نوشته شده و انتشارات پاث فایندر آن را به چاپ رسانده است.(۳۲)

حتی در مورد رهبری اتحادیه تیمستر نیز باید به خاطر داشته باشیم فارل دابز توضیح می‌دهد که، در این جنبشِ اتحادیه‌ای، هرگز یک جناح چپ مجهز به برنامه‌ی مبارزه ـ طبقاتی تشکیل نشد تا کمونیست‌ها رهبری آن را در دست بگیرند. بلکه، آنان صرفاً سازماندهندگان یک هسته‌ی کوچک رهبری کننده بودند که اگر مبارزه‌ی طبقاتی در ابعاد وسیع‌تری گسترش می‌یافت می‌توانستند چنین مسئولیتی را به دوش بکشند. اما، چنین فرصتی به دلایل ذیل از ما گرفته شد: نقش وزین گمراه‌کنندگان استالینیست در جنبش سراسری اتحادیه‌های کارگری، و شتابی که واشنگتن به تدارک برای ورود به جنگ جهانی دوم داد. از جمله اینکه دولت آمریکا ۱۸ تن از رهبران اتحادیه کارگری تیمستر و حزب کارگران سوسیالیست را در آستانه‌ی ورود به جنگ و در طول جنگ از طریق پاپوش‌دوزی به زندان انداخت.

درک اینکه چرا از اواخر دهه‌ی ۱۹۲۰ تا کنون، جلوی تبدیل شدن کمونیست‌ها به یک قطب جذاب در جنبش کارگری جهان گرفته شده است کمک می‌کند تا دریابیم چرا ظهور رهبری کمونیست انقلاب کوبا برای ما از ارزش بسیار والایی برخوردار بوده است. رهبری ۲۶ ژوئیه، که فیدل کاسترو، ارنستو چه‌گوارا و سایرین، رهبران مرکزی آن بودند، اولین روندی بود که استالینیست‌ها را کنار زد و کارگران و دهقانان را در یک انقلاب موفق ضدسرمایه‌داری رهبری کرد. انقلابی که از بدو تولدش ناقص‌الخلقه به دنیا نیامده بود و راهگشای انقلاب سوسیالیستی در قاره‌ی آمریکا شد.

● در کوبا یک رهبری خرده بورژوا سکان را در دست گرفت و جنبش انقلابی را متشکل و هماهنگ کرد. تعدادی از اعضای مرکزی این رهبری، در ابتدای زندگی سیاسی، خود را در مکتب مارکسیسم تعلیم داده بودند. این جنبش

انقلابی موفق شد کارگران و کشاورزان را در یک انقلاب ضدامپریالیستی هدایت کند و آن را به سمت مقصد مورد نظر یعنی مرحله‌ی ضدسرمایه‌داری هدایت کند. این رهبران، در طول مسیری که طی شد، کسانی را که مدعی سخنگویی به نام کمونیسم بودند کنار زدند و یک حزب کمونیست اصیل را در میان کارگران کوبایی بنیان‌گذاری کردند.

اکنون ۳۵ سال از آن تاریخ می‌گذرد و پدیده‌ی کوبا هرگز تکرار نشده است. تحولات امیدوارکننده‌ای که در گرانادا و نیکاراگوئه به وقوع پیوستند تا حدودی در همان مسیر پیش رفتند، اما، نهایتاً عقب گرد کردند و شکست خوردند. در شکست گرانادا استالینیست‌ها مسئولیت سرنوشت سازی داشتند. در مورد شکست نیکاراگوئه نیز استالینیست‌ها سهم به سزایی داشتند.(۳۳) پیشروی انقلاب ملی و دموکراتیک در آفریقای جنوبی شرایط خاصی را فراهم آورده و این امکان حاصل شده است که از میان صفوف فداکارترین اعضای کنگره‌ی ملی آفریقا، شالوده‌ی تشکیل یک رهبری کمونیست طبقه‌ی کارگر ریخته شود.

اما، تاکنون در هیچ نقطه‌ای از جهان، هرگز یک رهبری گمراه‌کننده‌ی استالینیست که بافت اعضای آن خرده بورژوا بوده به یک رهبری کمونیست کارگری متحول نشده است. حتی در انقلاب‌هایی که پس از جنگ جهانی دوم به پیروزی رسیدند و از جمله در چین، یوگسلاوی و ویتنام نیز چنین تحولی حاصل نشد. در این انقلاب‌ها به دلایل خاص و مرتبط با شرایط ویژه‌ی تاریخی، احزاب استالینیست از حدودی که ما قبلاً برای آن‌ها متصور شده بودیم پا را فراتر گذاشتند، در رأس انقلاب‌های قدرتمند کارگری و دهقانی قرار گرفتند و روابط سرمایه‌داری را برانداختند.(۳۴) اما رهبری‌های استالینیست چین، یوگسلاوی و ویتنام، هرگز یک رهبری کارگری کمونیست نبودند و متعاقباً نیز چنین تحولی پیدا نکردند. آنان، در واقع، رهبری‌های انقلابی

کارگری را، که در جهت منافع طبقه‌ی کارگر حرکت می‌کردند، مرعوب و زندانی کردند و چنانچه اینگونه اقدامات اثر نبخشید در بسیاری از موارد رهبران انقلابی را به قتل رساندند. صحت این موضوع قاعدتاً باید تاکنون در کارنامه‌ی تاریخ، روشن و واضح شده باشد.

سوابق تاریخی موجود، تأیید قاطعی است بر اینکه چرا جنبش کمونیستی از شروع حرکتش در زمان مارکس و انگلس و کارگران انقلابی انجمن کمونیست، تا زمان لنین و بلشویک‌ها و تا شکل‌گیری اپوزیسیون کمونیستی، که تروتسکی آن را رهبری می‌کرد، و تا مقطع کنونی، همواره سعی داشته است خود را از طریق پیوند با جنبش کارگری استحکام بخشد و به سختی پولاد شود، تا بتواند در درجه‌ی اول در مقابل توهمات ذهنی یک رهبری طبقه-متوسط بورژوا که به طور غیرقابل اجتنابی به سازش با سرمایه‌داری ختم می‌شود مقاومت کند.

بحران رهبری طبقه‌ی کارگر، همچنان، به عنوان بزرگترین مانع در مسیر پیشروی انقلاب سوسیالیستی باقی مانده است و این پدیده هنوز هم به عنوان روند غالب قرن حاضر پابرجاست. بدون حل بحران رهبری طبقه‌ی خود، ما کارگران هرگز قادر نخواهیم بود که رو در روی طبقه‌ی سرمایه‌داران بایستیم و در مقابله با آن طبقه پیروز شویم.

برای غلبه بر بحران فوق‌الذکر، مهمترین سدی که پیش‌روی کارگران قرار دارد طبقه‌ی سرمایه‌داران نیست. زیرا، بتدریج که تضادهای طبقاتی عمیق‌تر و خشونت‌آمیزتر می‌شود ـ به‌خصوص در کشورهای امپریالیستی و کشورهای نیمه مستعمره‌ی صنعتی و پیشرفته ـ طبقه‌ی کارگر برای یافتن رهبرانش، در صحنه‌ی کارزار، به طبقه‌ی سرمایه‌داران و احزابشان چشم نخواهد دوخت. هنگامی که کارگران، در ابعاد صدها هزار و میلیون‌ها نفر، در عمل وارد صحنه‌ی مبارزه‌ی طبقاتی می‌شوند ـ یعنی دقیقاً زمانی که سیاست واقعی

انقلابی شروع می‌شود ــ کارگران از آن پس از طبقه‌ی سرمایه‌داران تبعیت نمی‌کنند. واقعیت این است که منطق مبارزه، کارگران را مجبور می‌سازد که با سرمایه‌داری به مخالفت برخیزند و از دنباله‌روی از طبقه‌ی سرمایه‌داران و نهادهای سیاسی‌شان قطع امید کنند و از آن طبقه بِبُرند. در این هنگام، کارگران در ابعاد هرچه وسیع‌تری دست رد به سینه‌ی رهبری طبقه‌ی سرمایه‌داران خواهند زد.

در چنین مقاطعی از زمان، که نقاط عطف تاریخ هستند، بهترین مبارزین صفوف طلیعه‌دارانِ جنبش کارگری، از راه مستقیم و بدون واسطه، از نیروهای سیاسی سرمایه‌داران گول نمی‌خورند و گمراه نمی‌شوند. بلکه، همواره اینگونه مبارزین زمانی گمراه می‌شوند که به نیروهای خرده بورژوا دل می‌بندند. نیروهایی که بافت آن‌ها از نوع طبقه‌ی متوسط است اما در ظاهر مدعی هستند که یک رهبری از نوع رهبری کارگری سوسیالیست هستند. این همان اتفاقی است که در آستانه‌ی قرن حاضر رخ داد. در آن زمان اکثریت قریب به اتفاق رهبری‌های احزاب سوسیال دموکراتِ بین‌الملل دوم، کارگران کشور خود را به قتلگاه جنگ جهانی اول هدایت کردند. در اواخر دهه‌ی ۱۹۲۰ و اوایل دهه‌ی ۱۹۳۰ نیز همین واقعه‌ی اسفناک به دست گمراه‌کنندگان استالینیست که فرمانبردار بی‌چون و چرای دستگاه قتل و کشتار متمرکز در مسکو بودند تکرار شد؛ و بدین ترتیب مبارزات کارگران آنگونه هدایت شد که از چین تا آلمان و از اسپانیا تا فرانسه، یکی پس از دیگری به شکست انجامید و در نهایت شرایطی فراهم آمد که جنبش کارگری در مقابل حرکت سرمایه‌داران به سوی جنگ جهانی دوم، عکس‌العملی از خود نشان نداد و به آن پشت کرد.

البته، کمونیست‌ها، بر پایه‌ی حقایق تاریخی، بر این امر واقفند که وقتی طبقه‌ی کارگر نقش رهبری‌کننده‌ی خود را در مبارزات قدرتمند طبقاتی به نمایش گذارد، نه‌تنها زحمتکشان غیرصنعتی به صفوف آن جلب می‌شوند،

بلکه، طبقات متوسط نیز به سوی جنبش کارگری جذب می‌شوند. حتی بسیاری از افراد قشر میانی نیز به کمونیست‌های متعهدی تبدیل می‌شوند. بعلاوه، قسمت اعظم طبقه‌ی متوسط کم‌درآمد را نیز می‌توان جلب کرد و نه‌تنها می‌توان باعث شد که تحت تأثیر عوامفریبی فاشیست‌ها قرار نگیرند، بلکه برعکس، در مبارزه برای تشکیل حکومت کارگران و دهقانان از کارگران کمونیست حمایت کنند. اما، این‌ها همه فقط در صورتی تحقق پیدا می‌کند که کارگران طلیعه‌دار، خط و مشی سیاسی پیگیرانه‌ای را فقط به منظور هدایت رژه‌ی استراتژیک طبقه‌ی کارگر تنظیم کنند و حرکت خود را برمبنای نگرانی‌ها و معیارهای طبقه‌ی متوسط منطبق نسازند، همانند این اقشار، قدم‌های خود را با دودلی و زیگزاگ برندارند و برنامه‌ی خود را خطاب به طبقه‌ی کارگر تدوین کنند، نه اینکه آن را به طبقه‌ی متوسط توصیه کنند.

چشم‌انداز مقابله با حرکت امپریالیسم به سوی فاشیسم و جنگ

در اوایل سال جاری (ژانویه ۱۹۹۴) چند تن از رهبران حزب کارگران سوسیالیست به نمایندگی از طرف این حزب، در چهارمین اجلاس برای "همبستگی و دفاع از حق حاکمیت و حق تعیین سرنوشت کشورهای منطقه‌ی کارائیب و آمریکای لاتین" که در هاوانا تشکیل شد شرکت کردند. نشریه‌ی میلیتانت در گزارشی که از این اجلاس به چاپ رسانید، قسمتی از نطق اختتامیه‌ی فیدل کاسترو رئیس جمهور کوبا را اینگونه نقل کرد: "در نخستین روزی که پا به سال ۲۰۰۰ خواهیم گذاشت، چه در آمریکای لاتین و یا هر نقطه‌ی دیگری از جهان، نخواهیم توانست به یکدیگر بگوییم: 'قرن نو مبارک'. جوهره‌ی واقعیتی که در پیش روی ما قرار دارد از هم‌اکنون آشکار شده و آنچه در انتظار ما نشسته این است: سعی، تلاش و مبارزه‌ی بی‌امان." این سخنان را کاسترو به ۱۲۰۰ نماینده‌ای که از سراسر قاره‌ی آمریکا حضور یافته

بودند خطاب کرد.

نظر کاسترو مبتنی بر اینکه بی‌ثباتی و تضادهای اجتماعی در آستانه‌ی قرن جدید نه تنها بر آمریکای لاتین بلکه بر تمام جهان حاکم خواهد بود صحیح است. اما، لازم است مطلب دیگری نیز به این واقعیت اضافه شود: مهمترین درسی که طبقه‌ی کارگر در طی قرن بیستم فرا گرفته این است که چنانچه قبلاً برای ساختن یک حزب کمونیست به اندازه‌ی کافی کار نشده باشد، هنگامی که شرایط انقلابی فرا می‌رسد دیگر خیلی دیر شده است و از دستمان کاری ساخته نخواهد بود.

طبقه‌ی ما از بدو تولدش، تاکنون به دفعات، رهبری‌های طبقه‌ی متوسطِ رادیکال را تجربه کرده است؛ از انقلاب ۱۸۴۸ و کمون پاریس در قرن گذشته گرفته تا تجربیاتش در قرن حاضر که قبلاً به آن اشاره کرده‌ایم.(۳۵) تاریخ نشان می‌دهد که روندهای سیاسی غیرکارگری، به رغم اینکه تا چه میزان برای خود اعتبار کسب کرده باشند، زیر فشار مبارزات عظیم و سهمگین طبقاتی که تحت نظام سرمایه‌داری غیرقابل اجتناب هستند، خم و تسلیم می‌شوند. لذا، چنانچه طبقه‌ی کارگر رهبری‌اش را از میان صفوف خود پرورش نداده باشد، آنگاه کارش به شکست خواهد انجامید؛ آن نوعی از رهبری که از تجارب سیاسی کافی برخوردار باشد، در مبارزه‌ی طبقاتی آبدیده شده باشد و هنگامی که شرایط انقلابی فرا می‌رسد از هم فرو نپاشد.

اما، مشکل اینجاست که کارگران انقلابی هنگامی می‌توانند ثابت کنند که ساختن حزب کمونیست کاری ارزشمند است که اگر قبلاً قسمت مهمی از کار انجام نشده باشد، دیگر کار از کار گذشته است. هنگامی فرد فرد مبارزینِ برخوردار از آگاهی طبقاتی درمی‌یابند که تلاش برای ساختن یگانه حزب با اعتماد به نفسی که بتواند قاطعانه رهبری را به دست گیرد کاری ارزشمند بوده که مهم‌ترین و مشکل‌ترین آزمایش تاریخ بشریت فرا رسیده است و فقط در

آن لحظه بدین امر مهم پی‌خواهند برد.

انقلابیون باید همین امروز را بخشی از تاریخ بدانند و شالوده‌ی زندگی و عملکرد خود را بر مبنای این باور پی‌ریزی کنند. اصول نظری ما بر پایه‌ی تعداد احکام آمرانه و فلسفه‌ی جزمی (دُگم)^1 یا دستورالعمل‌های راهبری، و "من به تو دستور می‌دهم" ها پایه‌ریزی نشده‌اند. بلکه نظریاتی هستند که برمبنای عمومیت دادن به خطوط کلی حرکت طبقه و جمع‌بندی درس‌های استراتژیک سیاسی، که طبقه‌ی ما از طریق از جان گذشتگی و مبارزات خونین کسب کرده، تنظیم شده است. این درس‌ها پربهاترین سرمایه‌ی جنبش کمونیستی و ارزشمندترین سلاح‌های ما هستند. از طریق جذب این درس‌های تاریخی و کاربرد روزانه و هفتگی آن‌ها در فعالیت‌های یک جنبش متشکل کمونیستی در سطح جهان، این امکان فراهم می‌آید تا هنگامی‌که صدای دندان قروچه‌های انقلاب برآمد، میلیون‌ها انسان کمونیست بتوانند درباره‌ی آنچه ضروری است بیندیشند و با انضباط کامل به آن عمل کنند.

هنگامی که آن لحظه‌ی تاریخی فرا می‌رسد، باید میلیون‌ها انسانی که صرفاً برمبنای تجارب کلی سیاسی و طبقاتی خود عمل می‌کنند قبلاً به درک سیاسی لازم دست یافته باشند، استراتژی را بفهمند و برمبنای انضباط طبقاتی عمل کنند و، در غیر این صورت، مبارزه شکست خواهد خورد. یا کارگران کمونیست به طرز صحیحی عمل خواهند کرد و باعث جلب دیگران خواهند شد و آنان را به نحوی رهبری خواهند کرد که با مدعیان دروغین دفاع از ستمدیدگان و استثمارشدگان به مخالفت برخیزند و یا سرمایه‌داران و مباشرینِ خرده بورژوای آنان در جنبش کارگری، جنبش انقلابی را در خون خودش غرق خواهند کرد. بدین لحاظ، ساختن حزب کمونیست امری ضروری است.

1- Dogmatic

● هر قدمی که کمونیست‌ها برمی‌دارند برای تحقق تنها هدفی است که در سر می‌پرورانند؛ و آن آماده ساختن حزبی است که در صحنه‌های کارزار برای کسب قدرت، شایستگی لازم برای رویارویی با دشواری‌ها را داشته باشد. هر قدم ما، صرفاً، برای آماده سازی حزب کارگر ـ بلشویک‌ها است. حزبی که در مسیر حرکت به سمت تشکیل حکومت کارگران و دهقانان، شایستگی لازم برای رهبری طبقه‌مان و یارانش را داشته باشد تا بتواند مانع از وقوع فاجعه‌ای بشود که سرمایه‌داران بشریت را به سویش هدایت می‌کنند. جوزف هانسن، کهنه سرباز کمونیست، حساسیت مسأله را اینگونه توضیح می‌دهد:

"ناگهان، دور از ذهن‌ترین سؤالات، مربوط به حوزه‌ی نظری، به طریقی خود را در صحنه‌ی سیاست مطرح می‌کند و آنگونه پاسخی می‌طلبد که نوعاً می‌تواند به شکل تعیین کننده‌ای بر سرنوشت گروه‌ها و روندهایی که برای تسخیر جایگاه رهبری طبقه‌ی کارگر تلاش می‌کنند تأثیر بگذارد. بنابراین، مسایل مبارزه برای کسب قدرت را نمی‌توان به شکل منجمد شده‌ای درآورد و آن را به کناری نهاد 'تا در زمان مناسب' به آن پاسخ داده شود. بلکه، اینگونه مسایل هم‌اکنون نیز در پیش روی ما قرار دارند، چه به شکل اتفاقات مهم بین‌المللی که اتخاذ موضع می‌طلبند (نظیر پیروزی انقلاب کوبا)، و چه به صورت دست‌یابی به درک صحیح‌تری از مبارزات در شرف وقوع.

"بعلاوه، مسأله‌ی مبارزه برای کسب قدرت و حل مشکلات ناشی از آن و انجام وظایفی که از آن منتج می‌شود، باید به عنوان هدف مرکزی دائماً مدنظر قرار گیرد و لازم است چگونگی دست یافتن به مرحله‌ی نهایی آن، همواره محور اصلی کلیه تصمیمات ما را تشکیل دهد؛ و تمامی ابزار و مسیرها به نحوی انتخاب شود که دست‌یابی به هدف کسب قدرت را ممکن سازد."(۳۶)

همواره میان واقعیتی که در پیش روی ما قرار دارد و باور کمونیست‌ها مبتنی بر پیشبرد یک خط و مشی انقلابی، خلایی موجود است. نباید چنین

پنداشت که صرف رفتار و عادات شایسته‌ی یک کمونیست و نتایج کوتاه مدت ناشی از آن، فی‌نفسه کافی است تا کارگران و دانشجویان مبارزی را که به جنبش کارگری جلب می‌شوند متقاعد کند که ساختن یک سازمان کمونیستی امری ضروری است.

میزان موفقیت کمونیست‌ها در پی‌ریزی یک حزب کمونیست و ساختن جنبش جهانی، بستگی دارد به اینکه تا چه میزان بتوانند ارتباط میان تاریخ و حال را در ذهن مبارزان جا بیندازند و از مبانی نظری خود، سلاحی کوبنده بسازند و آن را در دست مبارزین قرار دهند. ما کارگران رزمنده و جوانان باید نظم و انضباط را بیاموزیم، با نحوه‌ی صحیح مطالعه کردن آشنا شویم و یاد بگیریم که چگونه مسایل را مستقلاً تجزیه و تحلیل کنیم. باید بیاموزیم که درس‌های اسلاف طبقه‌ی خود را که با ریختن عرق و خون به دست آمده است همانند دُرّ گرانبهایی پاس بداریم. هیچ یک از رسم و رسومات ارزشمند جنبش کارگری، دلایل احساسی و یا تشریفاتی ندارد. به عبارتی، رسومات سیاسی ما، یا جزیی از زرادخانه‌ی سیاست انقلابی ما هستند و یا فاقد ارزش‌اند و باید کنار گذاشته شوند.

اگر سعی کنیم دیدگاه تاریخی را کنار بگذاریم و خط و مشی کمونیستی را صرفاً برمبنای نتایج روزانه‌ی کارهایمان توجیه کنیم، آنگاه چنین به نظر می‌رسیم که عضو فرقه‌ای هستیم که صرفاً شعار می‌دهیم، یا بهتر است بگوییم که عملاً به چنین فرقه‌ای تبدیل می‌شویم. در این صورت، این سوء تفاهم پیش می‌آید که گویا ما خود را از مبارزاتی که برای خواسته‌های فوری، جزیی و دفاع از حقوق دموکراتیک انجام می‌گیرد کنار کشیده‌ایم و مایل نیستیم دوشادوش دیگران قرار گیریم و در یک جبهه‌ی متحد فراگیر، شرکت کنیم. کمونیست‌هایی که این موضوع را با گوشت و پوست خود درک کرده باشند، بدون شک، بهترین سازماندهندگان حرکت‌های دستجمعی توده‌های مردم

خواهند بود. زیرا، آنان کسانی هستند که دریافته‌اند هر مبارزه‌ی هر چند کوچکی که امروز انجام می‌دهند، جزیی از آماده سازی خود و دیگر اعضای طبقه‌شان برای مبارزات آینده خواهد بود. مبارزات محدود امروزی ما، با حرکت تاریخی و سرنوشت‌سازمان هیچگونه تضادی ندارد و البته باید این نکته را نیز اضافه کنیم که موفقیت و یا شکست امروزی ما در یک جبهه‌ی خاص، مستقیماً به دست یابی کارگران به اهداف نهایی‌شان ربطی ندارد.

نکته‌ی فوق بسیار حائز اهمیت است. زیرا، میان مبارزات پراکنده‌ی طبقه‌ی ما در مقطع کنونی، که جنبه‌ی آماده‌سازی دارد، و پیدایش شرایط پیش انقلابی، یک فاصله‌ی طولانی زمانی وجود دارد. بلشویک‌ها از فاصله‌ی زمانی مذکور حداکثر استفاده‌ی لازم را خواهند برد و هرگونه گشایش جدید برای فعالیت سیاسی در میان صفوف طبقه‌ی کارگر را از طریق پخش هرچه وسیع‌تر نشریات انقلابی، کتب و جزوات، ساختن سازمان جوانان کمونیست و سایر سازمان‌های کمکی لازم برای جنبش کمونیستی و حزب کارگران کمونیست، مورد آزمایش قرار خواهند داد.

هرگز کسی قبل از پیوستن به صفوف یک حزب کمونیست، کمونیست نمی‌شود. در عین حال نمی‌توان تضمین کرد که هرکس که عضو یک حزب کمونیست شد، الزاماً کمونیست شده است. بلکه، شرط لازم کمونیست شدن دو چیز است: کار سیاسی مشترک و تلاش و انضباط فردی. انضباط واقعی در یک حزب کمونیست، هرگز نمی‌تواند از خارج اعمال شود، بلکه باید از درون هر فرد بجوشد و، به معنای واقعی کلمه، جنبه‌ی داوطلبانه دارد. انضباط، ثمره‌ی تجربه‌ی سیاسی، درک و تعهد انسان‌هایی است که در حزب گردآمده‌اند، در بحث و تبادل نظر و تصمیم‌گیری شرکت می‌کنند و سپس به شکل دستجمعی و برمبنای درک مشترک، تصمیمات دستجمعی را در صحنه‌ی سیاسی به بوته‌ی عمل می‌نشانند.

● اغلب فعالینی که با آن‌ها سر و کار داریم قادر نیستند کمونیست‌ها را از سانتریست‌ها، پاسیفیست‌ها[1] و سایر دگراندیشان طبقه‌ی متوسط تمیز دهند. چنانچه صرفاً از زاویه میزان فعالیت و سخت کوشی به مسأله بنگریم، تشخیص این روندها از یکدیگر بسیار مشکل است. آنچه اغلب افراد مبنای ارزیابی خود از روندهای مختلف سیاسی قرار می‌دهند، تاکتیک‌های بکار گرفته شده توسط این روندها و نتایج حاصل از آن است. کمونیست‌ها به عنوان فرد یا گروهی از افراد، الزاماً در پیشبرد تاکتیک‌های خود، شگردی بهتر یا بدتر از دیگران ندارند و اصولاً اینگونه عوامل معیار خوبی برای سنجش و مقایسه ما با دیگران نیستند. چنانچه خود ما نیز چنین معیارهایی را مبنای کار مشترک سیاسی‌مان با دیگران قرار دهیم، آنگاه به یک موضع انفعالی کشانده خواهیم شد. لذا، باید بدانیم که اگر برنامه و سیاست‌های کمونیستی خود را هنگام شرکت در مبارزات گوناگون مطرح نکنیم، هرگز کمونیست دیگری پرورش نخواهد یافت. سپس، خواه ناخواه و، به رغم علایق درونی‌مان، به تدریج خود را با سیاست‌های کسانی انطباق می‌دهیم که در گذشته از خوف همگرایی با آنان به خود می‌لرزیدیم.

تنها ماندن ـ که کمونیست‌ها تا زمان فرا رسیدن گشایش در مبارزه‌ی طبقاتی محکوم به آن هستند ـ هم‌پایه‌ی کنار کشیدن از سیاست نیست. طریقه‌ی پیشبرد کار سیاسی مشترک با دیگران این نیست که با روندهایی از نوع قشر میانی همنوایی کنیم. بلکه، انتخاب چنین مسیری، ما را به سمت پوچی سیاسی کامل هدایت خواهد کرد.

جهانی که تشریح کردیم و جهانی که فیدل کاسترو در آستانه‌ی قرن بیستم پیش بینی می‌کند، جهانی است که پلیدی‌های اقتصادی، اجتماعی و سیاسیِ ناشی از عملکرد نظام سرمایه‌داری در آن چندین برابر افزایش یافته است.

1- Centrists & Pacifists

جهانی خواهد بود که مسایل آن حل نخواهد شد، مگر از طریق صف‌آرایی و کارزار میان سنگرهای طبقه‌ی کارگر از یکسو و ارتجاع سرمایه‌داری ـ آن هم از نوع شنیع‌ترین شکلش یعنی فاشیسم ـ از سوی دیگر. کارگران کمونیست هرگز نباید برای ایده‌ای که می‌گوید "راه گریزی برای سرمایه‌داران وجود ندارد" اعتباری قایل شوند. اگر سرمایه‌داران بتوانند سرمایه و وسایل تولیدی را در ابعاد وسیعی تخریب و شکست فاحشی بر طبقه‌ی کارگر تحمیل کنند، آنگاه، همیشه راه گریزی برای آنان پیدا خواهد شد. پس از شکست دادن طبقه‌ی کارگر، جناح‌های خاصی از سرمایه‌داران در رأس امور قرار می‌گیرند و راهی پیدا می‌کنند تا برای یک مدت نسبتاً طولانی و تثبیت شده، نرخ سود را سیر صعودی بخشند ـ تا آنکه مجدداً در آینده‌ای دورتر سقوط کند.

اما، بشریت برای چنین به اصطلاح "راه حلی" بهای گزافی خواهد پرداخت. این ما هستیم که باید بهای فاشیسم و جنگ را بپردازیم. البته، مدت‌ها قبل از اینکه این فاجعه رخ دهد، طبقه‌ی کارگر نیز فرصت کافی خواهد داشت. ما برای چنین فرصتی تدارک می‌بینیم و این خود به تنهایی تلاش طاقت‌فرسای کارگران بلشویک را که سعی دارند در کنار نسل‌های جدیدی قرار بگیرند، که در حال پیوستن به نیروی کار صنعتی هستند، توجیه می‌کند. این خود به تنهایی حمایت بدون قید و شرط کارگر‌ـ‌بلشویک‌ها را از تلاش‌های قاطعانه‌ی جوانانی که اندیشه‌ی انقلابی دارند و هدف تأسیس سازمان سراسری جوانان سوسیالیست تا قبل از پایان سال جاری را دنبال می‌کنند توجیه می‌کند.

این چشم‌اندازی است که کارگران کمونیست، کشاورزان و جوانان کوبایی نیز می‌توانند به‌عنوان راهِ گریز از شرایط سخت موجود به آن امید بندند. شرایط سختی که در اثر عقب‌نشینی‌های ناشی از شکست مبارزات انقلابی قاره‌ی آمریکا در طی دو دهه‌ی گذشته به مردم کوبا تحمیل شده است. این خط‌مشی می‌تواند کارگران و جوانان را از کانادا تا ژاپن، از چین تا آفریقای جنوبی، از

دانمارک تا مسکو و از سری‌لانکا تا مکزیک، به‌سوی خود جلب کند.

کارگران کمونیست برای پیشبرد فعالیت‌های خود نیازمند هیچگونه قول و قراری نیستند. ما به جداول زمان‌بندی تضمین شده نیازی نداریم. ما مدعی نیستیم که می‌دانیم صعود و نزول سیکل‌های تناوبی تجاری چه نتایجی به بار خواهد آورد و یا اینکه سقوط بعدی بازار سهام یا ورشکستگی عمده‌ی نظام بانکی، چه زمانی اتفاق خواهد افتاد. نمی‌دانیم چگونه و کی ممکن است زنجیره‌ای از تنش‌های موجود میان دو کُره‌ی شمالی و جنوبی یا پیدایش تنش جدیدی در منطقه‌ی خاورمیانه، یا در مناطق بالکان، به جنگی در ابعاد پیش بینی نشده بیانجامد.

اما، با اطمینان کامل می‌دانیم تمامی کارگرانی که بینش انقلابی دارند باید سرعت تغییر و تحولات، وضع غیرقابل پیش‌بینی آن و مهم‌تر از همه، پتانسیل انفجارآمیز آن را بسیار جدی بگیرند. زیرا واقفیم که بحران‌های اجتماعی و تضادهای طبقاتی رشد خواهند کرد. می‌دانیم که سیاست دو حزبی واشنگتن، در زمینه‌ی حرکت به سوی برپایی جنگ، تشدید خواهد شد و نتایج عملی ناشی از اینگونه فشارها نه‌تنها ادامه می‌یابد، بلکه شتاب خواهد گرفت.

هیچ موضوع ساده‌ای که بتوان وعده‌ی آن را داد، یافت نمی‌شود. اما، به ظرفیت طبقه‌ی خودمان برای تبدیل شدن به آنچه شایسته‌ی آن هستیم - یعنی رهبران مبارزه برای همبستگی و اخوّت انسانی - ایمان داریم؛ و ایمان داریم که تبدیل شدن به انسان‌های خودمحور و پول‌پرستان حل شده در خانواده که سرمایه‌داران قصد دارند ما را به آن تبدیل کنند در شأن ما نیست. همین به‌تنهایی برای پاداش کارمان، که ساختن یک جنبش بین‌المللی کمونیستی است، کفایت می‌کند.

پایان

فهرست اعلام

آرژانتین، ۶۳، ۶۶
مبارزات کارگری در آن، ۸۲
آسیا
بدهی خارجی‌اش، ۶۱
جریان سرمایه به سویش، ۶۴، ۷۶، ۷۸
صنعتی شدنش، ۶۲، ۶۳، ۸۹
آفریقا، ۶۱
بدهی خارجی‌اش، ۶۱
ساختار طبقاتی‌اش، ۸۹
وضعیت اجتماعی‌اش، ۹۵
آفریقای جنوبی، ۱۷، ۸۹
و رهبری کمونیست، ۱۶۲
آلمان، ۷۵، ۱۲۶، ۱۳۵، ۱۵۸
اتحاد دو آلمان، ۶۵
تهاجم علیه طبقه‌ی کارگر، ۷۱، ۷۲، ۷۵، ۱۳۴
رشد سرمایه‌داری در آنجا، ۸۷
سرمایه‌گذاری، ۶۱، ۶۴–۶۵
شرقی، ۹۸
فاشیسم در آنجا، ۱۱۳، ۱۱۹، ۱۲۰، ۱۶۴
نیروی‌های دست‌راستی در آنجا، ۱۰۷، ۱۱۷
و امپریالیسم ایالات متحده، ۶۵، ۶۶–۶۸، ۶۹، ۷۰، ۷۱، ۱۲۰، ۱۲۲، ۱۲۴
آمریکای لاتین
بدهی خارجی‌اش، ۶۱
جریان سرمایه به آنجا، ۶۰، ۶۲، ۶۳–۶۴
جنبش کارگری در آنجا، ۶۳
ساختار طبقاتی‌اش، ۸۹
صنعتی شدنش، ۶۲، ۶۳، ۸۹
آموزش و پرورش
تهاجم علیه‌اش، ۹۵، ۹۷، ۱۴۶
اتحاد جوانان سوسیالیست، ۱۵۱–۱۵۳
اتحاد شوروی
بحران‌های اجتماعی و سیاسی در آنجا، ۹۹
طبقه‌ی کارگرش، ۹۷، ۹۸، ۱۶۰
فروپاشی دستگاه استالینیست، ۹، ۳۳
کاست صاحب‌امتیاز در آنجا، ۹۶
اتحادیه کارگران خودروسازی، ۴۴
اتحادیه کارگران فولاد، ۱۳۸
اتحادیه کارگران معادن، ۱۳۷
اتحادیه‌های صنایع غذایی، ۱۵۶
اتحادیه‌های کارگری، ۱۴۸
بوروکراسی‌اش، ۸۵، ۱۳۵
تهاجم سرمایه‌داران علیه‌شان، ۱۲، ۳۲
جناح چپ مبارزه‌ـطبقاتی در آن‌ها، ۱۶۱
اتحادیه‌ی اروپا، ۷۶، ۱۰۶، ۱۱۷، ۱۳۳
اتحادیه‌ی کارگران معادن، ۱۳
اتریش، ۱۱۹
اجاره‌ی مارک تجارتی، ۳۷–۳۹
اخراج دستجمعی، ۱۵، ۱۸، ۴۴، ۷۴، ۷۶
ادوار تجاری، ۱۴، ۴۶
رونق دهه‌ی ۱۹۹۰، ۱۳، ۱۴–۱۵، ۳۵–۳۶، ۴۲
و منحنی رشد سرمایه‌داری، ۵۵
ارز
سلطه‌ی دلار، ۶۷
ارزش افزوده، ۴۲، ۴۴، ۷۴

اروپا، ۷۶-۷۷، ۱۱۷
تهاجم علیه کارگران، ۷۴-۷۵، ۱۳۳
اروپای شرقی، ۹۵، ۱۳۵
حرکِ سرمایه‌ی ایالات متحده به آنجا، ۶۰، ۶۳، ۶۴-۶۵
طبقه‌ی کارگر در آنجا، ۹۶-۹۸، ۱۵۹
کاست صاحب امتیاز در آنجا، ۹۶
اروپای مشترک، ۷۶
اسپانیا، ۷۵
بیکاری در آنجا، ۱۳۳
پیروزی فاشیسم در آنجا، ۱۰۹، ۱۱۹، ۱۶۴
استالین، جوزف، ۱۵۹
استالینیسم، ۱۶۱
با نقاب مارکسیسم، ۱۵۹-۱۶۱
خیانت‌هایش در دهه‌ی ۱۹۳۰، ۱۲۰، ۱۶۴
دستگاهش برای قتل، ۹۸، ۱۵۹، ۱۶۴
فروپاشی دستگاهش، ۹، ۳۳
گسستن تداوم کمونیستی، ۹۸، ۱۵۸-۱۶۱
و گرانادا، ۱۲، ۱۶۲
استخدام، ۱۳، ۱۵، ۴۶، ۱۳۲
استرالیا
و ایالات متحده، ۵۹، ۷۹
اسرائیل، ۱۲۶
اعتصابات، ۱۲، ۷۵، ۹۳
استایلی (۱۹۹۳-۱۹۹۵)، ۱۳۸
خدمه‌ی خطوط هوایی آمریکن (۱۹۹۳)، ۱۳۷
کاترپیلار (۱۹۹۴-۱۹۹۵)، ۱۳۸
کارگران متحد معادن (۱۹۹۳)، ۱۳۷
یو پی اس (۱۹۹۴)، ۱۳۸
اعتصاب یو پی اس (۱۹۹۴)، ۱۳۸
افزایش دستمزدها متناسب با افزایش قیمت‌ها، ۱۳۵
افزایش سرعت کار، ۱۱

امپریالیسم ایالات متحده
به عنوان آخرین امپراتوری جهان، ۶۹
به عنوان برنده‌ی جنگ جهانی دوم، ۶۰
تجارت خارجی‌اش، ۷۹-۸۲، ۹۱
تهاجمات نظامی‌اش، ۱۱۶-۱۱۷، ۱۲۶
جریان سرمایه‌اش [به سایر کشورها]، ۵۹-۶۳، ۶۴، ۶۷-۶۸
رقابت‌های میان-امپریالیستی، ۱۸، ۶۳-۸۲، ۱۱۶-۱۲۴
قدرت نظامی‌اش، ۱۲۴
نزول قدرتش، ۶۹
و روسیه، ۹۶-۹۷، ۱۰۱، ۱۰۳
انجمن کمونیست (۱۸۴۷-۱۸۵۲)، ۲۴، ۲۶، ۱۶۳
انجمن‌های کمونیستی، ۱۰۲، ۱۵۷، ۱۵۹
اندونزی، ۸۹
انقباض پولی، ۳۶، ۴۵، ۴۷، ۴۹، ۱۳۴، ۱۳۵-۱۳۷
انقلاب روسیه (۱۹۱۷)، ۵۵، ۱۲۰
انقلاب ۱۸۴۸ [فرانسه]، ۸۷، ۱۰۸، ۱۶۶
انگلس، فردریک، ۷۳، ۱۰۸، ۱۶۳
به عنوان جوانان، ۲۲-۲۶
راجع به بورس سهام، ۴۸
راجع به سوداگری مالی، ۵۳
اوکراین، ۱۰۳
ایتالیا
طبقه‌ی کارگر در آنجا، ۷۱، ۷۳
و فاشیسم، ۱۰۵-۱۰۶، ۱۱۰، ۱۱۶، ۱۲۶
ایران، ۱۰۳، ۱۲۶
انقلاب در آن، ۱۲۶
بازار سهام
افتش در سال ۱۹۹۴، ۴۸، ۵۱-۵۴، ۵۵
بالادور
ادوارد، ۱۸، ۱۲۱
بحران اقتصادی
دهه‌ی ۱۹۳۰، ۳۶، ۴۴، ۱۳۶، ۱۳۷
کنونی، ۹

فهرست اعلام

بحران‌های اقتصادی
دوره‌ی ۱۹۹۰-۱۹۹۱، ۱۰، ۱۱-۱۱
بدهی، ۳۷
جهان سوم، ۶۱
برزیل، ۶۳
بریتانیا، ۹۳، ۱۲۰، ۱۲۴
بیکاری در آنجا، ۱۳۳
تهاجم به طبقه‌ی کارگر در آن، ۶۶، ۷۱، ۷۳
رقبای امپریالیستش در اروپا، ۶۵، ۶۸
و ایالات متحده، ۶۱، ۷۱
و عراق، ۱۲۶، ۱۲۷
بلاروس، ۱۰۳
بلژیک، ۷۵
بیکاری در این کشور، ۱۳۳
بلشویک‌ها، ۱۵۲، ۱۵۸، ۱۶۳
بمباران توکیو، ۱۱۷
بناپارتیسم، ۱۰۱، ۱۰۸-۱۱۰، ۱۱۹، ۱۲۵
بندر ابن سلطان
شاهزاده، ۷۹
بوسنی، ۱۲۶
بوش، جرج، ۱۲۱
بوکانون، پاتریک، ۱۰۳، ۱۰۶، ۱۱۳، ۱۱۶، ۱۲۲
بیانیه‌ی کمونیست (مارکس و انگلس)، ۲۳، ۲۵-۲۶، ۱۵۲
بیسمارک، اتو وان، ۸۷
بیکاری، ۱۳۳
پروگرام طبقه‌ی کارگر در این باره، ۱۳۳، ۱۳۷
در جهان سوم، ۱۳۳
در کشورهای امپریالیستی، ۱۳۳
بین‌الملل دوم، ۱۶۴
پاکستان، ۱۰۳
پرتقال، ۱۰۹
پرل هاربر، ۱۲۰
پروت، راس، ۱۱۶

پرودهون، پی‌یرس-جوزف، ۲۶
پیمان تجارت آزاد آمریکای شمالی (نفتا)، ۸۳-۸۶
مبارزه علیه‌اش، ۸۶
"تئوری ابله اعظم"، ۵۳-۵۵
تئوری‌های توطئه، ۱۱۱
تاد، جیمز الف، ۱۴۰
تایلند، ۸۹
تایوان، ۶۳
تأمین اجتماعی، ۱۴۶
تجارت
"آزاد"، ۷۹-۸۲، ۹۳
تـــخاصمات، ۶۸، ۷۴، ۷۹-۸۲، ۱۲۱، ۱۲۲-۱۲۳
تداوم، کمونیستی، ۲۵، ۳۱، ۱۵۲، ۱۶۳، ۱۶۶
کوبا و، ۱۶۱-۱۶۳
گسسته شدنش توسط استالینیسم، ۹۸، ۱۵۸-۱۵۹
تراون، ب، ۸۲
ترکیه، ۱۱۹
تروتسکی، لئون، ۱۵۸، ۱۶۳
راجع به منحنی رشد سرمایه‌داری، ۵۵
راجع به چشم‌انداز انقلابی، ۵۶
تعرفه‌های گمرکی، ۷۹
تورم، ۴۵، ۴۷، ۴۹، ۶۷، ۱۳۵-۱۳۷
پروگرام طبقه-کارگری در این باره، ۱۳۷
توزیع مواد مخدر، ۱۴۸
تولید اضافی، سرمایه‌داری، ۳۹، ۷۸-۷۹
"تهاجم فرهنگی"، ۱۱۳
تیمسترها، ۱۳۸
جبهه‌ی آزادی‌بخش ساندنیست (FSLN)، ۱۲-۱۳
جریانات چپ، ۱۱۶
جمهوری چک، ۱۰۲
جنبش ۲۶ ژوئیه، ۱۶۱
جنبش کمونیستی
تدارک برایش، ۱۶۵-۱۶۹

خصلت جهانی‌اش، ۱۰، ۱۶۳
ضعیف شدن موانعش، ۱۵۹
کادرهای منضبط، ۱۶۷، ۱۶۸، ۱۷۱-۱۷۱
و جــوانــان، ۱۶، ۱۷، ۲۰-۲۱،
۲۲-۲۶، ۲۹، ۱۵۱، ۱۵۳
و کوبا، ۱۶۱-۱۶۳
جنگ، امپریالیستی، ۱۱۶، ۱۱۸، ۱۲۰، ۱۲۴-۱۲۴
تهاجمات ایالات متحده، ۱۲۵
جنگ جهانی اول، ۱۱۹
جنگ جهانی دوم، ۱۱۷، ۱۲۰، ۱۶۴
پیروزی ایالات متحده در آن، ۶۰
نرخ سود طی آن، ۴۴
و شکست‌های طبقه‌ی کارگر، ۱۱۸-۱۱۹،
۱۲۰
جنگ خلیج فارس (۱۹۹۰-۱۹۹۱)، ۸۰، ۱۰۲،
۱۲۶-۱۲۷
و تخاصمات میان-امپریالیستی، ۹، ۱۱۷
جنگ مالویناس، ۶۶
جنگ ویتنام، ۶۷
"جنون گل لاله"، ۵۴
جوانان
تفکیک سیاسی‌شان، ۲۸-۳۰
راغـب بـه مبـارزه، ۱۷-۱۹، ۲۶-۳۰،
۳۱-۳۲، ۵۵، ۱۴۴
فرصت‌هـا بـرای جلبشان، ۱۶-۱۸،
۲۰-۲۱، ۲۶-۲۹، ۳۰-۳۱، ۱۵۱، ۱۵۳
مارکس و انگلس و، ۲۲-۲۶
و طبقه‌ی کـارگر، ۱۲، ۱۳-۱۴، ۲۷، ۲۸،
۱۴۵، ۱۵۶، ۱۵۸
جوانان سوسیالیست، ۱۶-۱۷، ۱۵۳، ۱۷۲
چارلز، پرنس، ۱۱۱، ۱۱۳
چپ‌گرایی، ۲۴، ۲۸
چهره‌ی متغیر سیاست در آمریکا (اثر بـارنز)،
۱۵۶
چه گوارا، ارنستو، ۱۶۱
چیاپاس، ۸۲-۸۵
چین، ۳۸، ۹۱، ۹۴-۹۴، ۱۰۲، ۱۰۳.

انقلاب ۱۹۴۹، ۹۱، ۱۶۲
رهبری استالینیستش، ۹۱، ۹۳، ۱۶۴
و ایالات متحده، ۹۲-۹۳
حذف تفکیک نژادی، از مراکز آموزشی، ۱۱۵
حزب جمهوری‌خواه، ۱۲۳، ۱۳۲
حزب دموکرات، ۱۲۳، ۱۳۲
حزب کارگران سوسیالیست [ایالات متحده]،
۱۲، ۱۶۱
چرخش به سمت اتحادیه‌های کـارگری،
۱۵۳-۱۵۸
شـاخه‌های حـزبی در اتـحادیه‌های
کارگری، ۱۳-۱۴، ۱۵۴، ۱۵۷
فرصت‌های استخدامی، ۱۶، ۲۵-۲۶،
۱۵۶-۱۵۷
و جنگ خلیج فارس، ۱۰۲، ۱۲۶
حزب کارگران سوسیالیست [ایالات متحده]
فرصت‌های استخدامی، ۱۳
حکومت (اثر تراورن)، ۸۲
حکومت کارگران و دهقانان
تحت رهبری استالینیست‌ها، ۱۶۲-۱۶۳
در نیکاراگوئه و گرانادا، ۱۱-۱۳، ۱۵۱
مبارزه برایش، ۱۰، ۱۴۸، ۱۶۵، ۱۶۸
حمایت از تولیدات داخلی، ۶۹، ۷۴، ۷۸-۸۱
خدمات درمانی
تهاجم علیه‌اش، ۱۳۲
در اروپای شرقی، ۹۷
خزانه‌داری فدرال ایالات متحده، ۵۲
خصوصی‌سازی، ۱۸، ۶۲، ۶۳، ۷۲، ۷۵، ۸۹،
۹۸
دایز، فارل، ۱۶۰
دانمارک، ۱۳۳
درسدن، بمبارانش، ۱۱۷
دری پر، تئودور، ۱۲۸-۱۲۹
دستمزد اجتماعی، ۶۳، ۶۶، ۱۳۲، ۱۴۶
دستمزدها
چندین نوع سطح دستمزد، ۶۶، ۷۵
کاهش یافتنشان، ۴۰، ۴۷، ۵۱، ۷۲

فهرست اعلام

دلار ایالات متحده
سلطه‌اش بر جهان، ۶۷، ۶۸
دموکراسی و حقوق دموکراتیک
تهاجم علیه‌اش، ۱۰۹-۱۱۰
سرمایه‌داری و، ۱۰۷، ۱۰۹-۱۱۰، ۱۲۸-۱۲۹
طبقه‌ی کارگر و، ۱۱۵-۱۱۶
دوگل، چارلز، ۱۰۹
رسانه‌ها، بورژوایی، ۸۲، ۱۰۵-۱۰۶، ۱۴۸
رشد مرکب و ناموزون، ۸۱
رفتار وحشیانه‌ی پلیس، ۱۷
رقابت‌های میان-امپریالیستی، ۶۳-۸۲
و جنگ‌های جدید امپریالیستی، ۱۱۶-۱۲۵
روزولت، فرانکلین، ۱۱۱
روسیه، ۶۴-۶۵، ۱۱۹
جریانات فاشیستی در آنجا، ۱۰۰-۱۰۱، ۱۰۵، ۱۲۳
زرادخانه‌ی اتمی‌اش، ۱۰۳
شرایط اجتماعی‌اش، ۹۴-۹۶، ۱۰۰
موانع احیای سرمایه‌داری در آنجا، ۹۸، ۱۰۱
و امپریالیسم ایالات متحده، ۹۶-۹۷، ۱۰۱، ۱۰۲، ۱۰۳
زلاندنو، ۷۲
و ایالات متحده، ۵۹
زنان، ۱۷
مبارزه برای رهایی‌شان، ۱۱۵
زایر، ۳۹
بحران اقتصادی در آنجا، ۴۸، ۷۷
تهاجم علیه طبقه‌ی کارگر در آنجا، ۷۷-۷۸
جریان سرمایه از آن کشور، ۵۹، ۶۱-۶۲
قیمت املاک در آنجا، ۶، ۷۴، ۷۷
و ایالات متحده، ۶۳، ۶۴، ۶۸، ۶۹-۷۰، ۷۱، ۷۳، ۷۹، ۸۰-۸۱، ۱۲۱، ۱۲۴
و جنگ جهانی دوم، ۴۵، ۱۱۹، ۱۲۰

ژنرالی از اعماق جنگل‌ها (اثر تراورن)، ۸۲
ژیرنوفسکی، ولادیمیر، ۱۰۰-۱۰۱، ۱۰۵، ۱۲۳
سازمان ملل، ۱۱۷
سازمان ملل متحد، ۱۲۶
ساعات هفتگی کار، ۱۱، ۵۱، ۷۵، ۱۳۳، ۱۳۸
مبارزه برای کاهشش، ۷۵، ۱۳۴، ۱۳۸
سرمایه (اثر مارکس)، ۴۸، ۵۳، ۸۳
سرمایه‌داری، ۱۴۷، ۱۷۲
ارزش‌های ضد انسانی‌اش، ۱۴۸-۱۵۰
استثمار جهان سوم، ۶۱
اُفت نرخ سود، ۳۹، ۴۲، ۴۴، ۶۳، ۱۳۶
تولید اضافی، ۳۹، ۷۸-۷۹
رشدش بعد از جنگ جهانی، ۴۳
سرمایه‌گذاری برای افزایش ظرفیت تولید، ۱۱، ۳۵، ۳۹، ۴۶، ۵۲
سرمایه‌گذاری در فن‌آوری صرفه‌جویی در کار، ۱۱، ۴۰، ۱۴۳
سیاست‌ها و اقتصاد تحت این سیستم، ۵۵
ضربه‌پذیر بودنش، ۴۹، ۵۶
نمودار توسعه‌اش، ۹، ۵۵
و بحران اقتصادی جهانی در شرف تکوین، ۹
و دموکراسی، ۱۰۷، ۱۰۸، ۱۱۰-۱۱۰، ۱۲۸-۱۲۹
و سوداگری، ۴۸-۵۵
سقوط بازار سهام در سال ۱۹۸۷
نشانی از بحران جهانی در شرف وقوع، ۹، ۳۳، ۵۱
سلاح هسته‌ای، ۱۰۱
زرادخانه‌ی شوروی /روسیه، ۱۰۳
کاربردش توسط ایالات متحده، ۱۹
سوئد، ۷۲، ۱۳۳
سود، ۱۱، ۱۶
افت نرخش، ۳۹، ۴۲، ۴۴، ۶۳، ۱۳۶
سوداگری، مالی، ۴۸-۵۵
روانشناسی‌اش، ۵۳-۵۵
سومالی، ۱۲۶

سیاست، بورژوایی
فاشیسم و، ۱۰۶، ۱۰۷، ۱۱۶، ۱۱۹
ماهیت دو حزبی‌اش (جمهوری‌خواه و دموکرات)، ۸۱، ۹۳، ۱۲۸، ۱۲۹، ۱۴۵، ۱۷۳
مستهجن‌سازی‌اش، ۱۱۰-۱۱۵
سیاهپوستان، ۱۴۷
تفکیک طبقاتی‌شان، ۲۸
سیستم اجاره‌بها و رهن، ۴۶، ۷۳
سیستم بانکی، ۴۵، ۴۷-۴۸
شیلی، ۸۳
صنایع خودروسازی
تولید اضافی‌اش، ۷۶
کارگرانش، ۱۱، ۱۴، ۱۳۳
صنایع فولاد، ۷۰، ۷۶، ۱۳۹-۱۴۱
تهاجم علیه کارگران در این صنعت، ۱۳۸
کارگران در این صنایع، ۱۱، ۱۴
صندوق بازنشستگی، ۵۰، ۵۱
طبقه کارگر
بحران رهبری‌اش، ۱۱-۱۲، ۲۷-۲۸، ۱۵۸-۱۵۹، ۱۶۰-۱۶۶
پتانسیل انقلابی‌اش، ۵۶، ۱۴۳، ۱۴۷-۱۴۸
تهاجم سرمایه‌داران علیه‌اش، ۱۱، ۳۲، ۴۳-۴۵، ۶۶، ۷۱-۷۲، ۱۳۱-۱۳۴
جوانان و، ۱۱، ۲۸، ۳۱، ۱۴۵، ۱۵۶، ۱۵۷-۱۵۸
چند دستگی در میانش، ۱۴۶-۱۴۷
خلق شدنش، ۸۲-۸۴
در اتحاد شوروی سابق و اروپای شرقی، ۹۶-۹۷، ۹۸-۹۹، ۱۰۱-۱۰۲، ۱۵۹-۱۶۰
در کشورهای نیمه‌مستعمره، ۸۳-۸۵، ۸۸-۸۹
دست‌کم گرفتنش، توسط سرمایه‌داران، ۱۴۰، ۱۴۴
رشد روزافزون وزنه‌اش در جهان، ۹۰
رهبری کمونیستش، ۱۰، ۱۱۵، ۱۶۶-۱۶۸

طلیعه‌دارانش، ۷۳-۷۴، ۱۰۸، ۱۱۴، ۱۱۵، ۱۶۴، ۱۶۵
کارگران مهاجر، ۱۴۶-۱۴۷
مقاومتش در مقابل تهاجمات، ۱۱-۱۲، ۴۲، ۱۳۷-۱۴۴، ۱۵۷
و فاشیسم، ۱۰۷، ۱۰۸-۱۰۹، ۱۱۰
طبقه متوسط، ۲۸، ۲۹، ۸۷، ۱۶۵
در جهان سوم، ۶۴، ۸۸
در دولت‌های کارگری ناقص‌الخلقه، ۳۸، ۹۳
رشد ثروتشان، ۱۴۶
ماورای راستی‌ها و، ۲۹، ۸۸، ۱۰۶-۱۰۷، ۱۱۰، ۱۱۶
و بازار سهام، ۴۹
طلا
و دلار ایالات متحده، ۶۶-۶۷
عراق، ۱۲۶
عربستان سعودی، ۷۹-۸۰
فاشیسم و دست‌راستی‌های افراطی، ۲۸-۲۹، ۱۰۵-۱۱۰، ۱۲۲-۱۲۳، ۱۲۵، ۱۷۲
در ایالات متحده، ۱۲۲
در ایتالیا، ۱۰۵-۱۰۶، ۱۱۰، ۱۱۶
در دهه ۱۹۳۰، ۱۱۳، ۱۱۸، ۱۲۰
در روسیه، ۹۹-۱۰۱، ۱۰۶، ۱۲۳
مبارزه علیه‌شان، ۱۰۷، ۱۰۹، ۱۱۰، ۱۱۵
و سیاست‌های بورژوایی، ۱۰۶، ۱۰۷، ۱۱۶
فرانسه، ۱۰۹، ۱۲۰، ۱۶۴
بیکاری در آنجا، ۱۳۳
رقابت‌های میان-امپریالیستی، ۱۸، ۶۵، ۷۱، ۷۹، ۸۰، ۱۲۰، ۱۲۲، ۱۲۴
مبارزات کارگران در آنجا، ۱۷، ۷۵
و عراق، ۱۲۶، ۱۲۷
فرانکو، فرانسیسکو، ۱۰۹
فقر، ۱۴۵
قزاقستان، ۱۰۳
قیام به‌دار آویختگان (اثر تراون)، ۸۲

فهرست اعلام

کاترپیلار، اعتصاب در آنجا (۱۹۹۴-۱۹۹۵)، ۴۳، ۷۰، ۱۳۸، ۱۴۳
کارگر-بلشویک‌ها، ۴۳، ۱۵۵، ۱۶۸، ۱۷۲
کاسترو، فیدل، ۱۶۱
راجع به سرمایه‌داری و سوسیالیسم، ۱۶۶، ۱۷۱
کامپیوتری شدن کارها، ۱۱، ۴۴، ۱۴۲
کانادا، ۷۱، ۱۳۴
بیکاری در آنجا، ۱۳۳
و ایالات متحده، ۵۹، ۱۲۱
کانتور، میکی، ۸۰
کاهش نیروی انسانی، ۱۵، ۳۶، ۴۲، ۴۴، ۵۱، ۶۶، ۷۴-۷۵، ۷۷، ۱۳۱
کره جنوبی، ۶۳
طبقه‌ی کارگر در آنجا، ۱۹
کره شمالی، ۱۹-۲۰، ۱۰۲
کشاورزان
تعطیل شدن مزارعشان، ۱۳۶
کشاورزی
سرمایه‌داری، ۷۸-۸۰
کشورهای نیمه‌مستعمره، ۸۱-۹۰
استثمار امپریالیستی، ۶۱
بدهی، ۶۱
جریان سرمایه به آن‌ها، ۵۹-۶۴
"خصوصی‌سازی"، ۶۲، ۸۹
صنعتی شدنشان، ۶۲، ۶۳
طبقه‌ی سرمایه‌دار در آن‌ها، ۶۳
فقدان بازار داخلی، ۸۷
وضعیت اجتماعی‌شان، ۷۹، ۹۴، ۱۳۳
وضعیت طبقه‌ی کارگر در آنجا، ۸۲-۸۶، ۸۸-۸۹
هرگز "توسعه‌یافته" نمی‌شوند، ۸۷
کلینتون، ویلیام، ۶۹، ۷۹، ۹۳، ۱۱۱، ۱۱۴، ۱۲۱، ۱۳۲
کلینتون، هیلاری، ۱۱۱، ۱۱۴
کمون پاریس، ۱۶۶
کندی، جان اف، ۱۱۱، ۱۱۳

کوبا
تحریم اقتصادی‌اش توسط ایالات متحده، ۱۴۴
تداوم کمونیستی، ۱۶۱-۱۶۳
سرمشق بودنش، ۱۷
و نیکاراگوئه و گرانادا، ۱۲
کهل، هلموت، ۱۲۱
گرانادا
انقلاب در آنجا، ۱۶۲
شکست انقلابش، ۱۲، ۱۶۲
گورباچف، میخائیل، ۶۴، ۹۷، ۹۹، ۱۰۲
لنین، وی آی، ۵۵، ۱۵۸
لهستان، ۱۰۲
مارکس، کارل، ۴۲، ۷۴، ۸۳
به عنوان جوانان، ۲۲-۲۶
نظرش راجع به بناپارتیسم، ۱۰۸
نظرش راجع به سرمایه‌ی ساختگی، ۵۳
و تداوم کمونیستی، ۱۵۲
مارکسیسم
و کوبا، ۱۶۱-۱۶۲
محیط زیست، ۱۷
مرگ و میر نوزادان، ۹۵
مشاغل پاره‌وقت و موقت، ۴۶، ۶۶، ۱۳۲، ۱۳۴
مشتقات، ۴۸، ۵۳
معاملات ملکی، ۶۱، ۶۸
سقوط قیمت‌ها، ۴۶، ۷۷
مقدونیه، ۱۱۷
مک آرتر، ژنرال، داگلاس، ۷۷
مکزیک
جریان سرمایه به آنجا، ۶۳
شورش چیاپاس، ۸۱-۸۴
و نفتا NAFTA، ۸۱-۸۶
موسولینی، بنیتو، ۱۰۶، ۱۰۸
مهاجرت و مهاجرین، ۱۴۶-۱۴۷
مهاجرین
حمله‌ی دست‌راستی‌های افراطی علیه‌شان، ۱۰۶، ۱۱۷

میتران، فرانسوا، ۱۲۱
میلیتانت، پرسپکتیوا موندیال، ۱۸
راجع به کوبا، ۱۶۵
ناتو (سازمان پیمان آتلانتیک شمالی)، ۱۰۲، ۱۰۶، ۱۱۷، ۱۱۸
نرخ سود، ۴۸
در حال افت، ۳۹، ۵۲، ۶۱
نژادپرستی، ۱۰۹
و بحران اجتماعی در شرف تکوین، ۱۱۹
و سرمایه‌داری، ۱۷، ۱۱۲، ۱۴۷
"نظم نوین جهانی"، ۷۰
نورث، اولیور، ۱۰۳
نیکاراگوئه
انقلاب در آنجا، ۱۶۲
سقوط حکومت کارگران و کشاورزان، ۱۲، ۱۵۱
نیکسون، ریچارد، ۶۷
نیویورک تایمز، ۶۸-۷۲، ۹۵
نیویورک ریویو آو بوکز، ۱۲۸

وضعیت طبقه‌ی کارگر در انگلستان در سال ۱۸۴۴ (اثر انگلس)، ۷۳
ویتنام، ۱۶۲
هانسن، جوزف، ۱۶۸
هاییتی، اشغالش توسط ایالات متحده، ۱۲۶
هفته‌نامه‌ی بیزینس ویک، ۱۳۹-۱۴۱
هلند، ۵۴، ۶۱
هندوستان، ۸۶، ۸۸-۸۹، ۱۰۳
هنری هشتم، ۱۱۲
هنگ‌کنگ
حاکمیت چین بر آن، ۹۲-۹۳
هیتلر، آدولف، ۱۰۸
هیروشیما و ناکازاکی، ۱۹، ۱۱۷
یلتسین، بوریس، ۹۹، ۱۰۱، ۱۰۲، ۱۰۴
یوگسلاوی
انقلاب در آنجا، ۱۶۲
جنگ در آنجا، ۹۹، ۱۰۲، ۱۱۷، ۱۲۱، ۱۲۵
یونان، ۱۱۷-۱۱۸

یادداشت‌ها

۱- دومین گردهمایی جوانان سوسیالیست در اوت ۱۹۹۴ در شهر اوبرلین در ایالت اوهایو و به عنوان قسمتی از کنفرانس بین‌المللی سوسیالیست برگزار شد که همزمان بود با سی و هفتمین کنگره‌ی حزب کارگران سوسیالیست. حدود ۱۰۰ نفر از گردآمدگان در جلسه‌ی مخصوص جوانان، انتخاب نام "جوانان سوسیالیست" را با رأی خود تصویب و فراخوانی برای برگزاری کنفرانس مؤسس یک سازمان بین‌المللی جوانان صادر کردند. همچنین کمیته‌ای سراسری انتخاب کردند تا فعالیت‌هایشان را در فاصله‌ی میان این کنفرانس و گردهمایی بعدی، که بین‌المللی خواهد بود، رهبری کند.

۲- مراجعه کنید به "درباره‌ی تاریخچه‌ی انجمن کمونیست" (۱۸۸۵). منتخب *آثار* مارکس و انگلس، جلد ۳ ص ۱۷۵. همچنین *مجموعه‌ی آثار* مارکس و انگلس، جلد ۲۶ ص ۳۱۴.

۳- برای مثال مراجعه کنید به "فقر فلسفه" و "سخنرانی درباره‌ی تجارت آزاد" نوشته‌ی مارکس. "کمونیست‌ها و کارل هاینزن" نوشته‌ی انگلس، *مجموعه‌ی آثار*، جلد ۶ و سایر نوشته‌های مرتبط با این موضوع در مقالات مجموعه‌ی آثار، مجلدهای مربوط به سال‌های ۴۸-۱۸۴۵.

۴- برای مطالعه‌ی این مبحث که جنبش‌های دست راستی چگونه سعی می‌کنند کشاورزان کارگر را به سمت خود جلب کنند، مراجعه کنید به "بحرانی که کشاورزان کارگر را تهدید می‌کند" نوشته‌ی داگ جانِس، مجله‌ی *نیو اینترنشنال*، شماره‌ی ۴، ص ۱۱۴ و ۱۱۵ و همچنین مراجعه کنید به مقاله‌ی "مبارزات کشاورزان: کدام نیروهای اجتماعی یاران آن هستند" به قلم همان نویسنده و با اسم مستعار چستر نلسون که در شماره‌ی مورخ ۲۵ فوریه ۱۹۸۳ هفته‌نامه‌ی *میلیتانت* به چاپ رسیده است. موضوع آمادگی اقشار وسیعی از زنان برای گرایش یافتن به سمت فاشیسم و سایر لفاظی‌های ارتجاعی – به خصوص از جانب زنان اقشار میانی و آنان که شاغل نبوده و به جنبش کارگری تعلق ندارند – در همان شماره‌ی *نیو اینترنشنال* تحت عنوان "چشم‌انداز انقلابی در ایالات متحده" (ص ۷۰) و نیز در مقدمه‌ای که ماری آلیس واترز بر کتاب *وسایل آرایش، مُد و استثمار زنان*، انتشارات

پاث فایندر، ۱۹۸۶، (ص ۳-۲۷) نوشته، توضیح داده شده است.
۵- مراجعه کنید به مجله‌ی ***نیو اینترنشنال*** شماره ۱۰ ص ۲۱۰-۱۰۱ (۱۹۹۴).
۶- مراجعه کنید به "مبادله‌ی سهام"، جلد سوم ***سرمایه***، (انتشارات پنگوئن، نیویورک، ۱۹۷۶) ص ۴۷-۱۰۴۵ (این ویرایش را چندین سال نشر وینتیج به صورت اُفست و بدون تغییر به چاپ رساند). همچنین مراجعه کنید به بحثی که در این باره در گزارش مصوبه‌ی کنگره‌ی حزب کارگران سوسیالیست در سال ۱۹۸۸ انجام گرفته است (یادداشت شماره‌ی ۵).
۷- هفته‌نامه‌ی ***بیزینس ویک***، چند هفته بعد از آن، در مقاله‌ی روی جلد آوریل ۱۹۹۴ نوشت: "اگر موشکافی کنیم، درمی‌یابیم که نیروی بیش از حدی صرف این استراتژی شد، بسیار همراه با ریسک بود و بیش از آنکه خالقینش فکر می‌کردند بی حد و مرز بود."
۸- رجوع شود به کتاب ***سرمایه***، جلد ۲، ص ۱۳۷.
۹- رجوع شود به دو مقاله‌ی چاپ شده در مجله‌ی ***نیو اینترنشنال***، شماره ۱۰، تحت عناوین: "منحنی توسعه‌ی سرمایه‌داری" نوشته‌ی لئون تروتسکی و "سقوط بازار جهانی سهام در سال ۱۹۸۷ چه چیزی را پیش بینی کرد؟"
۱۰- رجوع شود به کتاب: ***پنج سال اول بین‌الملل کمونیست*** به قلم تروتسکی، انتشارات پاث فایندر نیویورک، سال ۱۹۷۲، جلد ۱ ص ۳۴-۲۳۳.
۱۱- برای مثال، حدود ۸۰ درصد دارایی‌های برون مرزی ایالات متحده در کشورهای اروپای غربی، کانادا، ژاپن، استرالیا و زلاندنو سرمایه‌گذاری شده است.
۱۲- در سال ۱۹۹۳ بیش از ۴۰ درصد سرمایه گذاری‌های مستقیم در کشورهای جهان سوم، خارجی بود که بالاتر از میانگین سالیانه‌ی ۲۰ درصدی سال‌های ۱۹۸۰ بود. میزان سالیانه‌ی سرمایه‌گذاری خارجی در این کشورها بین سال‌های ۱۹۹۰ و ۱۹۹۳ بیش از دو برابر افزایش داشت.
۱۳- به خصوص مراجعه کنید به قطعنامه‌ی کنگره‌ی حزب کارگران سوسیالیست ایالات متحده در سال ۱۹۹۰ تحت عنوان "امپریالیسم آمریکا چگونه جنگ سرد را باخت". همچنین مراجعه کنید به سخنرانی جک بارنز در آوریل ۱۹۹۳ در کنفرانس‌های آموزشی سوسیالیستی در گرینز بورو (کارولینای شمالی) و دس موینز (آیووا) که به زودی در شماره ۱۱ مجله‌ی ***نیو اینترنشنال*** به چاپ خواهد رسید. همچنین مراجعه کنید به "شلیک اولین توپ‌های جنگ جهانی سوم" به قلم جک بارنز ترجمه‌ی شهره ایزدی، ۱۳۷۳، ناشر مترجم، از روی مقاله‌ای از مجله‌ی شماره ۷ ***نیو اینترنشنال***.

۱۴– در ماه مه، حاکمان عربستان سعودی قراردادی به مبلغ ۴ میلیارد دلار برای بازسازی شبکه‌ی مخابرات آن کشور به شرکت آمریکایی ا.تی.اند.تی واگذار کردند، در حالیکه شرکت‌های سرمایه‌داری کانادایی، فرانسوی، آلمانی و سوئدی، در این مناقصه قیمت‌های پایین‌تری پیشنهاد کرده بودند.

۱۵– در دسامبر سال ۱۹۹۳ در استان سانتیاگو دل استرو در شمال آرژانتین، هزاران کارگر دست به شورش زدند و در اعتراض به عدم دریافت حقوق ماهیانه از ماه اوت به بعد، ساختمان‌های دولتی را اشغال کردند. سایر شورش‌های کارگری نیز در ابعاد کوچکتری در این منطقه بیرون زده‌است، به‌خصوص در شهر توکومان در شمال آرژانتین.

۱۶– اسامی رمان‌ها بدین شرح است: ***حکومت، واقعه‌ی کارتا، رژه به سمت مانتریا، ترازاس، شورش به دارآویخته شدگان*** و ***ژنرالی از میان جنگل***. در حال حاضر این رمان‌ها را انتشارات ایوان آر. دی در دست چاپ دارد.

۱۷– رجوع شود به کتاب ***سرمایه***، جلد ۱، ص ۸۷۶.

۱۸– برای آشنایی با مبحث شرایط تاریخی و روابط طبقاتی خاصی که زیربنای بحران رژیم استالینیستی حاکم بر چین را تشکیل می‌دهد، مراجعه کنید به دو مقاله‌ی "امپریالیسم ایالات متحده چگونه جنگ سرد را باخته است" که در شماره ۱۱ مجله‌ی ***نیو اینترنشنال*** چاپ شده و "بی‌نظمی مرگ‌آور نظام جهانی امپریالیسم" که در کتاب ***بی‌نظمی جهانی سرمایه‌داری*** منتشر شده است.

۱۹– در ژوئن سال ۱۹۹۴، کابینه‌ی کلینتون اعلام کرد که موقعیت کشور چین را به عنوان کشوری که در تجارت ارجحیت دارد تمدید خواهد کرد و این کار بدون توجه به گزارش وزارت امور خارجه‌ی آمریکا درباره‌ی وضعیت حقوق بشر در چین انجام گرفت.

۲۰– ***وال استریت ژورنال*** در مقاله‌ای در تاریخ ۱۹ مه سال ۱۹۹۴، یعنی چند هفته پس از سخنرانی جک بارنز در شیکاگو، که ترجمه‌ی آن کتابی است که در دست دارید، به مشتریان "والا مقامش" گزارش داد که "اعتصاب و نارضایتی‌های کارگری در چین گرچه غیرمتشکل و پراکنده، اما در حال گسترش است." این مقاله گزارش داد در سال ۱۹۹۳ "وزارت کار چین وقوع بیش از ۸۰۰۰ اعتصاب را به ثبت رسانده است که هیچیک قانونی نبوده‌اند. طبق گزارشی رسمی که در این ماه در مجله‌ی مارکت نیوز به چاپ رسیده، در سال جاری بیش از ۱۲,۳۵۸ نارضایتی کارگری رفع و رجوع شده است، که نسبت به ۸۱۵۰ مورد در سال گذشته افزایش نشان می‌دهد، بسیاری از آن‌ها به شکل کم‌کاری و اعتصاب، بروز کرده است."

۲۱- هفته‌نامه‌ی ***اکونومیست*** در شماره‌ی ۲۳ آوریل سال ۱۹۹۴ اطلاعات مشابهی را درباره‌ی آلمان شرقی به چاپ رسانید. برای مثال، میزان مرگ و میر زنان در سنین ۲۵ الی ۴۵ بین سال‌های ۱۹۸۹ الی ۱۹۹۱ بیش از ۲۰ درصد افزایش یافت؛ و در میان مردان همان سنین ۳۰ درصد افزایش داشته است. میزان مرگ و میر دختران در سنین ۱۰ الی ۱۴ بیش از ۷۰ درصد افزایش یافته است. میزان زایمان زنان نیز در بین سال‌های ۱۹۸۹ و ۱۹۹۲ بیش از ۵۵ درصد کاهش داشته است.

مقاله‌ی اکونومیست، همچنین گزارش کرد که "درطی چندسال گذشته، مرگ و میر" در سایر کشورهای اروپای شرقی و مرکزی "به میزان قابل‌توجهی افزایش داشته است." طبق این گزارش، میزان زایمان زنان در لهستان بیش از ۲۰ درصد، در بلغارستان بیش از ۲۵ درصد و در رومانی و استونی، بیش از ۳۰ درصد کاهش یافته است.

صندوق کودکان سازمان ملل مطالعه‌ای در اکتبر ۱۹۹۴ درباره‌ی بهداشت عمومی و سایر شرایط اجتماعی کشورهای آلبانی، بلغارستان، جمهوری چک، اسلواکی، مجارستان، لهستان، رومانی، روسیه و اوکراین انجام داد که نشان می‌داد وخامت اوضاع، خیلی جدی است. جیمز پی گرانت، مدیرکل یونیسف، هنگام انتشار این گزارش اعلام کرد که: "وضعیت بهداشت بحرانی است ... و در تاریخ زمان صلح اروپا در قرن حاضر بی‌سابقه بوده است." او گفت که اوضاع روسیه از اروپا هم بدتر است و نتایج گزارش نشان می‌دهد که از سال ۱۹۸۹ میزان مرگ و میر ۳۵ درصد افزایش داشته است.

این آمار و ارقام راکه اولویت‌ها و سیاست‌گذاری‌های اقتصادی و سیاسی را منعکس می‌کند می‌توان مقایسه کرد با آنچه در دهه‌ی ۱۹۹۰ در کوبا رخ داده است. به‌رغم میراث استعماری آن کشور قبل از انقلاب، و کمبودهای روزافزون و حاد اقتصادی که به‌خصوص در ۵ سال گذشته با آن مواجه بوده است، ازجمله در زمینه‌ی دارو و غذا، دولت کوبا اعلام کرد که میزان مرگ و میر نوزادان در سال ۱۹۹۳ به حدود ۹/۴ در هزار رسید که نسبت به ۱۰/۲ در هزار در سال ۱۹۹۲، کاهش یافته است.

۲۲- از نامه‌ی انگلس به مارکس، ۱۳ آوریل ۱۸۶۶. رجوع شود به ***مجموعه آثار*** مارکس و انگلس، جلد ۴۲ صفحه‌ی ۲۶۶.

منشأ پیدایش حکومت بناپارتیستی، پیدایش یک دوره‌ای از بحران اجتماعی است. رژیم بناپارتیستی همواره تلاش دارد تا قدرت حکومتی را در دست شاخه‌ی مجریه‌ی حکومت، متمرکز کند. سپس سعی می‌کند تا با دخالت قوه‌ی مجریه میان طبقاتی که با یکدیگر ستیز دارند تعادل برقرار کند. طبقاتی که هیچکدام از تهاجم یکدیگر در امان

نیستند. پدیده‌ی تمرکز قدرت مجریه، اغلب با در رأس قرار گرفتن یک "مرد قدرتمند" همراه است که چنین وانمود می‌کند که نسبت به تخاصم موجود میان طبقات مختلف بی‌نظر رفتار می‌کند و تا حدودی از خود استقلال عمل نشان می‌دهد تا سلطه‌ی قشر حاکم را برقرار و حفظ کند. واژه‌ی "بناپارتیسم" را مارکس و انگلس در دوران ظهور بورژوازی صنعتی اختراع کردند. مبنای کار آنان از تجربه‌ای تاریخی از رژیم لوئی ناپلئون بناپارت اقتباس شده بود که در سال‌های ۱۸۵۲ الی ۱۸۷۲ در فرانسه حکومت می‌کرد و از طریق پیروزی ارتجاع سرمایه‌داری در انقلاب ۴۹-۱۸۴۸ بر سر کار آمد. مارکس و انگلس بعدها همین واژه را برای تشریح ماهیت رژیم اتو وان بیسمارک، که از سال ۱۸۷۱ تا ۱۸۹۰ در آلمان حکومت می‌کرد، بکار گرفتند.

در قرن بیستم نیز بعد از جنگ جهانی اول، که یک دوره‌ی تاریخی نزول سرمایه‌داری فرا رسیده بود، رژیم‌های بناپارتیستی حاکم بر آلمان و ایتالیا راه را برای پیروزی جنبش‌های فاشیستی، که بنیتو موسیلینی و آدولف هیتلر آن را رهبری می‌کردند، هموار ساختند. این رژیم‌ها پس از پیروزی فاشیسم، قبل از هرچیز، جنبش خرده بورژوایی که آن را به قدرت رسانده بود را به شدت سرکوب کردند و به مرور زمان به نوعی رژیم نظامی-پلیسی بناپارتیستی تبدیل شدند؛ شبیه به رژیم‌هایی که در سایر کشورهای سرمایه‌داری در قرن حاضر اعمال قدرت کرده‌اند، چه در کشورهای امپریالیستی و چه در کشورهای مستعمره و نیمه مستعمره. در دهه‌ی ۱۹۳۰، جنبش کمونیستی واژه‌ی "بناپارتیسم" را برای تشریح پدیده‌ی رژیم استالینیست حاکم بر شوروی بکار گرفت. رژیمی که قدرت را با روش خشونت‌آمیزی از دست طبقه‌ی کارگر بیرون آورد و در خدمت یک قشر اجتماعی بسیار وسیع و صاحب امتیازی قرار داد که از بوروکراسی دولت و حزب تشکیل یافته بود.

۲۳- رجوع شود به کتاب "پنجاه سال عملیات کنتراگونه‌ی واشنگتن در داخل آمریکا" [اشاره به شباهت فعالیت‌های ضد دموکراتیک اف‌بی‌آی در داخل آمریکا که مشابه عملیات ضدانقلابیون نیکاراگوئه، معروف به کنترا، بوده است] نوشته‌ی لاری سیگل، مجله‌ی نیو اینترنشنال، شماره ۶. همچنین مراجعه شود به *محاکمه‌ی اف‌بی‌آی: شکایت حزب کارگران سوسیالیست علیه عملیات جاسوسی دولت آمریکا*، ویرایش مارگارت جیکو، انتشارات پاث فایندر، نیویورک، چاپ ۱۹۸۸.

۲۴- مراجعه شود به کتاب "شلیک اولین توپ‌های جنگ جهانی سوم"، نوشته جک بارنز، ترجمه‌ی شهره ایزدی، چاپ ۱۳۷۳، ناشر مترجم (از *نیو اینترنشنال* شماره‌ی ۷).

۲۵- واشنگتن در ماه مه سال ۱۹۹۴ تعداد نیروهایش را به ۵۲۰ نفر افزایش داد. این کار به عنوان بخشی از ارسال نیروهای امپریالیستی به مقدونیه انجام گرفت که کل تعداد نیروها به ۱۰۰۰ نفر بالغ می‌گشت.

۲۶- در طی ۲۰ سال گذشته، درگیری‌های نظامی میان حکومت‌های یونان و ترکیه بالا گرفته است. دولت ترکیه، که از نظر نظامی یکی از قدرتمندترین کشورهای نیمه مستعمره است، در سال ۱۹۵۰ به عنوان عضو جدیدی در سازمان ناتو پذیرفته شد. علت این امر، جبهه‌گیری ترکیه در لشگرکشی‌های دو جنگ جهانی اول و دوم و موقعیت استراتژیک این کشور در ارتباط با شوروی سابق و کشورهای نفت‌خیز خاورمیانه بوده است.

۲۷- برای کسب اطلاع بیشتر از نتایج گزارش لارنس والش - دادستان منصوب رونالد ریگان رئیس جمهور وقت آمریکا - درباره‌ی موضوع ایران‌-کنترا، معروف به کنتراگیت، مراجعه کنید به بخش "آنچه در این شماره می‌خوانید" نوشته استیو کلارک، مجله‌ی *نیو اینترنشنال*، شماره ۹، ص ۲۲ الی ۲۷. عنوان این شماره‌ی *نیو اینترنشنال*، "صعود و سقوط انقلاب نیکاراگوئه" است.

۲۸- در اوت سال ۱۹۹۴ در یک کنفرانس بین‌المللی با حضور مسئولین رده بالای دولتی و شخصیت‌های کلیدی بانک‌دار که به دعوت فدرال رزرو بانک شهر کانزاس گرد آمده بودند، استادی از دانشگاه اقتصاد لندن با ظاهری روحانی مآبانه اعلام داشت که "نرخ طبیعی" بیکاری در کشورهای اروپایی در حال حاضر به ۱۰ درصد رسیده است!

۲۹- مراجعه شود به جزوه‌ی برنامه‌ی عمل برای مقابله با بحران اقتصادی در شرف وقوع، انتشارات پاث فایندر، چاپ ۱۹۸۹، نیویورک.

۳۰- طریقه‌ی مقاومت کارگران، که در این سخنرانی بدان اشاره شده است، ادامه یافت و پس از سال‌ها برای اولین بار در ژوئن ۱۹۹۴ به موجی کوچک، اما واقعی، از اعتصابات در ایالات متحده تبدیل شد. زنجیره‌ای از دست از کار کشیدن‌ها و فعالیت‌های دیگر را اتحادیه یونایتد آتو ورکرز[1] در کارخانه کاترپیلار در ایلی نیوز و پنسیلوانیا متشکل کرد که تا ماه ژوئیه به یک اعتصاب سراسری در کلیه کارخانجات کاترپیلار تبدیل شد تا در مقابل حملاتی که صاحبان این کارخانه‌ها علیه کارگران مبارز اتحادیه و سایر اعمال غیرمنصفانه علیه اتحادیه در پیش گرفته بودند ایستادگی کنند (مدیریت، همه‌ی این‌گونه کارها را انجام می‌داد تا به هدفش، که مذاکره نکردن با کارگران بر سر قرارداد جدید بود، دست یابد).

1- United Auto Workers (اتحادیه کارگران اتومبیل سازی)

اعتصاب علیه شرکت آلگنی لودلام[1] در ماه ژوئن، پس از گذشت ۱۰ هفته به کسب نتایج مثبتی برای اتحادیه ختم شد.

۳۱- مراجعه کنید به مقدمه‌ی کتاب دگرگونی در چهره‌ی سیاسی آمریکا، **سیاست طبقه‌ی کارگر و اتحادیه‌های کارگری** نوشته‌ی جک بارنز، انتشارات پاث فایندر، نیویورک، چاپ ۱۹۹۴.

۳۲- مراجعه شود به کتاب چهار جلدی شورش تیمسترها، قدرت تیمسترها، سیاست تیمسترها و بوروکراسی تیمسترها نوشته‌ی فارل دابز، انتشارات پاث فایندر. [کتاب شورش تیمسترها را انتشارات طلایه پرسو منتشر کرده است. به فهرست آخر همین کتاب مراجعه شود.]

۳۳- مراجعه شود به کتاب "صعود و سقوط انقلاب نیکاراگوئه" در شماره ۹ مجله‌ی نیو اینترنشنال. اسناد مندرج در این شماره، جزئیات گشایش ایجاد شده در اثر پیروزی انقلاب در ژوئیه ۱۹۷۹ را تشریح می‌کند و اثرات این پیروزی بر گسترش دامنه‌ی رهبری انقلابی در آمریکای لاتین و جهان را برمی‌شمارد. همچنین، درس‌هایی از صعود و نزول انقلاب در طی ۱۰ سال پس از پیروزی انقلاب نیکاراگوئه را عرضه می‌کند که کارگران و جوانان هر خطه‌ای می‌توانند از آن پند بگیرند و باید درس آن را فراگیرند.

۳۴- برای آشنایی با مباحثی از این اوضاع استثنایی، مراجعه کنید به کتاب **حکومت کارگران و دهقانان** نوشته‌ی جوزف هانسن. همچنین کتاب **برای برپایی حکومت کارگران و دهقانان در ایالات متحده** و تروتسکی آن‌ها، تروتسکی ما، **تداوم کمونیسم در شرایط امروزی** که هر دو نوشته‌ی جک بارنز هستند (مجله‌ی نیو اینترنشنال، شماره ۱). تمامی کتب ذکر شده را انتشارات پاث فایندر توزیع می‌کند.

۳۵- مراجعه شود به کتاب "کمونیسم و مبارزه برای تشکیل یک حکومت انقلابی مردمی: از ۱۸۴۸ تا امروز" نوشته‌ی ماری آلیس واترز، مجله‌ی نیو اینترنشنال، شماره ۳.

۳۶- مراجعه شود به "یادداشت‌های مقدماتی" که جوزف هانسن بر کتاب **حکومت کارگران و دهقانان، از جنگ جهانی دوم تاکنون** نوشته‌ی رابرت چستر نوشته است. این کتاب را انتشارات پاث فایندر توزیع می‌کند.

1- Allegeny Ludlum

نشر طلایه پرسو منتشر کرده است:

● **زمستان داغ طولانی سرمایه‌داری شروع شده است**
اثر: جک بارنز ○ مترجم: مسعود صابری ○ ۱۵۲ صفحه

● **مانیفست کمونیست**
اثر: کارل مارکس، فردریک انگلس ○ مترجم: مسعود صابری ○ ۱۰۴ صفحه

● **سوسیالیسم: تخیلی و علمی**
با مقدمه‌ی جورج نوواک
○ اثر: فردریک انگلس ○ مترجم: مسعود صابری ○ ۱۲۸ صفحه

● **نسل‌کشی سرخپوستان**
نقش آن در صعود سرمایه‌داری در ایالات متحده
○ اثر: جورج نوواک ○ مترجم: مسعود صابری ○ ۸۰ صفحه

● **شورش تیمسترها**
فصلی از تاریخ اتحادیه‌ها در آمریکا
○ اثر: فارل دابز ○ مترجم: مسعود صابری ○ ۳۴۸ صفحه

● **امپریالیسم، بالاترین مرحله‌ی سرمایه‌داری**
○ اثر: ولادیمیر ایلیچ لنین ○ مترجم: مسعود صابری ○ ۱۷۶ صفحه

● **فمینیسم و جنبش مارکسیستی (چاپ دوم)**
آیا سرنوشت زن را ساختار بدنش تعیین می‌کند؟
○ اثر: ماری ـ آلیس واترز /اِولین رید ○ مترجم: مسعود صابری ○ ۱۲۰ صفحه

● **ما وارثان انقلاب‌های جهان هستیم (چاپ دوم)**
سخنرانی‌هایی از انقلاب بورکینا فاسو ۱۹۸۳-۱۹۸۷
○ اثر: توماس سانکارا ○ مترجم: مسعود صابری ○ ۱۱۲ صفحه

● **تروتسکی آن‌ها و تروتسکی ما (چاپ دوم)**
○ اثر: جک بارنز ○ مترجم: مسعود صابری ○ ۱۹۲ صفحه

● **امپریالیسم ایالات متحده جنگ سرد را باخته است**
○ اثر: جک بارنز ○ مترجم: مسعود صابری ○ ۳۰۴ صفحه

● **محاکمه‌ی سوسیالیسم (چاپ دوم)**
○ اثر: جیمز پی کانن ○ مترجم: مسعود صابری ○ ۲۷۲ صفحه

● مارکسیسم و تروریسم (چاپ دوم)
○ اثر: لئون تروتسکی   ○ مترجم: مسعود صابری   ○ ۶۴ صفحه

● نظری گسترده بر تاریخ (چاپ دوم)
○ اثر: جورج نوواک   ○ مترجم: مسعود صابری   ○ ۸۰ صفحه

● چشم‌انداز دگردیسی در آموزش (چاپ دوم)
خدعه‌ی اصلاح تعلیم و تربیت در سرمایه‌داری
○ اثر: جک بارنز   ○ ترجمه‌ی: شهره ایزدی   ○ ۶۴ صفحه

● پورتوریکو: مستعمره‌ی ایالات متحده، «استقلال یک ضرورت است»
○ اثر: رافائل کانسل میراندا   ○ مترجم: سیاوش سماواتی   ○ ۹۶ صفحه

● ساختن تاریخ
مصاحبه با چهار ژنرال نیروهای مسلح انقلابی کوبا
○ مترجم: سروش محبی   ○ ۲۳۳ صفحه

● تحول در دریا (چاپ دوم)
دگرگونی سیاسی در بطن ایالات متحده
○ اثر: جک بارنز   ○ مترجم: شهره ایزدی   ○ ۶۴ صفحه

● ما بردگان تا به کجا آمده‌ایم! (چاپ دوم)
○ اثر: نلسون ماندلا/فیدل کاسترو   ○ مترجم: مسعود صابری   ○ ۱۱۲ صفحه

● مالکم ایکس با جوانان سخن می‌گوید
○ اثر: مالکم ایکس   ○ مترجم: مسعود صابری   ○ ۱۶۸ صفحه

● اعتلای زن و انقلاب آفریقا
○ اثر: توماس سانکارا   ○ مترجم: شهره ایزدی   ○ ۹۶ صفحه

● گام‌های امپریالیسم به‌سوی فاشیسم و جنگ (چاپ دوم)
○ اثر: جک بارنز   ○ مترجم: شهره ایزدی   ○ ۱۹۲ صفحه

● شلیک اولین توپ‌های جنگ جهانی سوم (چاپ دوم)
علل تهاجم واشنگتن علیه عراق
○ اثر: جک بارنز   ○ مترجم: شهره ایزدی   ○ ۲۲۴ صفحه

● انسان و سوسیالیسم در کوبا (چاپ چهارم)
○ اثر: چه گوارا و فیدل کاسترو   ○ مترجم: شهره ایزدی   ○ ۸۸ صفحه

Is Socialist Revolution in the U.S. possible?
A Necessary Debate

Mary-Alice Waters "To think that a socialist revolution in the U.S. is *not* possible, you would have to believe not only that the ruling families of the imperialist countries and their economic wizards have found a way to 'manage' capitalism. You would also have to close your eyes to the spreading imperialist wars, civil wars, and economic, financial, and social crises we are in the midst of."

Cuba and the Coming American Revolution

Jack Barnes The Cuban Revolution of 1959 had a worldwide political impact, including on working people and youth in the imperialist heartland. As the mass, proletarian-based struggle for Black rights was already advancing in the U.S., the social transformation fought for and won by the Cuban toilers set an example that socialist revolution is not only necessary--it can be made and defended.

Capitalism's World Disorder
Working-class Politics at the millennium

Jack Barnes The social devastation and financial panic now engulfing the world, the coarsening of politics, the cop brutality, the restrictions on worker's rights, the relentless acts of imperialist aggression--all are products not of something gone wrong with capitalism but of its lawful workings. Yet the future can be changed by the united struggle of workers and farmers increasingly conscious of their power to transform the world.

The Transitional Program for Socialist Revolution

Leon Trotsky So long as the profit system prevails, there is no exit from the economic "blind alley" in which capitalism worldwide finds itself, wrote Russian revolutionary Leon Trotsky in 1938. Trotsky presents a political program for working people to defend themselves against the devastating conditions of economic depression and political instability of the 1930s.

Web site: www.pathfinderpress.com

E-mail: pathfinder@pathfinderpress.com

Also from **Pathfinder:**

The Clintons' Antilabor Legacy: Roots of the 2008 World Financial Crisis
In *New International no. 14*
Jack Barnes Explains that "the Clinton administration was responsible for decisive steps enabling the U.S. rulers to erect the enormous edifice of household, corporate, and government debt, and its accompanying array of derivatives, that are at the foundation of the current world financial crisis."

Capitalism's Long Hot Winter Has Begun
Jack Barnes Today's sharpening interimperialist conflicts are fueled both by the opening stages of what will be decades of economic, financial, and social convulsions and class battles, and by the most far-reaching shift in U.S. military policy and organization since the late 1930s, when Washington prepared to transform the Asian and European wars into World War II. Class-Struggle-minded working people must face this historic turning point for imperialism, this cataclysmic crisis for "the West" and for "Christendom." And draw satisfaction from being "in their face" as we chart a revolutionary course to confront it. New International no. 12 also includes: "Their Transformation and Ours," Socialist Workers Part yResolution, and "Crisis, Boom, and Revolution: 1921 Reports by V.I. Lenin and Leon Trotsky."

Our Politics Start With The World
Jack Barnes The huge inequalities between imperialist and semicolonial countries, and among classes within almost every country, are produced, reproduced and accentuated by the workings of capitalism. For vanguard workers to build parties able to lead a successful revolutionary struggle for power in our own countries, says Jack Barnes, our activity must be guided by a strategy to close this gap. "We are part of an international class that itself has no homeland. That's not a slogan. It is a recognition of the class reality of economic, social, and political life in the imperialist epoch." New International no. 13 also includes: "Farming, Science, and the Working Classes" by Steve Clark and "Capitalism, Labor, and Nature: An Exchange" by Richard Levins, Steve Clark.

This book is a Farsi translation
of the lead article in:

New International No. 10

Imperialism's March toward Fascism and War

by
Jack Barnes

Editor
Mary-Alice Waters

Copyright © 1994, 2006 by New International
Fifth printing, 2006
Copyright © 1998, 2009 by New International
and Talaye Porsoo Publications
Second printing 2009
All rights reserved

ISBN for original English version 978-0-87348-773-3
ISBN for Farsi version 978-964-90458-1-8

Translated by
Shohreh Izadi

Farsi publisher:
Talaye Porsoo Publications
P.O. Box 13185-1197
Tehran - Iran

This book is a Farsi translation
of the lead article in:

New International No. 10

Imperialism's March toward Fascism and War

by
Jack Barnes

Editor
Mary-Alice Waters

Copyright © 1994, 2006 by New International
ISBN for original English version: 978-0-87348-773-3

New International is distributed internationally by
Pathfinder Press
pathfinder@pathfinderpress.com
www.pathfinderpress.com